高等院校应用型人才培养"十四五"规划旅游管理类系列教材

酒店前厅与客房管理（第二版）

主　编 ◎ 李　莉
副主编 ◎ 文星力　陈　静

Jiudian Qianting yu Kefang Guanli（Di-er Ban）

华中科技大学出版社
http://press.hust.edu.cn
中国·武汉

内 容 提 要

本书结合编者多年来的课程理论教学与行业实践经验,对酒店前厅部、客房部所涵盖的服务与管理岗位群进行了系统的讲解和分析。全书按照"两线"(理论知识和实践技能两条线)、"三段"(岗前认知阶段、基层服务阶段、基层管理阶段三个发展阶段)的理念构建教学内容。首先,对前厅部、客房部所涉及的部门概况、岗位工作认知、人员素质等进行了基础分析,以期学生对部门有所了解;然后重点介绍了前厅部、客房部主要岗位对客服务的流程和标准,帮助学生提高实践运用能力;在此基础上,分析了前厅部、客房部信息、价格、物资、安全等方面的管理内容和要求,为学生从事基层管理工作奠定基础。全书共12章,其中内容涉及前厅管理的有6章,包括前厅部概述、客房预订、总台系列服务、前厅其他服务、前厅部信息沟通与客人关系管理、房价与销售管理;涉及客房管理的有6章,包括客房部概述、客房产品设计、客房清洁卫生管理、客房对客服务、客房设备用品管理、客房安全管理。在具体内容的编排上,充分考虑了前厅部和客房部的紧密联系,并没有将其生硬地割裂开来,而是将其作为房务部整体来进行编写。此外,本书还将酒店行业企业发展的部分资讯、案例、视频等以二维码和链接的方式呈现,既缩短了教材与实践的差距,又契合了现代读者的阅读习惯。

图书在版编目(CIP)数据

酒店前厅与客房管理/李莉主编. —2版. —武汉:华中科技大学出版社,2023.2(2025.1重印)
ISBN 978-7-5680-9133-6

Ⅰ.①酒… Ⅱ.①李… Ⅲ.①饭店-商业服务-教材 ②饭店-商业管理-教材 Ⅳ.①F719.2

中国国家版本馆 CIP 数据核字(2023)第 019603 号

酒店前厅与客房管理(第二版) 　　　　　　　　　　　　　　　　　　　　　　李　莉　主编
Jiudian Qianting yu Kefang Guanli(Di-er Ban)

策划编辑:	李家乐
责任编辑:	张　琳
封面设计:	原色设计
责任校对:	李　琴
责任监印:	周治超
出版发行:	华中科技大学出版社(中国·武汉)　　电话:(027)81321913
	武汉市东湖新技术开发区华工科技园　　邮编:430223
录　　排:	华中科技大学惠友文印中心
印　　刷:	武汉市籍缘印刷厂
开　　本:	787mm×1092mm　1/16
印　　张:	15.75
字　　数:	378千字
版　　次:	2025年1月第2版第2次印刷
定　　价:	49.90元

本书若有印装质量问题,请向出版社营销中心调换
全国免费服务热线:400-6679-118　竭诚为您服务
版权所有　侵权必究

出版说明

Introduction

党的十九届五中全会确立了到2035年建成文化强国的远景目标,明确提出发展文化事业和文化产业。"十四五"期间,我国将继续推进文旅融合,实施创新发展,不断推动文化和旅游发展迈上新台阶。国家于2019年和2021年先后颁布的《国家职业教育改革实施方案》《关于深化本科教育教学改革 全面提高人才培养质量的意见》《本科层次职业教育专业设置管理办法(试行)》,强调进一步推动高等教育应用型人才培养模式改革,对接产业需求,服务经济社会发展。

基于此,建设高水平的旅游管理专业应用型人才培养教材,将助力旅游高等教育结构优化,促进旅游专业应用型人才的能力培养与素质提升,进而为中国旅游业在"十四五"期间深化文旅融合、持续迈向高质量发展提供有力支撑。

华中科技大学出版社一向以服务高校教学、科研为己任,重视高品质专业教材出版。"十三五"期间,在教育部高等学校旅游管理类专业教学指导委员会和全国高校应用型本科旅游院校联盟的大力支持和指导下,在全国范围内特邀中组部国家"万人计划"教学名师、近百所应用型院校旅游管理专业学科带头人、一线骨干"双师双能型"教师,以及旅游业界精英等担任顾问和编者,组织编纂出版"高等院校应用型人才培养'十三五'规划旅游管理类系列教材"。该系列教材自出版发行以来,被全国近百所开设旅游管理类专业的院校选用,并多次再版。

为积极响应"十四五"期间我国文旅行业发展及旅游高等教育发展的新趋势,"高等院校应用型人才培养'十四五'规划旅游管理类系列教材"应运而生。本套教材依据文旅行业最新发展和学术研究最新进展,立足旅游管理应用型人才培养特征进行整体规划,对高水平的"十三五"规划教材进行修订、丰富、再版,同时开发出一批教学紧缺、业界急需的教材。本套教材在以下三个方面做出了创新:

一是紧扣旅游学科特色,创新教材编写理念。本套教材基于旅游高等教育发展新形势,结合新版旅游管理专业人才培养方案,遵循应用型人才培养的内在逻辑,在编写团队、编写内容与编写体例上充分彰显旅游管理应用型专业的学科优势,有利于全面提升旅游管理专业学生的实践能力与创新能力。

二是遵循理实并重原则,构建多元化知识结构。在产教融合思想的指导下,坚持以案例为引领,同步案例与知识链接贯穿全书,增设学习目标、实训项目、本章小结、关键概念、案例解析、实训操练和相关链接等个性化模块。

三是依托资源服务平台，打造新形态立体教材。华中科技大学出版社紧抓"互联网＋"时代教育需求，自主研发并上线的华中出版资源服务平台，可为本套教材作立体化教学配套服务，既为教师教学提供便捷，提供教学计划书、教学课件、习题库、案例库、参考答案、教学视频等系列配套教学资源，又为教学管理提供便捷，构建课程开发、习题管理、学生评论、班级管理等于一体的教学生态链，真正打造了线上线下、课内课外的新形态立体化互动教材。

本编委会力求通过出版一套兼具理论与实践、传承与创新、基础与前沿的精品教材，为我国加快实现旅游高等教育内涵式发展、建成世界旅游强国贡献一份力量，并诚挚邀请更多致力于中国旅游高等教育的专家学者加入我们！

前言 Preface

党的二十大报告明确强调"要坚持以推动高质量发展为主题,把实施扩大内需战略同深化供给侧结构性改革有机结合起来。"当前,我国旅游酒店业强劲复苏、消费激增,彰显了其在扩大内需战略中的巨大作用。我国进入了全面建设社会主义现代化国家、向第二个百年奋斗目标进军的新征程的发展阶段,满足人民日益增长的美好生活需要,建设高品质生活是我们在新发展阶段为之奋斗的重要使命。旅游及酒店住宿业的高质量发展成为打造人民群众高品质生活的重要组成部分。酒店住宿业作为我国现代服务业的重要组成部分,是我国与国际接轨较早、开放步伐较快的行业之一。从1982年北京建国酒店加入香港半岛酒店集团至今,涌现出了锦江国际集团、首旅如家酒店集团、华住集团等一批跻身世界酒店集团10强之列的民族酒店品牌。未来,在中国式现代化新征程中,中国酒店住宿业必将迎来更快更好的发展。

二十大报告指出"教育、科技、人才是全面建设社会主义现代化国家的基础性、战略性支撑。"旅游高等院校是培养高素质酒店人才的基地,切实推动酒店人才的供给侧结构性改革至关重要。在这个过程中,教材的建设与改革无疑起着基础性作用,教材是教师教和学生学的主要凭借,是学生获得系统知识、发展智力、拓展思维的重要工具。因此,本着对酒店管理专业的热爱,编者凭借多年来的课程理论教学与行业实践经验,同时借鉴、参阅同行著作和资料,结合我国酒店业发展的实际状况编写了《酒店前厅与客房管理》一书,以飨广大学者与读者。

客房产品是酒店最核心、最主要的产品,作为生产客房商品的客房部和销售客房商品的前厅部,其有序管理、高效协作对整个酒店的良好运行起着重要作用。本书对酒店前厅部、客房部的服务与管理进行了全面深入的阐述和分析。按照岗前认知阶段、基层服务阶段、基层管理阶段的发展规律,首先系统介绍了前厅部、客房部的部门概况、岗位分工、人员素质,接着重点介绍了前厅部、客房部主要岗位对客服务的流程和标准,然后分析了前厅部、客房部信息、价格、物资、安全等方面的管理内容和要求,构成紧密联系而系统化的知识载体。结合酒店业实践性强的特点,本书在编写过程中力求注重应用性。在每一小节开始加入案例引导,启发思维,调动学生学习兴趣,同时还在书中增加了大量的知识链接和实训项目,每章结束又增加了案例分析、实训操练等。通过大量实操项目和行业案例的练习和分析,帮助学生提高发现问题、分析问题与解决问题的综合能力。

  本书由重庆第二师范学院李莉担任主编,重庆第二师范学院文星力、陈静担任副主编。具体分工如下:李莉编写第一章、第二章、第三章、第七章、第八章,并负责全书的统稿和审核工作;文星力编写第四章、第六章、第九章、第十一章;陈静编写第五章、第十章、第十二章。

  在本书编写过程中,借鉴、参阅了有关专家学者的研究成果和文献资料,在此表示感谢。同时,也要感谢华中科技大学出版社的编辑为本书出版所作的贡献。由于作者水平有限,书中难免存在不足之处,恳请专家、读者和同仁批评指正。

编 者
2023 年 1 月

Contents 目 录

1　第一章　前厅部概述
　　第一节　前厅部的地位和任务　　　　　　　　　　　　　　　/1
　　第二节　前厅部的组织机构和岗位职责　　　　　　　　　　　/5
　　第三节　前厅的布局和环境　　　　　　　　　　　　　　　　/14

19　第二章　客房预订
　　第一节　客房预订的业务认知　　　　　　　　　　　　　　　/19
　　第二节　客房预订的程序　　　　　　　　　　　　　　　　　/23
　　第三节　超额订房及其他订房纠纷处理　　　　　　　　　　　/32

38　第三章　总台系列服务
　　第一节　接待服务　　　　　　　　　　　　　　　　　　　　/38
　　第二节　问讯服务　　　　　　　　　　　　　　　　　　　　/48
　　第三节　收银服务　　　　　　　　　　　　　　　　　　　　/51

56　第四章　前厅其他服务
　　第一节　礼宾服务　　　　　　　　　　　　　　　　　　　　/56
　　第二节　总机服务　　　　　　　　　　　　　　　　　　　　/65
　　第三节　商务中心服务　　　　　　　　　　　　　　　　　　/69
　　第四节　行政楼层服务　　　　　　　　　　　　　　　　　　/73

78　第五章　前厅部信息沟通与客人关系管理
　　第一节　前厅部与其他部门的信息沟通　　　　　　　　　　　/78
　　第二节　客人投诉的处理　　　　　　　　　　　　　　　　　/86
　　第三节　客史档案管理　　　　　　　　　　　　　　　　　　/90

第六章 房价与销售管理 ... 96

第一节 客房价格管理 /96
第二节 客房经营统计分析 /105
第三节 客房销售管理 /110

第七章 客房部概述 ... 117

第一节 客房部的地位和任务 /117
第二节 客房部的组织机构和岗位职责 /121
第三节 客房部的工作定额与劳动定员 /129
第四节 客房部与其他部门的关系 /134

第八章 客房产品设计 ... 140

第一节 客房楼层区域设计 /140
第二节 客房室内空间设计 /144
第三节 特色客房 /151

第九章 客房清洁卫生管理 ... 159

第一节 清洁器具和清洁剂 /159
第二节 客房日常清洁 /165
第三节 客房计划卫生 /171
第四节 客房清洁卫生质量控制 /174
第五节 公共区域清洁保养 /179

第十章 客房对客服务 ... 184

第一节 客房对客服务组织模式 /184
第二节 客房对客服务内容 /188
第三节 客房对客服务质量 /194

第十一章 客房设备用品管理 ... 200

第一节 客房设备管理 /200
第二节 客房用品管理 /206
第三节 客房布草管理 /212

第十二章　客房安全管理 — 218

第一节　客房安全管理概述　/218
第二节　防火与防盗　/224
第三节　客房其他安全事故的处理　/231

参考文献 — 238

二维码资源目录

二维码对应知识链接/案例分析	章	页码
知识链接:酒店首问负责制	一	4
案例分析:前厅服务的提供方式	一	18
知识链接:在线平台订酒店已不是最优选,"比价"成无形消费成本	二	21
知识链接:如何减少"No Show"造成的损失	二	29
案例分析:"首问责任制"的体现	二	37
知识链接:某星级酒店 VIP 客人的分类及接待规格	三	46
知识链接:零秒退房	三	52
案例分析:冒名顶替事件	三	55
知识链接:金钥匙:良好的社交能力	四	64
知识链接:中国酒店金钥匙会员资格及入会考核标准	四	65
案例分析:情人节的礼物	四	76
知识链接:酒店前厅部和客房部闹矛盾的常见九个场景及处理方式	五	82
知识链接:酒店投诉处理"五字诀"	五	90
案例分析:客史档案的重要性	五	95
案例分析:巧妙推销客房	六	116
案例分析:客房人力资源的调整	七	139
知识链接:总统套间	八	145
知识链接:细数客房中的高科技	八	150
知识链接:三张环保卡片	八	152
知识链接:减压客房	八	155
案例分析:酒店玻璃卫生间设计	八	158
案例分析:隐形眼镜不见了	九	183
知识链接:管家	十	193
案例分析:个性化服务	十	199
知识链接:卫生乱象	十一	216
案例分析:为什么台灯插头被拔掉	十一	217
案例分析:酒店安全案例	十二	237

第一章

前厅部概述

学习目标

了解前厅部在酒店中的重要地位、主要工作任务和业务特点;了解现代酒店前厅部的组织机构构成,明确各岗位的工作职责,了解前厅部人员的素质要求;熟悉前厅的功能布局和环境营造。

第一节 前厅部的地位和任务

案例引导

某天下午6点钟左右,酒店大堂里来了三位客人,当客人提出要开特价房时,前厅的接待员礼貌地告诉客人:"对不起,先生,这种房间已售完,您看其他的房间可以吗?"话未说完,客人就不高兴了:"怎么会没有呢,你们是不是骗我?"接待员耐心地向客人解释:"先生,我们这种房间的数量是有限的,每天只推出十几间房作为特价房出售,今天是周末,要这种房的客人比较多,一般到了下午这个时候已售完了,假如您提前打电话跟我们预订,我们就可以帮您留出来,不过,您这次的房价我可以按贵宾的优惠给您打折,您看怎么样?"客人有些犹豫,但另外两位同伴不耐烦地说道:"不住这里了,到对面那家宾馆去,那里肯定有。"不过这位客人似乎对接待员的一番话有点心动,对他的同伴说:"难得接待员这么热情地接待,就住这里算了,不过,说实在的,我决定留下最主要的原因还是觉得你们宾馆的客房特别安静,没有骚扰电话。"

就这样,这几位客人接受了接待员的推荐,入住了该酒店。

(资料来源:田雅琳,《前厅与客房管理》,机械工业出版社。)

前厅部是最先迎接客人、最先向客人提供服务的部门,通常是酒店面客的最前端,因而称为前厅部。前厅部也称为客务部、前台部、大堂部,是酒店组织客源、销售客房产品、沟通和协调各部门的对客服务,并为客人提供前厅系列服务的综合性部门。

一、前厅部的地位

前厅部是现代酒店经营管理中的一个重要部门,人们习惯把前厅喻为酒店的"门面""橱窗",前厅部在酒店发展中具有举足轻重的地位。前厅部的运转和管理水平,直接影响整个酒店的经营效果和对外形象。

(一)前厅部是酒店业务活动的中心

酒店的任何一位客人,从抵店前的预订,到入住,直至离店结账,都需要前厅部提供服务,前厅部是客人与酒店联系的纽带。前厅部通过客房商品的销售来带动酒店其他各部门的经营活动。同时,前厅部还要及时地将客源、客情、客人需求及投诉等各种信息通报有关部门,共同协调整个酒店的对客服务工作,以确保服务工作的效率和质量。所以,前厅部通常被视为酒店的"神经中枢",是整个酒店承上启下、联系内外、疏通左右的枢纽。无论酒店规模、档次如何,前厅部都是向客人提供服务的中心。

(二)前厅部是酒店形象的代表

前厅部是给客人留下"第一印象"和"最后印象"的地方。任何人一进店,就会对大堂的环境艺术、前厅部员工的工作效率等,产生深刻的"第一印象"。客人往往带着第一印象来评价酒店的服务质量,若第一印象好,即使客人在店逗留期间遇有不如意的事情,也会认为这是偶尔发生,是可以原谅的。客人入住期满离店时,也要经过大堂,前厅部服务人员在为客人办理结算手续、送别客人时的工作表现,会给客人留下"最后印象",优质的服务将使客人对酒店产生依恋之情。客人在酒店整个居住期间,前厅部要提供各种有关服务,客人遇到困难会找前厅部寻求帮助,客人感到不满时也会找前厅部投诉。在客人的心目中,前厅便是酒店。能否给客人留下一种"依依不舍"的感觉,在很大程度上取决于前厅部服务人员的服务质量,在客人住店期间为客人提供优质服务将会事半功倍。

(三)前厅部是酒店组织客源、创造经济收入的关键部门

在大多数酒店中,客房是其主要的产品,通常客房收入能达到酒店总收入的50%—60%,前厅的核心任务就是销售客房。客人入住除了会带来住宿的消费外,还会因此而带来其他的消费,如餐饮、酒吧茶艺、康乐休闲等消费,这些都会为酒店带来巨大的经济收益。另外,前厅部还通过提供邮政、商务、电信、票务等服务,直接获得经济收入。随着人们消费水平的提高和消费观念的变化,需求越来越多,这就要求酒店提供综合性的服务项目,因此,客房的收入在酒店收入中的比重呈下降的趋势。但是,总的来看,酒店客房收入在酒店收入中仍占非常重要的地位,比重仍然较大。因此,对于前厅部而言,客房销售仍然是其最重要的工作。

(四)前厅部是酒店决策的参谋

作为酒店业务活动的中心,前厅部直接面对市场,面对客人,是酒店中最敏感的部门。前厅部能将收集到的有关市场变化、客人需求和整个酒店对客服务、经营管理的各种信息进

行认真的分析和总结,作为酒店经营管理的参考。例如,在国外一些酒店里,未来一个时期内房价的高低浮动是由管理者根据前厅部所提供的客人预订信息来决定的。

(五)前厅部是酒店与客人建立良好关系的重要环节

酒店服务质量的高低最终是由客人来评价的,评价的标准是客人的满意度。建立良好的宾客关系有利于提高客人的满意度,赢得更多的回头客,从而提高酒店的经济效益。而前厅部是客人接触最多的部门,其员工与客人接触频繁,最易获知客人的需求,因此,应尽量提高客人对酒店的满意度,以建立良好的宾客关系。随着酒店市场逐渐从卖方市场转入买方市场,酒店业的竞争日趋激烈,酒店越来越重视客人的需求以及酒店与客人之间的关系。在这种情况下,前厅部工作显得尤其重要。

二、前厅部的工作任务

(一)销售客房

销售客房商品是前厅部的首要任务。客房收入是酒店经济收入的主要来源,目前我国许多酒店的客房利润占整个酒店利润总额的50%以上。通过销售客房、提高客房出租率从而带动住店客人在酒店其他部门的消费,也是增加酒店经济收入的重要渠道。因此,前厅部的全体员工必须尽力组织客源,推销客房商品,提高客房出租率,以实现客房商品价值,增加酒店经济收入。前厅部销售客房的数量和达成的平均房价水平,是衡量其工作绩效的一项重要的客观标准。

(二)协调对客服务

客人的满意程度是对酒店每一次具体服务所形成的一系列感受和印象的总和,在对客服务的全过程中,任何一个环节出现差错,都会影响服务质量,影响酒店的整体声誉。所以,现代酒店要强调统一协调的对客服务,要使分工的各个方面都能有效地运转,都能充分发挥作用。前厅部作为酒店的"神经中枢",承担着酒店业务的调度安排工作和对客服务的协调工作。尤其是高档大中型酒店,其业务内容多、分工细,前厅部作为酒店信息交流的枢纽,其协调对客服务功能也就显得更为突出。

(三)提供各类前厅服务

前厅部作为对客服务的集中点,除了销售客房、协调对客服务外,本身也担负着大量的直接为客人提供日常服务的工作。前厅服务范围除涉及机场和车站接送服务、门童行李服务、入住登记服务、离店结账服务,还涉及换房服务、退房服务、问讯服务、票务代办服务、邮件报刊(函件)服务、电话通信服务、商务文秘服务等。这些日常服务工作的质量、效率非常重要,直接体现了酒店的服务水平。

(四)处理客人账目

为方便客人、促进消费,绝大多数酒店采用的是向登记入住的客人提供一次性结账服务的方式。所以,前厅必须为住客分别制作账单,接受各营业点转来的经客人签字的客账资料,并及时记录、累计及审核客人的各项欠款,确保客账账目的准确无误。同时,为离店客人办理结账、收款或转账服务事宜。建立、控制客账的目的是记录和监管客人与酒店之间的财务关系,以保持酒店的良好信誉和保证酒店应有的经济效益。

（五）建立客史档案

前厅部为更好地发挥信息集散和协调服务的作用,一般都要为住店一次以上的客人建立客史档案。建立客史档案时,一般都要将客人的姓氏、身份、公司、抵/离店日期、消费记录及特殊要求作为主要内容予以记载,作为酒店提供周到、细致、有针对性服务的依据。建立客史档案是寻求和分析客源市场,研究市场走势,调整营销策略、产品策略的重要信息来源。

总的来说,酒店前厅部的工作任务十分繁杂。根据其销售客房商品的不同阶段,可以将前厅部的工作任务划分为售前服务、售中服务、售后服务三个主要阶段,每个阶段的工作任务如表1-1所示。

表1-1 前厅运行三阶段及其主要任务

阶 段	任 务
售前服务	远程询问服务,如电话、传真、电传、信函、网络咨询等
售前服务	各种预订服务,如散客预订客房、团队客人预订客房等
售中服务	抵店时:迎接客人、应接行李、登记入住等
售中服务	逗留期间:问讯、邮件、委托代办、客账管理、总机话务服务等
售中服务	离店时:退房结账、行李服务、相关离店服务等
售后服务	建立客史档案
售后服务	与客人保持联系,如节假日问候等

三、前厅部的业务特点

（一）业务内容综合性程度高

前厅部的每个岗位都是对客服务岗位,所以要求员工的业务必须掌握得全面而成熟,不容出错和懈怠。前厅部的业务几乎都是直接面对客人,对客人而言,每位员工都是酒店的代表,因此,员工应尽其所能为客人提供他们所需要的一切服务。客人会向前厅部员工了解经营时间及产品价格等信息,甚至是酒店其他部门的信息,这要求前厅服务人员能非常及时而准确地为客人解答本部门甚至非本部门的所有问题,即使超出了基本的专业要求也应该帮助客人找到可以解答的途径。

（二）业务能力的全面性要求高

直接对客服务使得前厅部的业务有着对员工业务能力的全面性要求高的特点。业务处理要求干净利落,也就是工作处理手段要纯熟专业。较高的专业素质要求尤其表现在语言表达能力的高要求上。如果不熟悉自己的业务,在面对客人时就会紧张,本来所知道的东西也会忘到九霄云外去了。生疏会造成紧张,会造成处理业务时的犹豫甚至错误,也会使客人对整个酒店留下非常不好的印象。

知识链接：
酒店首问负责制

（三）业务处理重视时效性

前厅部的业务信息除了要能提供有关酒店的功能信息外，社会生活信息也几乎都要提供。酒店管理方面要根据最新店内外不断变化的信息来做经营决策；客人需要获取某些信息来决定其活动安排。

（四）业务内容和处理方式的安全性强

前厅部的业务安全性要求很高。前厅部的工作是整个酒店工作的安全窗口。前厅部的业务涉及酒店客人的人身安全、财产安全、隐私安全、名誉安全以及酒店员工安全和企业安全等方面，员工必须具备高度的安全防范意识和紧急事故的处理常识。

第二节　前厅部的组织机构和岗位职责

案例引导

某酒店的公关营销部主管带着旅行社订房人员参观客房。她从总台领了房间的房卡便带客人进入房间，而没有向客房部说明情况，总台服务员也没有将这一情况通知给客房部。结果参观人员将房间弄得一团糟，对此客房部一无所知，所以也没有整理，总台计算机仍然显示这间客房是已经整理好的"OK房"，第二天将这间客房出租给新来的客人。结果，这位客人进入客房后，见状大为恼火，立刻向大堂副理投诉。

（资料来源：根据网络资料整理。）

传统的酒店前厅部组织分工明确细致，在旅游者需求单一的情况下确实能够高效率地完成对客服务。但是，由于现代旅游者的需求日趋多元化，分工过细反而影响服务效率，传统的工作分工越来越不适应市场的发展，因为客人往往是带着多种目的和要求购买酒店产品的。他们期望酒店能一次性满足其要求，而不要到多个部门去求助。例如，当客人办理登记入住手续时，可能还会向接待人员询问餐饮、娱乐、交通等其他服务，客人此时希望得到的是直接答复而不是几个电话号码。另外，酒店在接待大型会议或团体客人时，客人都希望通过固定的酒店代表进行交流并解决问题。

结合酒店主要客源市场的需求特点，许多酒店对前厅部的组织机构进行了调整，以提高服务效率和质量，赢得客人的满意乃至忠诚。较多酒店考虑到前厅部与客房部的关系密切，将前厅部与客房部合二为一，称为房务部；也有酒店考虑到前厅部的销售功能，将前厅部划归到酒店的公关销售部；一些以承接会议、接待团体客人为主的中小型酒店，为了保证优质、高效、方便的服务，将前厅、客房、餐饮、销售等一线职能部门重新组合，统一管理；某些城市商务酒店已将业务性质相近的接待、问讯、前台收银合并为一；有些度假酒店甚至只设一个总台来代替前厅部。

一、前厅部组织机构设置

大、中、小型酒店前厅部的组织机构可分别参考图1-1、图1-2和图1-3。在实际运营中,酒店应结合规模大小、性质类型、成本预算等因素,进行科学的设置。

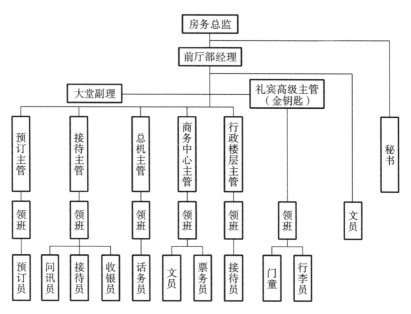

图1-1 大型酒店前厅部组织机构图

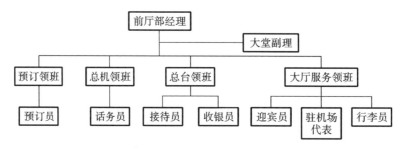

图1-2 中型酒店前厅部组织机构图

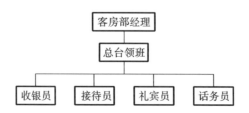

图1-3 小型酒店前厅部组织机构图

二、前厅部的业务分工

（一）预订处（Reservation）

预订处的主要职能是接受、确认和调整来自各个渠道的客房预订,办理订房手续;制作预订报表,对预订进行计划、安排和控制;掌握并控制客房出租状况;负责对外宣传和联络客源;定期进行房间销售预测并向上级提供预订分析报告。随着酒店业竞争的加剧和市场开拓力度的加大,一些酒店客房预订的职能逐渐从前厅部剥离而归入营销部,这是现代酒店预订处运营职能提高的具体表现之一。

（二）接待处（Reception）

接待处主要负责接待抵店投宿的客人,包括散客、团体客人、长住客、非预期抵店客人以及无预订客人;办理客人住店手续,分配房间;与预订处、客房部保持联系,及时掌握客房出租变化,准确显示房态;制作客房销售情况报表,掌握住店客人动态及信息资料等。

（三）问讯处（Information）

问讯处负责回答客人的询问,提供各种有关酒店内部和外部的信息;提供收发、传达、会客等应接服务;负责保管所有客房钥匙。现代酒店的问讯处已不单独设立,而是由接待处完成此职能。

（四）收银处（Cashier）

前台收银处的主要职能是受理入住酒店客人住房预付金;提供外币兑换服务;管理住店客人的账务;为住店客人提供贵重物品的寄存和保管服务;与酒店各营业部门的收银员联系,催收、核实账单;办理离店客人的结账手续;负责应收账款的转账等;夜间审核全酒店的营业收入及账务情况等。前台收银处因其业务性质通常隶属于酒店财务部,它位于总台,直接面对客人服务。因为与总台接待处等有着不可分割的联系,所以前厅部也应参与和协助对前台收银人员的管理和考核。

（五）礼宾部（Concierge）

礼宾部负责店口或机场、车站、码头迎送客人;调度门前车辆,维持门前秩序;代客提拿行李,陪客进房,介绍客房设备和服务,并为客人提供行李寄存和托运服务;分送客人邮件、报纸,转送留言、物品;代办客人各项委托事务。高星级酒店提供"金钥匙"服务。"金钥匙"是前厅部下设的一个岗位,归前厅部经理直接管理。

（六）电话总机（Telephone Switch Board）

总机负责转接酒店内外电话,回答客人的电话询问;提供电话找人、留言服务;提供叫醒服务;播放背景音乐;充当酒店出现紧急情况时的指挥中心。

（七）商务中心（Business Center）

商务中心提供信息及秘书服务,如收发电邮、传真和电报,复印及电脑文字处理等。随着现代移动办公的普及,越来越多的酒店取消了前厅部商务中心的设置。

(八)大堂副理(Assistant Manager)

大堂副理的主要职责是代表总经理负责前厅服务协调、贵宾接待、投诉处理等服务工作,还负责大堂环境、大堂秩序的维护等事项。

三、前厅部主要岗位的职责

由于各酒店规模大小、管理方式不同,这里仅介绍前厅主要岗位的基本职责。

(一)前厅部经理

1. 基本职责

前厅部经理是前厅部的最高管理者,其基本职责是主持部门工作,提高部门工作效率;负责策划、组织、指导、控制和预算;协调与其他部门的关系;调配前厅部各岗位的工作,提供优质服务,确保最大限度地提高客房出租率和平均房价。

2. 工作内容

1) 参加酒店有关会议

总经理主持的每日晨会;每周一次的工作指令会;每月一次的房务系统工作总结会;每月一次的服务质量分析会;每月一次的销售工作协调会等。

2) 主持前厅部有关会议

每日例会;每周一次的前厅部销售分析会议;每季度一次(向全体员工)的工作报告会;其他有关会议。

3) 每日工作检查

(1) 查看相关报表。

营业日报表;客房预订报表;当日预计抵店客情报表;重要客人一览表;当日抵店团队及会议客情报表;部门当日工作日记;每日营业分析对照表;礼宾车辆使用情况统计表;团队及会议客人用餐安排表;机场、车站接待情况统计表;质检或工作情况通报等。

(2) 巡查内容。

了解各岗位交接班、班前会及员工到岗情况;检查各岗位当班员工的仪表仪容、服务姿态等,发现问题及时纠正;检查当日预计进店重要客人、常客及有特殊要求客人的钥匙、房卡、礼卡、欢迎信、登记单、名单等准备情况,发现问题及时处理;检查店内重要活动及大型接待中有关用房、派车、电话叫醒服务、行李搬运、用餐等落实情况,并做好随时应急调整;客人进出店高峰时间,深入各岗位现场督导,并检查前台岗位当班人手安排情况;参与重要客人抵、离酒店时的接待工作;随时听取客人的意见,处理客人的投诉;抽查由前厅部发出的各项通知、变更记录是否准确,保证酒店正常运行;搞好与客房、工程、餐饮、财务等部门的协调、沟通工作,根据客房出租情况,向开房、预订、团队联络发出指令,灵活处理客人升级客房、延迟离店、推迟结账时间等问题。

(二)大堂副理

1. 基本职责

协助前厅部经理工作并检查前台、预订、总机和礼宾等部门的工作,协调对客服务。

2. 工作内容

迎送重要客人；妥善处理客人投诉，解决客人的疑难问题，提出改进意见，并向总经理汇报；慰问住店期间生病的客人，并提供特别服务；与前台保持紧密联系，随时向其反馈客人的要求和意见，并检查落实情况；协同有关部门安排残障人士住店事宜，并提供特别服务；处理客人提出的超出酒店服务范围的特殊事项；处理客人损坏酒店财物、房间设施和污染公共区域或卫生环境的赔款事宜；处理客人在房间、公共区域遗失、遗留物品的查询和认领事宜；处理客人遗失酒店房间钥匙的赔款事宜；处理因客人自身的原因，要求打开行李箱锁或酒店贵重物品保险箱及相关的赔款事宜；负责酒店遇到紧急或突发事件（停水、停电、停气）后对客人的安抚和善后工作；配合有关方面处理住店客人因病死亡、醉酒死亡的善后事宜；完成上级交办的其他任务。

（三）前台接待主管

1. 基本职责

协助前厅部经理检查和控制前厅的工作程序，全面负责前厅的接待和问讯等日常工作，督导员工为客人提供高效优质的服务。

2. 工作内容

（1）参加部门有关会议，并负责将会议内容传达到班组员工。

（2）主持有关会议。每日下午有关接待次日到店的重要客人、常客及团队的准备工作客情通报会；本岗位的培训课；接待组织全体员工每周例会等。

（3）日常检查。检查内容包括：班前会召开情况，以及交班内容落实情况并签名；员工的仪表仪容、本岗位环境卫生和设施设备情况并签名；员工对当日客情及酒店举办的活动熟悉情况并签名；接待当日抵店的重要客人和酒店常客的准备工作情况并签名；当日散客、团队及会议客人的排房是否符合规定及特殊要求是否落实，各类变更通知、水果篮通知单是否准确且是否及时发出；当日抵店客人中提前支付订金或交付支票的落实情况；当日抵店的团队信息，确保信息及时发出；当日提示报告中提示内容落实情况并签名；当日抵店客人的留言转交情况；抽查在店客人登记单的填写质量及账单输入是否符合标准并签名；昨日房租价变更单是否符合要求和酒店的房务政策并签名；待修房、差异房的处理情况并签名；总台与商务中心工作内容的交接情况；（协查）通报的落实情况；所有离店客人钥匙回收情况，发现丢失的及时登记处理。

（4）其他常规工作。编制员工一周班表；协助结账组完成每月一次长包房固定账目结算工作。

（5）完成上级交办的其他任务。

（四）礼宾主管

1. 基本职责

以身作则，带领班组员工认真执行酒店各项规章制度，确保礼宾服务工作正常运作。

2. 工作内容

（1）参加部门有关会议，并负责将会议内容传达给班组员工。

（2）主持交班会议。了解有关酒店活动的最新信息和 VIP 信息，并检查落实。

（3）每日工作检查。检查员工出勤、签到本上的登记，当班人员的仪表仪容、礼貌服务情况，发现问题及时纠正；检查交接班跟踪事项的落实情况；检查夜班行李员的工作记录及计划卫生情况；检查值台人员对当班员工的考核记录；检查当日重要客人及大型接待活动有关行李进出店的人员安排及落实情况；检查行李寄存、物品转交、留言信件递送等工作记录，确保清楚、无遗漏；检查行李员工作任务卡、值台订车确认卡的填写情况；检查客人委托事务记录及落实情况；检查次日订车记录及接人牌、行李牌的制作情况，确保客人用车的落实；检查客用公共告示栏，确保无差错；检查行李保管员行李寄存情况及对客服务用品保养情况。

（4）客人进出店高峰时，参与现场督导。

（5）完成上级交办的其他任务。

（五）总机主管

1. 基本职责

全面控制酒店电话的接线工作。保证准确、迅速地转接所有电话，协调总机班与其他部门的沟通、联系，处理客人的投诉，适时培训话务员。

2. 工作内容

（1）参加由前厅部经理主持的有关会议，并负责将会议内容传达给班组员工。

（2）主持本岗位的有关会议。如交接班会议，传达酒店最新活动信息及重要宾客信息；每周领班例会，协调本岗位工作安排；本岗位计划进行的培训课等。

（3）检查员工仪表仪容、礼貌服务，检查完成任务情况、店内重要活动传达情况、重要客情更改情况；检查各种叫醒记录、考核计分情况。

（4）完成上级交办的其他任务。

（六）客房预订主管

1. 基本职责

以身作则，带领预订组全体员工认真贯彻执行酒店的方针政策，确保预订工作顺利进行。

2. 工作内容

（1）参加部门有关会议。每日晨会，预报次日客情准备会，重点落实重要客人和常客的各种代办事项。

（2）每日工作检查。检查每日营业分析表；检查一周客情预订表；检查客人房间控制与安排情况；查看近期房间状况，了解预订情况；检查公司合同输入情况，编制合同目录；查看订单留存夹，了解客情及客人档案；检查员工仪表仪容及工作情况，及时督导，解决困难；查看预订员的订房情况记录；检查客史档案的整理、输入情况；检查取消订房及前一天订房但未到店客人报告，并做相应的客情分析；检查客人订车、订票等代办事项的落实情况，审核并签发各种客情预订通知单；查看交接班日志，对交班事项进行督促、落实。

（3）具体受理各种订房业务。

（4）处理客人订房过程中的各种疑难问题。

(5) 完成上级交办的其他任务。

（七）商务中心主管

1. 基本职责

向前厅部经理负责,督促、安排、指导本部门员工工作,保证工作正常进行。

2. 工作内容

(1) 参加部门有关会议,并负责将会议内容传达给班组员工。

(2) 每日工作检查。设备运行状况,发现故障及时联系维修;早晚班工作交接情况,跟踪落实有关事项;商务资料及卫生状况;各类出租设备的租用记录及收费是否符合规定。

(3) 审核并统计岗位有效工时记录。

(4) 岗位督导并重点参与对客服务。

(5) 完成上级交办的其他任务。

四、前厅部人员的素质要求

（一）前厅管理人员的素质要求

1. 前厅部经理素质要求

1) 知识要求

(1) 掌握现代酒店经营管理常识,熟悉旅游经济、旅游地理、公共关系、经济合同等知识。

(2) 掌握前厅各项业务标准化操作程序、客房知识,了解客人心理和推销技巧。

(3) 掌握酒店财务管理知识,懂得经营统计分析。

(4) 熟悉涉外纪律,了解我国及主要客源国旅游法规。

(5) 熟练运用一门外语阅读、翻译专业文献,并能流利准确地与外宾交流。

(6) 具有一定的计算机管理知识。

(7) 了解宗教常识和国内外民族习惯和礼仪要求,了解国际时事。

2) 能力要求

(1) 能够根据客源市场信息和历史资料预测用房情况,决定客房价格,果断接受订房协议。

(2) 能够合理安排前厅人员有条不紊地工作,能够处理好与有关部门的横向联系。

(3) 善于在各种场合与各界人士打交道,并能够积极与外界建立业务联系。

(4) 能独立起草前厅部工作报告和发展规划,能撰写与酒店管理有关的研究报告。

(5) 遇事冷静,心理成熟,有自我控制能力。

(6) 善于听取他人意见,能正确地评估他人的能力,能妥善处理客人的投诉。

2. 主管（或领班）素质要求

前厅部各主管（或领班）在对客服务的第一线,直接指挥、督导、控制并参与前厅服务和客房销售工作,是实现前厅部正常运转、保证服务质量的直接责任者,他们应具备以下素质。

(1) 具有高中以上文化程度,比较系统地掌握旅游经济、旅游地理和主要客源国的民俗礼仪和现代酒店经营管理知识。

(2) 能坚持原则,敢于负责,作风正派,办事公道,在工作中的各个方面都能起表率作用。

(3) 受过严格的操作训练,精通业务,熟练掌握服务技能和技巧,并能带领全体员工共同完成客房销售和对客服务任务。

(4) 有较好的外语口头表达能力和文字表达能力,能流利准确地使用外语与客人对话。

(5) 善于处理人际关系,会做思想工作,关心本班组员工的合理要求和切身利益。

(6) 有处理各种突发事件的应变能力。

(7) 仪表端正,气质好。

(二) 前厅服务人员的素质要求

1. 仪容仪表

良好的仪容仪表会给客人留下深刻的印象和美好的回忆。仪容是对服务人员的身体和容貌的要求,前厅服务人员应身材匀称、面目清秀、仪表堂堂、身体健康。仪表是对服务人员外表仪态的要求,前厅服务人员应在工作中着装整洁、大方、美观,举止端庄稳重,表情自然诚恳、和蔼可亲。服务人员仪容仪表的主要要求标准有以下几点。

1) 面容

面容整洁、大方,精神饱满;男性员工不留长发、小胡子和大鬓角,女性员工不留怪异发型,发型美观大方、舒适、头发干净;上班前刷牙,工作时不吃零食,牙齿清洁美观;服务时精神集中,眼睛明亮有神,不倦怠。

2) 化妆

上班前整理面容,女性员工化淡妆,容貌美观自然,保持青春活力;不浓妆艳抹,无表现轻佻或引起客人反感的现象发生。

3) 饰物

上班不戴贵重耳环、手镯、项链等;手表、胸针、发卡等饰物选择适当,与面容、发型、服饰协调,美观大方。

4) 服饰

工作服美观合体,能突出人体自然美;服装要求干净、整洁、无污迹、无皱褶,线条轮廓清楚,无破损、不开线、不掉扣;员工名牌戴在右胸前,位置统一、端正,无乱戴或不戴现象发生。

5) 个人卫生

上班前整理个人卫生,做到整洁、干净、无异味。

2. 礼貌修养

礼貌修养是以人的德才学识为基础的,是内在美的自然流露。前厅服务人员应有的礼貌修养具体表现在以下几个方面。

1) 言谈举止

言谈举止方面应做到用语规范、声调柔和、语气亲切、表达得体、文明优雅;站立挺直自然,不倚不靠,行走轻快,不奔跑;手势正确,动作优美、自然,符合规范。

2) 工作作风

工作作风方面应做到端庄、朴实、谦逊、谨慎、勤奋、好客。

3. 品德

前厅服务人员必须具有良好的品德，正派、诚实、责任心强。前厅部的工作会涉及价格、出纳、外币兑换、酒店营业机密以及客人隐私、商业秘密等，每天都要同国内外各种客人打交道，所以前厅服务人员应作风正派、为人诚实可靠、行为良好、不谋私利。每一位员工都应具有良好的职业道德和高度的责任感，用真诚的态度、良好的纪律为客人提供优质的服务。

4. 性格

前厅服务人员应该具有外向的性格，因为他们处于酒店接待客人的最前线，需要每天与各种客人打交道，提供面对面的服务，外向性格的人感情外露，热情开朗，笑口常开，善于交际。但是，如果性格过于外向，言谈举止咄咄逼人，或好为人师，极易造成对客关系紧张，有碍于形成良好的气氛。所以，作为一名前厅服务人员，除了必须有开朗的性格、乐于为客人服务的品质外，更重要的是耐心、包容和合作精神，善于自我调节情绪，始终如一地保持温和、礼貌、不发火，并具有幽默感，善于为别人提供"台阶"，能为尴尬的局面打圆场，使自己在对客服务中保持身心平衡，并提高服务过程中的随机应变能力。

5. 基本技能

1) 语言交际能力

语言，特别是服务用语，是提供优质服务的前提条件。前厅服务人员应使用优美的语言、令人愉快的声调，使服务过程显得有生气。要能够使用迎宾敬语、问候敬语、称呼敬语、电话敬语、服务敬语、道别敬语，提供敬语规范化的服务。能够用英语或其他外语进行服务，并解决服务中的一些基本问题。善于用简单明了的语言来表达服务用意，进行主客之间的人际沟通。

2) 业务操作技能

前厅服务人员必须动手能力强，反应敏捷，能够熟练、准确地按操作程序完成本职工作，为客人提供满意周到的服务，使客人处处感到舒适、整洁、方便、安全。要在快速敏捷、准确无误的工作过程中，不断提高自己各方面的工作能力，如应变能力、人际关系能力、推销酒店产品的能力、熟记客人的能力等。

3) 知识面

前厅服务人员应具备较宽的知识面和较丰富的专业知识。应略通政治、经济、地理、历史、旅游、宗教、民俗、心理、文学、音乐、体育、医疗及有关酒店运行等多方面的知识，以便与客人交流沟通，保证优质服务。与酒店其他部门相比较，对前厅服务人员知识面的要求也是最高的。

4) 服务态度

前厅服务人员应做到对待客人一视同仁、不卑不亢、表情自然诚恳、微笑服务。容貌端庄、服装整洁、举止大方有礼的前厅服务人员给人以热情好客、训练有素、可以信赖的感觉。良好的仪容仪表代表了前厅部员工对企业和工作的热爱、对客人的尊重，反映了酒店高品位的服务水准。

第三节 前厅的布局和环境

案例引导

酒店无论奢华与否,大堂一般都会放在酒店的一楼,而朱美拉广州大酒店将大堂直接放到了50楼的顶层。根据初步设计方案,该酒店3个顶部楼层被贯通,周围使用透明的玻璃围墙,客人需要先到顶楼,在大堂办理入住手续,然后再乘坐电梯下去到入住的房间。位于广州同一地点的超五星级君悦大酒店也同样按此设计,客人到酒店后先坐电梯到达20多层高的空中大堂,居高临下,边欣赏美丽的珠江新城及广州城市景观,边办理入住登记手续。

(资料来源:刘伟,《酒店前厅管理》,重庆大学出版社。)

一、前厅的功能布局

按功能布局来划分,可将前厅分为正门入口处及人流线路、服务区、休息区和公共卫生间等主要区域。

(一)正门入口处及人流线路

正门入口是酒店窗口之窗口,具有招徕客人、引导人流的作用。正门作为内外空间交界处,设计日趋多样、完善。酒店正门的类型分为手推门、旋转门、自动感应门等,一般多为组合设置,即设手推门加自动感应门或手推门加旋转门等,以满足多方面的需求。正门在设计上不仅要考虑一般客人的进出,还要考虑团体客人、轮椅客人的进出,也要方便行李的进出。一般正门分为两扇,便于客人进出及提供拉门服务,通常正门两侧各开一两扇边门,以方便客流量大时的使用以及行李的进出。正门外应备有遮雨棚和宽敞的车道,门的规格大小应考虑客流进出量、服务水准等。正门要求有隔音、隔尘、防风、恒温的功能,以保证大厅内空气清新、温度适宜,因此,酒店正门一般都设置双重门,以保持大厅内空调温度的稳定及节约能源,在之间的隔厅里,应安置地脚垫和雨伞架,以减少带进的尘土和污渍。另外,旋转门能有效地解决内外温度的空气阻隔问题,降低制冷或制热的成本。

从入口到酒店各个目的地,便形成了人流线路。各条人流线路要经过装修或铺设条形地毯,加上适当的装点,以形成明确的人流方向,使具有动感的走线与相对平静的休息区和服务区互不影响。图1-4所示为酒店正门入口处及人流线路。

(二)服务区

前厅的对客服务区主要包括总服务台、大堂副理处和行李处等。

1. 总服务台

总服务台(总台)应设在大堂醒目的位置,主体包括接待、问讯、收银三部分。

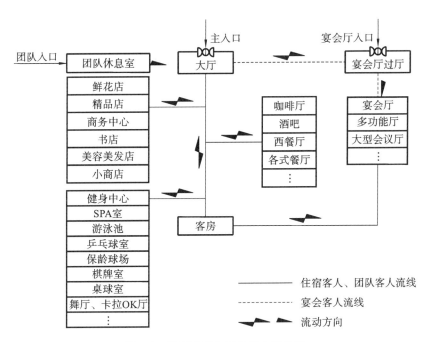

图 1-4　酒店正门入口处及人流线路

根据大堂设计布局,总台最好能正对大堂入口处,这样,总台人员不仅能观察到整个前厅、出入口、电梯等活动场所的情况,而且能清楚地观察到正门外客人车辆的到达情况,从而做好接待准备工作。同时,也有利于及时发现各种可疑情况,以消除隐患,确保安全。另外,以团队客为主要客源的酒店,在总台外另设团队接待处。

2. 大堂副理处

大堂副理处一般设在距离总台和正门不远的视野开阔的安静地方,通常放置一个办公桌,一两张座椅,供办公和接待客人。

大堂副理,或称为大堂经理、客务经理,负责接待客人,处理客人投诉,维持大堂的正常工作秩序,处理前厅出现的各类问题、突发事件等。因为大堂副理的工作涉及对客服务的其他部门,因此,为了能更好地协调各部门的对客服务,其职位比部门经理低,比主管高,不直接服从前厅部经理的指挥,而直接服从房务总监或总经理的指挥。

3. 行李处

行李处一般设置在正门内侧,能使行李员尽早看到车辆驶进通道。

大厅内侧设大厅服务处(也有的在正门外),一般由服务处领班在其值班台接待客人,安排调度行李进出等。值班台后应设有行李房,以放置寄存的行李和集中或疏散团队的行李。另外,前厅部办公室、总机室等机构,与前厅接待工作密切相关,但又不必直接与客人打交道,一般应设在总台后面联络方便但较为隐秘之处。

(三)休息区

大厅休息区是客人在酒店等候、休息或约见亲友的场所,它要求相对安静和不受干扰。休息区的主要家具是供客人休息的沙发、座椅和配套茶几。沙发可根据需要围成几组方形,也可围着柱子设置,在进出频繁、充满动感的大厅空间中,打造一个宁静舒适的区域。

（四）公共卫生间

酒店大厅或附近通常都设有供男女客人使用的公共卫生间。公共卫生间的设施主要有蹲便器或坐便器和洗脸盆,还有烘手器、手纸、面巾纸、小毛巾、香皂等器具和用品,公共卫生间要宽敞干净,设施要完好、用品要齐全。

从一定意义上讲,公共卫生间可以反映酒店的档次和服务水准,在某种程度上,是酒店的"名片"。所以,公共卫生间的装饰材料选择与大堂其他部分在规格和档次要一致,如现代酒店的大堂一般用大理石装修,其公共卫生间也应选用同样材料装修。大堂有众多的人进出,要考虑公共卫生间的位置,既方便客人又能避开外人的直视,标志要明显。

二、前厅环境设置与营造

（一）环境设置

1. 光线

前厅内要有适宜的光线,要能使客人在良好的光线下活动,使员工在适当的光照下工作。前厅内最好能透入一定的自然光线,同时配备层次、类型不相同的灯光,以保证良好的光照效果。过于明亮的光线,会使人的眼睛过分紧张,产生头晕目眩等不舒适的感觉,影响前厅员工的工作效率;过于昏暗的光线,不易使员工和客人彼此看清对方的脸部,也不利于准确地填写表格。客人从大门外进入大厅,如果光线明暗转折过快,客人会很不适应。所以,在设计安装上,灯光的强弱应逐渐变化,可采用不同种类、不同亮度、不同层次、不同照明方式的灯光,配合自然光线,达到使每位客人的眼睛都能逐渐适应光线明暗变化的要求。总服务台上方的光线不能太暗或太亮,不能直接照在客人或服务员的脸上,这样会使他们睁不开眼睛,也不能使阴影留在服务员的脸上,造成服务员工作的不便。

2. 色彩

前厅环境还受到前厅色彩搭配的影响。前厅客人主要活动区域的地面、墙面、吊灯等应以暖色调为主,以烘托出豪华热烈的气氛。色彩搭配应与前厅的服务环境相协调。在客人休息的沙发附近,可采用冷色调,使人有一种宁静、平和的心境。总之,前厅的色彩搭配应能适应服务员工作和客人休息对环境的要求,创造出前厅特有的安静、轻松的气氛。

3. 温度、湿度与通风

前厅要有适当的温度和湿度。酒店通过空调及相关设备,一般都可以把大厅温度和湿度维持在人体所需的最佳状态。温度一般是 22—24℃,湿度一般是 40%—60%,整个环境就比较宜人了。

前厅人员集中,密度大,耗氧量大,如果通风不畅,会使人感到气闷、压抑,因此,应使用性能良好的通风设备及空气清新剂等,以改善大厅内的空气质量,使之适合人体的需求。通常高星级酒店大厅内风速应保持在 0.1—0.3 米/秒,大厅内新风量一般不低于 160 立方米/人·小时。大厅内的废气和污染物的控制标准是:一氧化碳含量不超过 5 毫克/立方米;二氧化碳含量不超过 0.1%;可吸纳颗粒物不超过 0.1 毫克/立方米;细菌总数不超过 3000 个/立方米。

4. 声音

前厅离酒店大门外的闹市区或停车场较近,人员活动频繁,车辆噪声不断,加之说话声、电话铃声等,声源杂、音量大,噪声超过人体感觉舒适的限度,会使人烦躁不安,易激动、争吵、出错,降低效率。大厅内的噪声一般不得超过50分贝。在建造前厅时,应考虑使用隔音板等材料以降低噪声。酒店员工工作交谈时声音应尽量轻些,有时甚至可以使用一些体态语言代替。要尽量提高工作效率,使客人在高峰时间不长久滞留于大厅,破坏大厅安静的气氛。对来店参观、开会、购物、用餐的客人,必要时也应劝告他们说话低声些。酒店应尽可能播放轻松、动听的背景音乐,以减少噪声对客人的干扰。一般而言,大厅背景音乐以5—7分贝为宜。

(二)氛围营造

前厅要努力营造雅而不俗、井然有序、温馨愉悦的氛围,具体表现在以下几个方面。

1. 装饰艺术应突出酒店文化

大堂装饰设计主题要富于创意,装饰格调高雅,讲究工艺,还要借助于各种艺术手法,为前厅服务提供与酒店经营风格和谐一致、相得益彰的环境条件。

2. 前厅服务人员应举止文明

前厅服务人员应穿制服,穿戴整洁、大方、庄重,站姿、坐姿、行姿规范,操作轻、准、快,说话轻声细语,敬语不离口。

3. 前厅服务人员应始终微笑待客

微笑是最重要的体态语言,微笑最具沟通性。前厅服务人员要让客人时时处处感受到亲切和热情,而微笑是最基本的服务要求。

4. 前厅服务人员应注重服务效率

前厅服务人员应该有求必应、有问必答,要主动观察,注意揣摩客人心理,做到真诚待客,言而有信,对客人的每一次承诺都要全力予以实现。

另外,配合前厅的建筑设计特色和装饰艺术风格,随着季节、气候变化和活动需要适时调换花卉品种,以及配置适当的工艺摆件、挂件,烘托出服务氛围的整体感和艺术感。

本章小结

前厅部是现代酒店经营管理中的重要部门,被喻为酒店的"门面"和"橱窗",在酒店具有举足轻重的地位。前厅部是酒店业务活动的中心、形象代表,是创收的关键部门、决策的参谋。前厅部的主要工作任务有销售客房、协调对客服务、提供各类前厅服务、账务管理、建立客人档案等。前厅是酒店建筑的重要部分,每一位客人抵达酒店,都必须经由这里,它是客人对酒店产生第一印象的重要空间。按功能布局来划分,可将前厅分为正门入口处及人流线路、服务区、休息区和公共卫生间等主要区域,其装饰美化对于客人对酒店的整体评价至关重要。

关键概念

前厅部　首问负责制　酒店人流线路

复习思考题

1. 复习题
(1) 前厅部的重要地位体现在哪些方面?
(2) 前厅部的主要工作任务有哪些?
(3) 前厅各部门业务分工是怎样的?
(4) 前厅的功能布局主要包括哪几个部分?

2. 思考题
随着酒店的不断发展,前厅部未来服务方式和管理方式会呈现哪些发展趋势?

◇ 案例分析

前厅服务的提供方式

◇ 实训操练

1. 参观并了解酒店前厅部的经营活动,结合课本所学知识,撰写一份参观总结。
2. 采访一家酒店的前厅部经理,实地了解其每日工作内容。

◇ 进一步阅读推荐

1. 刘伟.酒店前厅管理[M].重庆:重庆大学出版社,2018.
2.《旅游饭店星级的划分与评定释义》编写组.旅游饭店星级的划分与评定释义[M].北京:中国旅游出版社,2010.

第二章

客房预订

学习目标

了解客房预订的意义和任务;熟悉客房预订的渠道、方式和种类;掌握客房预订的程序;掌握超额订房管理及订房纠纷处理的方法和技巧。

第一节 客房预订的业务认知

案例引导

大堂副理接到某旅行社的电话,要求为客人预订一间套房,大堂副理根据客人抵达日期查询计算机后,确认有房,将房间设施和价格通过电话告知对方,并请对方发传真到预订部确认。对方发来的传真显示预订房间的数量由一个套间变为一个套间和一个标准间,并注明两间房为连通房。大堂副理和预订员由于没有理解客人的要求,为客人订了一个套间和与套间相邻的标准间。当旅行社的客人到店入住后,发现房型与预订要求不符,提出投诉。

(资料来源:根据豆丁网案例整理。)

前厅部的首要任务是销售客房,而客房预订是客房销售的中心环节。预订员应熟知客房预订的相关业务知识,才能为客人提供良好的预订服务。

一、客房预订的意义

(一)客房预订对客人的意义

客房预订对客人的意义主要体现在两个方面:一是确保住处,免遭客满的风险,尤其是

在旅游旺季,提前订房显得更为必要;二是占据主动,客人可选择喜爱的客房。

（二）客房预订对酒店的意义

客房预订对酒店的意义主要体现在三个方面:一是可以提前做好人员、物品及卫生等方面的接待准备;二是可以使酒店提前占有客源市场,稳定客源提高客房出租率;三是有助于酒店更好地预测未来客源情况,以便及时调整经营策略,在当今激烈的竞争中把握主动。

二、客房预订的任务

（一）接受、处理客人的订房要求

酒店的预订处要负责酒店的订房业务,接受客人以电话、网络、传真或面谈等方式的预订,并受理客人的各种订房要求。

（二）记录、储存预订资料

预订处不仅要记录和储存预订资料,还要制定预订报表(包括每月、半月、每周和次日客人抵达的预报),参与制订全年客房预订计划。

（三）检查、控制预订过程

预订处要规范酒店预订服务流程,保证准确、及时提供预订服务,向其他相关部门传递预订信息,提高酒店服务质量,达到最佳经济效益。

（四）完成客人抵店前的各项准备工作

预订与接待要密切联系,及时向前厅部经理以及其他相关部门提供有关客房的预订资料和数据,向上级提供VIP抵店的信息,以便酒店提前做好客人抵店前的各项准备工作,比如人员的安排、设施设备的更新或更换、客房的布置等。

三、客房预订的渠道

（一）客房预订的直接渠道

客房预订的直接渠道是客人不经过任何中间环节直接向酒店订房。客人通过直接渠道订房,酒店所耗成本相对较低,且能对订房过程进行直接有效的控制与管理。直接渠道的订房方式大致有下列几类。

(1) 客人本人或委托他人或委托接待单位直接向酒店预订客房。

(2) 旅游团体或会议的组织者直接向酒店预订所需的客房。

(3) 旅游中间商作为酒店的直接客户向酒店批量预订房间。

（二）客房预订的间接渠道

对酒店来说,总是希望将自己的产品和服务直接销售给消费者。但是,由于人力、资金、时间等的限制,往往无法进行规模化的有效销售活动。因此,酒店往往利用中间商与客源市场的联系及影响力,利用其专业特长、经营规模等方面的优势,通过间接销售渠道,将酒店的产品和服务更广泛、更顺畅、更快速地销售给客人。间接渠道的订房方式大致有下列几类。

(1) 通过旅行社(包括在线旅行社)订房。旅行社(包括在线旅行社,如携程、去哪儿、艺龙等)是顾客及各类旅游产品之间的桥梁,是酒店间接订房的主要方式。通过旅行社订房的既有散客也有团体和会议客人。酒店要向旅行社支付佣金。

（2）通过航空公司及其他交通运输公司订房。当航空公司预订员接到订房要求后，可通过网络转到酒店的预订系统中。酒店是否接受预订的信息会立即转回航空公司预订员，保证及时答复客人。酒店也可以不同方式与其他交通运输公司联手合作，开拓订房来源。

（3）通过会议及展览组织机构订房。国内、国际会议和展览是酒店重要的业务来源。专门承办会议和展览的专业机构和公司是酒店开展订房业务的一个重要渠道。其特点为：订房量大，带来其他的业务量也大。酒店往往邀请承办商或组织者来店考察、面谈，并以签订合同的方式接受或办理订房事宜。

目前，不论对单体酒店，还是连锁酒店或酒店联号，预订网络、航空运输部门所带来的客房预订数量在酒店客源中都占较大比重。如全球分销系统（Global Distribution System）和中央预订系统（Central Reservation System），将全球各主要航空公司、旅行代理商及连锁酒店、酒店联号的资源进行统一整合和调配，各成员定期交纳一定数量的年费或按预订数量向网络支付佣金，以获得资源共享。

四、客房预订的方式

客人采用何种方式进行预订，受其预订的紧急程度和预订设备条件的制约。因此，客房预订的方式多种多样，各有其不同的特点。客人常采用的预订方式主要有下列几种。

知识链接：
在线平台订酒店已不是最优选，"比价"成无形消费成本

（一）电话订房

客人通过电话向酒店订房，这种方式应用十分广泛，特别是提前预订的时间较短时，这种方式最为有效。其优点是直接、迅速、清楚地传递双方信息，可当场回复客人的订房要求。

（二）网络订房

随着现代电子信息技术的发展，通过国际互联网及移动终端向酒店订房的方式正迅速发展，它已成为酒店业21世纪发展趋势的重要组成部分。网络订房包括通过酒店的订房系统订房和通过在线旅行社订房。

（三）面谈订房

面谈订房是客户亲自到酒店，与订房员面对面地洽谈订房事宜。这种订房方式能使订房员有机会详细地了解客人的需求，并当面解答客人提出的问题，有利于推销酒店产品。

（四）传真订房

当前国际国内较先进的图文传真订房方式，具有方便、迅速、完整的特点，尤其可以使远隔万里的客人与酒店之间完整地、毫无遗漏地交换各自的资料及要求，同时还可以成为客史档案资料及合同的证明文件。

（五）信函订房

这种方式古老，但显得很正规，以邮寄或托人转交的形式传递客人与酒店的订房交易。由于是"白纸黑字"，并附有客人本人的签名和已备案的代理机构印章及负责人签名，同样可

以作为预订客房、客史资料的相关文件。

（六）合同订房

酒店与旅行社或商务公司之间通过签订订房合同，达到长期出租客房的目的。通常通过此方式预订的房价相对比较低。

五、客房预订的种类

尽管客人预订时采取不同的方式，酒店为便于管理，将预订分为非保证类预订和保证类预订两大类。

（一）非保证类预订

1. 临时性预订

临时性预订是客人在即将抵达酒店前很短的时间内或在到达的当天联系订房。在这种情况下，没必要给客人确认书，同时也无法要求客人预付订金，所以采取口头确认（包括电话确认）；口头确认最主要的是跟客人强调清楚"取消订房时限"，一般是晚上6点未到达，该预订即被取消。当天临时性订房通常由总台接待处受理，因为接待处比其他部门更了解酒店当天客房的出租情况。

2. 确认性预订

确认性预订通常是指酒店同意为客人预订并保留客房至某一事先约定的时间。这是常用的一种比较重信誉的预订方式。如果客人在商定的截止日期未到店，也未提前通知酒店，在用房高峰阶段，酒店可将房间另租给其他客人，如等候名单上的客人。确认性预订的方式有两种：一种为书面确认，另一种为电子信息确认。

3. 等待类预订

在客房预订已满的情况下，再将一定数量的订房客人列入等候名单。酒店应征求订房人同意，是否将其列入等候名单，如有人取消预订或有人提前离店，酒店就会给予优先安排。

（二）保证类预订

保证类预订指客人保证前来住宿，否则将承担经济责任，而酒店在任何情况下都应保证落实的预订。保证类预订通过一定的形式来保护酒店和客人双方的利益，约束双方的行为，因而对双方都是有利的。保证类预订的留房截止时间一般为抵店日期的次日退房结账时间，客人可通过以下方式进行订房担保。

1. 预付订金担保

预付订金是指酒店为避免损失而要求客人预付的房费。由于各酒店自行制定的信用政策不同，所以标准不一，一般情况下应不少于一天的房费。酒店的责任是预先向客人说明取消预订、退还预付款的政策及规定，并保证按客人要求预留相应的客房。对于酒店而言，客人预付订金是最理想的保证类预订方式。

酒店关于预付订金政策一般包括以下内容：收取预付订金的期限；支付订金最后截止日期；预付订金数额的最低标准；退还预付订金的具体规定。

酒店为加强预付订金的管理，要提前向客人发出支付预订金的确认书，陈述酒店收取预付订金及取消预订、退还预付订金的相关政策。

2. 信用卡担保

客人在订房时向酒店声明,将使用信用卡为所预订的房间付款,并把信用卡的种类、号码、失效期及持卡人的姓名告诉酒店。如客人在预订日期未抵达酒店,酒店可以通过信用卡公司获得房费收入的补偿。

3. 合同担保

订立商业合同是指酒店与有关客户单位签订的订房合同。合同内容主要包括签约单位的地址、账号以及同意对因为失约而未使用的订房承担付款责任的说明,合同还应规定通知取消预订的最后期限,如签约单位未能在规定的期限通知取消预订,酒店可以向对方收取房费等。

第二节　客房预订的程序

案例引导

2015年9月25日,王先生打电话到某酒店订房处:"我是你们酒店的一名常客,我姓王,想预订10月1日至10月4日的标准间。"预订员小李查阅了10月1日至10月4日的预订情况,表示酒店将给他预留3210房间至10月1日18:00。10月1日13:00,王先生与朋友来到前厅,看到公告牌上显示酒店标准间客满,还是不慌不忙地出示证件,要求办理入住手续,并说明自己办理了预订。接待员小何查阅了预订信息后抱歉地说:"对不起,王先生,你没有预订啊?""怎么可能,我明明在9月25日预订了3210房间。""对不起,我已经查阅了,3210房间已经出租,入住的是一位黄先生,请您再回想一下,好吗?""不可能,我预订好的房间,你们也答应了,为什么不讲信誉?"

接待员小何一听,赶紧又仔细核查预订记录。后来发现,原来预订员小李一时粗心,把"王"与"黄"输入错误。而在王先生到来之前正好有一位黄先生入住,小何认为就是预订人,就把黄先生安排入住了3210房间。于是小何抱歉地说:"王先生,实在抱歉,本酒店标准间已经客满,请您和您的朋友入住4230号豪华间,8折优惠,虽价格高些,但还是物有所值。"王先生不同意,并且很生气,认为酒店有意欺骗他,立即向大堂副理投诉。

(资料来源:唐飞,《前厅与客房管理》,重庆大学出版社。)

客房预订业务是一项技术性较强的工作,必须建立科学有序的工作程序,确保准确、快捷和高效,否则将会引起客人的不满,直接影响酒店的服务质量和形象。一般来说,客房预订的程序包括预订前的准备工作、受理预订、确认预订、更改或取消预订、核对预订、客人抵店前的准备工作。

一、预订前的准备工作

预订前做好准备工作,才能给订房客人迅速而准确的答复,提高预订工作的水准和效率。

(一)班前准备

预订员按酒店规定的要求规范上岗,做好交接班。接班时查看上一班预订资料,问清情况,掌握需要处理的优先等待的、列为后备的和未收订金的等不准确的预订名单及其他事宜。检查计算机等设备是否完好,准备好预订单、预订表格等各种资料和用品,摆放整齐规范,避免客人订房时,临时现查、现找等现象发生。

(二)预订可行性掌握

预订员上班后,必须迅速准确地掌握当日及未来一段时间内可预订的客房数量、等级、类型、位置、价格标准等情况,对可预订的各类客房心中有数,保证向客人介绍可订房间的准确性。同时,为了更好地销售客房,对酒店近期的促销措施也应非常清楚。

二、受理预订

接到客人的订房申请后,预订员通过查看计算机终端判断客人的预订要求是否与酒店的实际提供能力相吻合,再决定是否接受客人的订房申请。受理预订需考虑四个方面的因素:抵店日期、客房种类、客房数量、逗留天数。

如果客人提出的订房要求与酒店实际提供能力相吻合,酒店则可以接受客人的预订,并填写客房预订单(见表2-1)。填写预订单时,要认真、完整地填写清楚,并向订房人重复其主要内容。因为这是最原始的订房资料,它的错误会导致订房系列工作的全盘错误。

表 2-1 客房预订单

□新预订 □预订更改 □等待预订 □取消预订

客人姓名		公司名称	
房间种类	单人间	双人间	套间
房间数量			
客房单价			

预订到店时间:_____ 原订离店时间:_____ 住宿天数:_____
新到店时间:_____ 新离店时间:_____ 住宿天数:_____
到店航班:_____ 离店航班:_____
付款方式: □客人自付 □现金支付 □信用卡支付 □支票支付
　　　　　□公司支付以下费用:
　　　　　　□全付 □只付房费 □房费含早餐
　　　　　　□已到电传/信件/传真 □现金支付 □支票支付 □信用卡支付

备注:_____
联系人姓名:_____ 公司名称:_____
电话号码:_____ 传真号码:_____
　　　　　　　　　　预订人:_____　　　　　　预订日期:　年　月　日

当酒店客房的可供状况无法满足客人的订房要求时,预订员则应该婉拒预订。一般来说,婉拒预订包含三个步骤:首先,向客人致歉,说明原因;其次,给客人建议,询问客人是否愿意进行等待类预订,如有其他已订房的客人没有抵店或者是临时取消订房的,候补的客人就会有机会,或者询问客人是否可以更改订房类型或日期;最后,如果客人不愿意,只能婉拒客人的订房要求,可以推荐同类型的合作酒店给客人,这样会给客人一个很好的印象,下次订房会优先考虑本酒店。如果是书面订房,也应书面回复婉拒致歉信,以表歉意。

实训项目

实训目标:了解受理电话预订业务的基本知识,掌握通过有效对话获取订房信息及实现客房推销的步骤和方法。

实训内容:散客电话订房。

实训工具:电话、计算机、酒店前台操作系统、预订单。

实训步骤(见表2-2):

表2-2 实训步骤

步 骤	标 准
1. 接电话	铃响三声以内接听
2. 问候客人	(1) 问候语:早上好/下午好/晚上好 (2) 报部门:××酒店预订部
3. 询问客人预订要求	(1) 确认客人预订日期 (2) 查看计算机及客房预订控制板
4. 询问客人姓名	(1) 询问客人姓名 (2) 复述确认 (3) 确认是否曾住过本店,并查询客史档案
5. 推销房间	(1) 介绍房间种类和房价(从高价房到低价房) (2) 询问客人公司名称 (3) 查询计算机,确认是否属于合同单位,以便确定优惠房价
6. 询问付款方式	(1) 询问客人付款方式,在预订单上注明 (2) 公司或旅行社承担费用者,要求在客人抵店前,电传书面信函,作付款担保
7. 询问客人抵达情况	(1) 询问抵达航班和时间 (2) 向客人说明:无明确抵达时间和航班,酒店只能保留房间到入住当天下午6:00 (3) 如果客人预订的抵达时间超过下午6:00,向客人索要信用卡号码作担保预订

续表

步骤	标准
8. 询问特殊要求	（1）询问客人特殊要求，如是否需要接机服务等 （2）对有特殊要求者，详细记录并复述
9. 询问预订代理人情况	（1）预订代理人姓名、单位和电话号码 （2）对上述情况做好记录
10. 复述预订内容	（1）时间、航班 （2）房间种类、房价 （3）客人姓名 （4）特殊要求、付款方式 （5）代理人情况
11. 完成预订	向客人致谢

在受理客人订房过程中，酒店预订员应注意以下几个问题。

第一，无论是接受预订还是婉拒预订，都必须及时给客人以明确答复。一般来说，为了尊重客人，酒店应以客人订房时同样的方式答复客人。

第二，不预先告知房号。预订员在接受预订时，不要给客人以具体房间号码的许诺。因为房间的租用情况随时都在变化，一旦客人到达时所订房间没有空出或不能使用，将失信于客人。

第三，为保证整个预订工作的严密性，应尽可能地掌握客人的离店日期。如果客人没有讲清房间需预订几天，酒店通常只为其预订一夜客房。

三、确认预订

接受了客人的订房要求并经核对后，预订处下一步的工作是给客人签发预订确认函，以示对客人订房的承诺。确认函是酒店回答客人的订房已被接受的有效凭证，是双方之间履行权利和义务的协议书。确认函中的有关事项，如付款方式、保留客房截止时间、房价等都对双方行为具有约束效力。确认函主要包括以下五个方面的内容。

（1）重申客人的订房要求，包括住客姓名、人数、抵离店时间、房间类型和数量等。
（2）双方就付款方式、房价问题达成的一致意见。
（3）声明酒店取消预订的规定。
（4）对客人选择本店表示感谢。
（5）预订员或主管的签名、日期。

确认预订的方式通常有两种，即非书面确认和书面确认。如今客人多通过网络和电话的方式向酒店订房，出于时间周期和成本费用的考虑，酒店一般采用更为便捷的电话、短信、微信、邮件等非书面的方式对客人进行订房确认。但是，书面确认是更为正式和严谨的确认方式(见表2-3),对于大型团体、重要客人,特别是一些知名人士、政府官员、国际会议等订房的确认函,要由前厅部经理或者酒店总经理签发,以示尊重和重视。

表2-3 预订确认函

××酒店 地址:＿＿＿＿＿＿＿＿＿＿＿＿ 电话:＿＿＿＿＿＿＿＿＿＿＿＿ 您对＿＿＿＿＿＿＿＿＿＿＿＿ ＿＿＿＿＿＿＿＿＿＿＿＿ 的预订已被确认。	客房类型:＿＿＿＿ 数量:＿＿＿＿ 房价:＿＿＿＿ 预订日期:＿＿＿＿＿＿＿ 抵达日期:＿＿＿＿＿＿ 抵达时间:＿＿＿＿＿＿＿ 住宿天数:＿＿＿＿＿＿ 离店日期:＿＿＿＿＿＿＿ 结账方式:＿＿＿＿＿＿＿ 订金:＿＿＿＿＿＿＿＿ 客户地址:＿＿＿＿＿＿＿ 客户姓名:＿＿＿＿＿＿＿ 电话:＿＿＿＿＿＿＿＿
本酒店愉快地确认了您的订房。由于客人离店后,需要一定的时间整理客房,因此,请于抵店当日14:00后办理入住,请见谅。另外,未付订金或无担保的订房,如未事先说明,所订房间只保留到抵店当日18:00。	

四、更改或取消预订

酒店接受并承诺了的预订,客人常会因各种原因对原来的预订提出变更要求,甚至可能取消预订。预订员应重视并处理好预订的更改及取消工作。

(一)更改预订

预订的更改是指客人在抵达之前临时改变预计的日期、人数、要求、期限、姓名和交通工具等。如果客人要求更改订房,预订员要先查阅有无符合客人更改要求后(如房间数量、类型、时间、价格等)所需要的房间。如果有,要接受客人的更改,满足客人的要求,并将订房资料重新整理。若变更的内容涉及一些原有的特殊安排,如接机、订餐、鲜花、水果、房内布置等,应尽快给有关部门发变更通知。在时间允许的情况下,应重新发一张预订确认函,以示前一份确认函失效。如果无法满足客人变更要求,则可作为候补或优先等待名单处理。

实训项目

实训目标:了解更改预订的基本业务知识,掌握更改预订的步骤和方法。
实训内容:更改预订。
实训工具:电话、计算机、酒店前台操作系统、预订单。
实训步骤(见表2-4):

表2-4 实训步骤

程　　序	标　　准
1. 了解预订变更的信息	(1)询问预订客人的姓名及原始到达日期和离店日期 (2)询问客人需要更改的日期或房型

续表

程　序	标　准
2. 确认更改预订	(1) 在有空房的情况下,可以为客人确认更改预订,并填写预订单 (2) 记录更改预订的代理人姓名及联系电话 (3) 感谢客人及时通知
3. 未确认预订的处理	(1) 应及时向客人解释并道歉 (2) 建议能否换房型或者列入等候名单中 (3) 如客人不能接受建议,应礼貌地婉拒客人
4. 更改预订完成	及时保存计算机预订资料并向各相关部门发出更改信息

(二) 取消预订

出于各种原因,客人可能在抵店之前取消订房。接到订房取消的信息时,不能在电话里表露出不愉快。正确处理取消预订对于酒店巩固自己的客源市场具有重要意义。据统计,取消订房的客人中有90%以后还会来预订。

客人取消预订时,预订员要做好预订资料的处理工作,在计算机系统中修改预订资料,并在备注栏注明取消日期、原因、取消人等,作为重要资料保存。如果客人在取消预订以前,预订部门已经将该客人(或团队)的预订情况通知各有关接待部门,那么在客人取消预订后就要将这一新的信息通知以上单位。

为了防止因客人临时取消预订而给酒店造成损失或使酒店工作陷入被动,酒店可根据实际情况,比如在旺季时,要求客人尤其是团队客人通过预先支付一定数额的订金进行保证类预订,并在客人抵达前一个月通知对方付款,收款后将有关资料送交前台收银处,待客人结账时扣除。

实训项目

实训目标:了解取消预订的基本业务知识,掌握取消预订的步骤和方法。
实训内容:取消预订。
实训工具:电话、计算机、酒店前台操作系统、预订单。
实训步骤(见表2-5):

表 2-5　实训步骤

程　序	标　准
1. 接到预订信息	(1) 询问要求取消预订客人的姓名、到达日期和离店日期 (2) 询问取消的原因,但不做强行要求
2. 确认取消预订	(1) 记录取消预订代理人的姓名及联系电话 (2) 提供取消预订号

续表

程　　序	标　　准
3. 处理取消预订	（1）感谢预订人将取消要求及时通知酒店 （2）询问客人是否要做下一个阶段的预订
4. 取消预订完成	（1）及时保存计算机预订资料并向各部门发出取消信息 （2）将取消预订单放置在原始预订单之上，装订在一起 （3）按日期将取消单放置在档案夹最后一页

五、核对预订

由于客人抵店前经常出现更改或取消订房的情况，所以，酒店方需要做好订房核对工作，发现问题及时更正或补救，以保证订房工作的准确无误。订房核对工作一般分三次进行，分别为客人到店前一个月、前一周和前一天。若重要客人或大团提前预订时间长，还应增加核对次数。

知识链接：
如何减少"No Show"造成的损失

客人抵店前一个月做第一次核对。预订员与订房人联系进行核对，核对的内容是抵达日期、预住天数、房间数量与类型等。核对的主要对象是重要客人和重要团队。如果没有变化，按准确订房处理；如果有更改，根据变更后房间有无，做更改处理；如果核对中客人取消订房，则修正预订信息。

客人抵店前一周做第二次核对。其程序和方法与第一次核对相同。核对的重点是抵达时间、更改变动的订房和重要客人订房。对客人取消预订的房间，应将其转列为候补或优先等待的客人订房，并告之客人。

客人抵店前一天做第三次核对。这次主要采用电话方式进行。预订员对预订内容要仔细检查，并将准确的订房信息传达到总台接待处。如果有取消预订的，应立即通知总台将这些取消预订的客房售给没有预订直接到店的客人。

同步案例

一天傍晚，已经是前台中班员工快下班的时候了。通常前台在岗员工人数是2名（1名领班、1名实习生）。前台后区办公室、前台主管还没有下班，大堂副理也还没有下班。前厅部经理已经下班了。值班经理当天也是有的。礼宾部有5人，分别是1名领班、3名行李员和1名门童。其他隶属前厅部的各部门都在正常运作中。

突然，酒店大堂正门外的广场上来了3辆坐满宾客的大型巴士，原来是酒店派去机场接的一个会议团到了（虽然按照预订，应该是明天这个时候到达，但是当天临时变更计划，改早了一天），随后一大群人毫无秩序地从巴士上下来，挤到前厅，乱哄哄、争先恐后地去前台办入住手续。

当时场面十分混乱,后区办公室的前台主管得知了此事,赶忙从办公室冲到前台,帮助前台员工一起办理手续。

整个大堂,当时乱得一塌糊涂。

(资料来源:智鼎餐饮网。)

阅读并思考:

1. 这种情况应该发生吗?
2. 你觉得哪儿出了问题,才会引发这种情况?
3. 案例中各员工的处理方法对吗?

六、客人抵店前的准备工作

做好客人抵店前的准备工作,既有助于缩短订房客人办理入住登记的时间,又能提前做好接待服务工作中的细节安排,向客人提供有针对性的服务。客人抵店前的准备工作大致划分为以下几个阶段。

提前一周或数日,将主要客情(如重要贵宾、大型会议及团队、客满等信息)通知各相关部门和总经理。其方法可采取分发客情预报表(如星期预报住房报表,见表2-6)、重要客人预报表(见表2-7)等,或者由总经理或主管副总经理主持召开的协调会来发布。

表2-6 星期预报住房报表

制表日期:

日期	星期	团队	临时住店	住房率	自用房	免费房	总计房间数	人数	双人占用率
	一								
	二								
	三								
	四								
	五								
	六								
	日								
上星期结果:预测				%				¥_____元	
实际				%				¥_____元	
预测差				%				¥_____元	
可出租客房总数				间数×天数=总数					
日平均出租率									
日平均房价									
房费总收入									

续表

本月截止日出租率		
本月截止日预报		
去年同期		
预计本月平均出租率		
今年截止日出租率		
今年截止日预报出租率		

审核　　制表

表 2-7　重要客人预报表

年　　月　　日

姓名或团名		国籍	
身份		人数	
来店日期		班次	
离店日期		班次	
接待单位			

具体要求：

备　注：

经手人：_____

客人抵店前夕，将具体接待安排以书面形式通知有关部门，使各部门做好对客服务的准备工作。通知单主要有VIP接待通知单（见表2-8）、接站预订单（见表2-9）、次日预期抵店客人名单（见表2-10）等。某些指定的房间，特别是VIP的订房，预订处应提前一天或数天，以电话或书面方式通知接待处和客房部，对这些房间进行控制，不再出租给其他客人，即实行所谓的订房管制。对其他特殊订房也要特殊关照，以体现酒店服务的个性化。如新婚订房，酒店也应派定客房，并在客人到达之前布置好祝贺卡和鲜花，再送上纪念性礼品，这会给新婚夫妇留下美好而难忘的印象。

表 2-8　VIP 接待通知单

No.

姓名(团体)身份		国籍	
人数	男：　女：	房号	
来店日期		班次	
离店日期		班次	
拟住天数		接待标准	

续表

客人要求				
接待单位		陪同人数身份	男：	女：
特殊要求				
审核人		经手人		

备注：

表 2-9　接站预订单

年　月　日

预订号	团队代号	客人姓名	乘车人数	预订日期	航班抵达时间	实际到达日期	接车时间	接车人	备注

□预订　　　　　1：00pm□　　　　接车预订人：
□更改　　　　　6：00pm□
□取消　　　　　保证预订□　　　接受预订人：

表 2-10　次日预期抵店客人名单

年　月　日

预订号	序号	客人姓名	房间号	预期抵店日期	预期抵店时间	预期抵店预测时间	备注

审核　　制表

客人抵店当天早上，接待员根据抵店客人名单，提前分好房间，并把钥匙信封、住房登记单准备好。将有关细节通知有关部门，以做好接待，共同完成客人抵店前的各项准备工作。

第三节　超额订房及其他订房纠纷处理

案例引导

在旅游旺季，各酒店出租率均较高，为了保证经济效益，一般酒店都实行超额预订。一天，大堂副理及前台的配合，已将大部分客人安排妥当。当时 2305 房间为预离房，直至 18 时客人才来前台办理延住手续。而此时，2305 房间的预抵客人已经到达（大堂副理已在下午多次打电话联系 2305 房间预离客人，但未找到）。大堂副理向刚刚到达的客人解释酒店超额预订,并保证将他安排在其他酒店,一旦有房间,再将其接回,但客人态度坚决,称这是酒店的问题,与他无关,他哪儿也不去。鉴于客人态度十分坚决,而且多次表示哪怕房间小一点也没关系,他就是不想到其他酒店,在值班经理的允许下,大堂副理将客人安置到了值班经理用房,客人对此表示满意。

(资料来源:根据网络资料整理。)

预订客人抵店后,可能会因各种原因,就订房问题与酒店之间发生纠纷,酒店应酌情积极妥善地处理好这些纠纷,保障双方合法权益,维护酒店的良好声誉。

一、超额订房

客人向酒店订房,并不是每个人都做保证类订房的。经验表明,即使酒店的订房率达到100%,也会有订房者因故预订不到、临时取消或者住客提前离店,使酒店出现空房。酒店为了追求较高的住房率,争取获得最大的经济效益,有必要实施超额订房。

超额订房(Overbooking)是指酒店在订房已满的情况下,再适当增加订房数量,以弥补少数客人因预订不到、临时取消或提前离店而出现的客房闲置。

超额订房通常出现在旅游旺季,而旺季是酒店经营的黄金时期。处理好超额订房,使酒店在黄金时期达到最佳出租率和最大效益,同时保持良好的声誉,对酒店经营管理者来说,这确实是胆识与能力的体现,但同时又是一种冒险行为。因此,超额订房管理要解决如下两个问题:一是如何确定超订数量;二是一旦超订过度怎样补救。

(一)超订数量的确定

超额订房应该有"度"的限制,超订不足会使部分客房闲置,超订过度则会使部分预订客人不能入住。这个"度"的掌握是超额订房管理成功与否的关键,它应是有根据的,这个根据来自经验,来自对市场的预测和对客情的分析。

确定超额订房数量须根据订房资料统计以下客人数量和比率:预订不到者、临时取消者、提前离店者、延期住宿者、提前抵店者。掌握了上述资料,就可根据下列公式计算超额订房的数量:

$$X = (A - C + X) \cdot r + C \cdot f - D \cdot g$$
$$X = \frac{(A - C) \cdot r + C \cdot f - D \cdot g}{1 - r}$$

假设超额预订率为 R,则

$$R = \frac{X}{A - C} \times 100\%$$

其中,X 表示超额订房数;A 表示酒店可供出租客房总数;C 表示续住房数;r 表示预订不到和临时取消比率;D 表示预期离店房数;f 表示提前退房率;g 表示延期住店率。

在公式中可以发现,很多决定超额订房数的因素都是基于对未来的预测,要想计算准确,首先要保证对各项指标的预测准确。解决这一问题的最好方法是建立一种准确的预测模型,通过该模型可以准确预测最佳超额订房数。目前国际上流行的酒店收益管理系统,都提供了强大的预测功能和专门的超额订房模型。

实训项目

某酒店有可供出租的客房400间,未来10月15日续住客房数为140间,预期离店客房数为75间。根据以往预订统计资料分析,该酒店预订不到和临时取消比率为12%,提前离店率为4%,延期住店率为6%。试问,就10月15日而言,预订处可接受多少间的超额订房?超额订房比率是多少?

根据公式计算的结果仅供参考,因为它是依据酒店以往的经营统计数据计算的,未来情况会怎样,要做具体分析,还要考虑其他各种影响因素。

1. 掌握好团队订房和散客订房的比例

团队订房是事先计划安排的,预订不到或临时取消的可能性很小,即使有变化,一般也会提前通知。而散客订房的随意性很大,因各种原因不能如约抵店又不事先告知酒店的可能性较大。所以,在团队预订多而散客预订少的情况下,超订的比例要小些。反之,散客订房多而团队订房少,则超订的比例就可大些。

2. 根据预订类型分析订房动态

酒店通常采用三种预订:临时性预订、确认性预订和保证性预订。临时性预订的客人如在当天的"取消预订时限"(18:00)还没到达酒店,该预订即被取消,故超额预订的弹性也大。确认性预订有充分的时间给予书面确认,向客人收取欠款的风险较小,同时,酒店在失信时的责任也相对较大,故超额预订的弹性就小。保证类预订确保酒店在出现预订客人不来入住的情况下仍有客房收益,因此,对于保证类预订的那些房间,酒店不应该再超订。

3. 酒店自身状况的影响

超额订房还应结合酒店的类型、周边情况等综合考虑。连锁店凭借着统一预订系统和庞大的分店数量优势,可以大幅度地减少客人无法入住的问题,从而可以适当提高超订率以提高效益。独立经营店对超订率的规定不宜太高。如果本地区还有其他同等级同类型的酒店,可以适当提高超订幅度,万一因超订量过大而无房提供,可以介绍客人到其他酒店。

4. 其他特殊情况

超额订房数量的确定还应考虑诸如天气、自然灾害等特殊情况。恶劣的天气常造成航班被取消、渡轮停驶。如这种天气出现在预订的当天,那么"已经预订的客人到期不出现率"肯定会大幅提高,所以天气情况的预测便成为超额预订率制定的重要依据。此外,如果在客人的预订到达期前两三天,其所在地发生突发性事件,肯定会影响客人的行程。但往往由于事发突然,客人来不及取消。对酒店来说,适当增加到达当天的预订量,可以带来更大的销售利益。

总之,通过对上述几方面因素的分析,各酒店可根据自己的实际情况,做好资料的收集、分析工作,认真总结经验,合理地确定超额订房的数量或幅度,既能使酒店最大限度地销售产品,增加收益,又能满足客人的订房需要,不致产生订房纠纷。根据国际酒店管理经验,超额订房的比率一般应控制在5%—15%。

(二)超订过度的补救措施

超额订房是订房管理艺术的最高体现,处理得好会提高客房出租率,增加酒店的经济收益。但超订数量的确定毕竟是根据过去的经营统计资料和人们主观分析的结果,而未来将要发生的事情中很多因素的变化是难以准确预料的。所以,超额订房的失败也时有发生。如果发生超订过度,客人确实已预订成功又在规定的时限内抵达酒店,酒店却因客满无法为他们提供所订住房,必然引起客人极大的不满,这无疑将会给酒店带来很大麻烦。因为接受并确认了客人的订房要求,就是酒店承诺了订房客人具有得到"自己的住房"的绝对权利。发生这种情况,就是酒店方的违约行为。所以,必须积极采取补救措施,妥善安排好客人住宿,以消除客人的不满,挽回不良影响,维护酒店的声誉。

按照国际惯例,超订过度的一般做法如下。

(1)与本地区酒店同行加强协作,建立业务联系。一旦超订过度出现超员,可安排客人到有业务协作关系的同档次同类型酒店暂住。

(2)客人到店时,由主管人员诚恳地向其解释原因,并赔礼道歉。如需要还应由总经理亲自出面致歉。

(3)派车免费将客人送到联系好的酒店暂住一夜。如房价超过本店,其差额部分由本酒店支付。

(4)对属于连住又愿回本店的客人,应留下其大件行李。次日排房时,优先考虑此类客人的用房安排。次日一早将客人接回,大堂副理在大厅迎候并致歉意,陪同办理入住手续。

(5)客人在店期间享受贵宾待遇。

二、其他订房纠纷处理

酒店因客满不能安排预订客人入住,或客人抵店时对所提供的房间不满意等情况时有发生。一旦发生订房纠纷,酒店应根据不同情况妥善处理好。

(一)引起订房纠纷的常见原因

日常发生的订房纠纷,除了如前所述因酒店实施超额订房引起的之外,还有以下几个主要原因。

(1)客人抵店时间已超过规定的留房时限,或是未按指定的航班、车次抵达,事先又未与酒店联系,酒店无法提供住房。

(2)客人打电话到酒店要求订房,预订员同意接受,但事后并未寄出确认函,客人抵店时无房提供。

(3)客人声称自己办了订房手续,但接待处没有订房记录。

(4)在价格上发生争执或因不理解酒店入住和住房方面的政策及当地法规而产生不满。

（二）常见处理订房纠纷的措施

酒店在处理上述订房纠纷时，既要分清责任，维护自身的合法权益，又要耐心、诚恳，设身处地为客人着想，帮助客人解决问题。注意"情、理、法"三者兼顾。

（1）第一种情况，虽为确认订房，但已超过了酒店规定的留房时限。显然，因这种情况发生纠纷，责任不在酒店一方。但是对客人同样要热情接待，耐心解释，并尽力提供帮助，绝不可与客人争吵。如果酒店没有空房，可与其他酒店联系安排客人入住，但酒店不承担任何费用。

（2）第二种情况，虽无书面凭证，但从信义上讲，口头承诺应同书面确认一样生效。遇到这种情况，应向客人道歉，尽量安排客人在本酒店住宿，实在无房提供，可安排客人在附近酒店暂住，次日接回并再次致歉。最忌有的酒店处理此类问题时借口未确认而对客人失礼。

（3）遇到第三种情况，接待处要与预订处联系，设法找到客人的订房资料，看是否放错位置或丢失，或是其他原因。如经查找，确认客人是前一天的订房客人，但未能按时抵店；或是客人提前抵店，在酒店客满的情况下，总台接待人员应尽力提供各种帮助，为客人解决面临的困难。如经查找，确认客人是当天抵店的订房客人，但酒店此时已无法提供客房，而必须将客人安排在其他酒店，那么应按超订过度的补救方法处理。

（4）遇到第四种情况，总台接待人员必须耐心而又礼貌地向客人做好解释工作，使其既接受现实又不致产生不满情绪，无论如何不能与客人发生争执。

总之，处理订房纠纷是一个复杂、细致的工作，有时甚至很棘手。总台服务人员要注意平时多积累经验和技巧，善于把握客人心理，做好善后工作，防止类似纠纷的发生，还应记录酒店负有失约责任的住客名单，呈报管理部门，并写入客史档案。

客房预订工作业务量大，渠道、方式多且经常出现订房变更，所以很容易出现工作失误。预订人员在订房的全过程中要认真负责，按规范要求细致地处理每一个问题，以保证预订工作的准确性，减少差错和纠纷。

本章小结

客房预订是客房商品销售的中心环节，本章介绍了客房预订的意义、任务、渠道、方式、种类等业务知识，这是做好预订工作的理论基础。同时，详细讲解了客房预订的程序，包括预订前的准备工作、受理预订、确认预订、更改或取消预订、核对预订、客人抵店前的准备工作六个环节，每个环节都有相应的工作流程和要求。此外，还介绍了超额订房及其他主要订房纠纷的处理方法和技巧。

关键概念

临时性预订　确定性预订　保证性预订　等待类预订　超额订房

复习思考题

1. 复习题

(1) 客房预订的任务包括哪些？

(2) 客房预订的方式有哪些？各有什么特点？

(3) 客房预订的种类有哪些？各有什么特点？

(4) 客房预订的程序是怎样的？

(5) 超额订房需要考虑的因素有哪些？

(6) 超订过度的补救措施有哪些？

2. 思考题

超额订房是一项风险和收益并存的行为，是订房管理艺术的最高体现，合理确定超额订房的数量需要综合考虑哪些因素？

◇ 案例分析

"首问责任制"的体现

◇ 实训操练

两名同学为一组进行角色扮演，一人扮演酒店前台预订处工作人员，另一人扮演客人，完成一次电话预订的受理，然后角色互换。

要求：流程正确、信息完整、准确；预订资料齐全，存档准确无误；体现礼貌礼节。

◇ 进一步阅读推荐

1. 闫慧.酒店线上预订行业竞合研究[M].北京:经济科学出版社,2021.

2. 刘淑芹,汪寿阳.酒店收益管理研究——客房预定与定价决策[M].北京:科学出版社,2013.

第三章

总台系列服务

学习目标

了解总台接待、问讯、收银服务的工作内容和范围;理解客房状态的基本概念并熟记常见的房态类型;熟练掌握总台办理散客入住登记、团队入住登记、VIP入住登记、访客留言、住客留言、散客结账、团队结账等总台服务的程序和标准;掌握总台接待处、问讯处、收银处对客服务工作中常见问题的处理方法。

第一节 接 待 服 务

案例引导

帮他人订客房后私自让朋友未经登记入住酒店,不想却遭遇派出所安全检查,导致希尔顿某酒店因违反旅馆业未执行住宿登记制度被罚款5万元,酒店方一气之下将住客告上法庭索要赔偿。××区人民法院开庭审理了这起案件。最终,在法庭主持下,双方同意调解并自愿达成协议,由被告林某一次性赔偿希尔顿某酒店5000元。

2018年的一天,家住上海的林某接到朋友要来上海游玩的消息,受朋友委托,林某来到希尔顿某酒店为朋友办理入住。林某先用自己的身份证订了房间并办理了入住,酒店前台工作人员提醒林某,若接下来还有同行其他客人入住,务必要带好相关证件在前台进行登记。林某当即表示同意,但事后并未将工作人员的提醒放于心上,不久后,林某的朋友到达了酒店,并在未经登记的情况下直接住进了林某提前订好的房间。

原以为可以相安无事地住下去,两人还觉得自己省去了不少麻烦,没想到入住第二天就遇上了该地派出所的安全检查,没有进行任何登记就直接入住的林某朋友被"揪"了出来,派出所还以违反旅馆业未执行住宿登记制度为由对该酒店作出了行政处罚,同时处以罚款人民币5万元。

酒店方认为,自己已经通过口头提醒,并且酒店前台也摆放有相关的提示标识牌,此次酒店被处罚归咎于林某帮他人订客房后私自让朋友未经登记入住酒店,林某的行为违反了该酒店的入住管理制度,且未履行对酒店登记的告知义务,对酒店造成了经济损失,因此该酒店诉至法院,要求林某赔偿酒店的经济损失。

庭审中,被告林某辩称,原告酒店方只在入住时提示要登记,但并未当场告知不登记的法律后果,因此原告酒店也不能避免责任。

最终,在法庭主持下,双方同意调解并自愿达成协议,由被告林某一次性赔偿该酒店人民币5000元。

(资料来源:上游新闻。)

接待服务是酒店总台的重要工作内容。总台工作人员担负着直接为客人服务的工作,不仅需要微笑和热情,更应该按照总台接待的相关程序和标准来提供服务,从而建立良好的宾客关系。总台接待的主要工作包括客房销售、入住登记、修改客单、沟通协调、房态管理等。

一、房态的主要类型

房态(Room State)即客房状态,是指对每一间客房在一定时段正在占用、清理或待租等情况的一种标示或描述。准确控制房态是做好酒店客房销售工作以及提高接待服务水准的前提。酒店的客房随着客人入住和离店等活动而处于各种状态的不断变化之中。

(一)常见房态

酒店常见房态如表3-1所示。

表3-1 酒店常见房态

房 态	英 文	中 文	备 注
Occupied	Occupied	住客房	住店客人正在使用的客房
Vacant	Vacant	空房	暂时未出租的房间
OC	Occupied & Clean	已清洁住客房	已完成清洁工作的住客房
OD	Occupied & Dirty	未清洁住客房	还未进行清洁整理的住客房
VC	Vacant & Clean	已清洁空房	已完成清扫整理工作并通过检查的空房
VD	Vacant & Dirty	未清洁空房	客人已结账并离开,但还未清扫的房间
OOO	Out Of Order	待修房	硬件出现故障,正在或等待维修
OOS	Out Of Service	停用房	因各种原因,已被暂时停用的房间
BL	Blocked Room	保留房	为团体客人、预订客人以及重要客人等预留的房间
S/O	Sleep Out	外宿房	住店客人外宿未归

续表

房 态	英 文	中 文	备 注
LL	Occupied with Light Luggage	少行李房	仅有少量行李的住客房
NB	No Baggage	无行李房	基本或完全没有行李的住客房
DND	Do Not Disturb	请勿打扰房	客房的请勿打扰灯亮着,或门把手挂有"请勿打扰"牌
DL	Double Locked	双锁房	酒店(或客人)出于安全等某种目的而将房门双锁

(二)差异房态

差异房态是指前厅部记录显示的客房状态同客房部查房结果不相符合的情况。差异房态有两种:一种是逃账房;另一种是沉睡房。前者指前厅部显示为住客房,而客房部查房报告则显示为空房;后者恰好相反,前厅部显示为走客房或空房,而客房部则发现房内有人(见表3-2)。

表3-2 客房差异状况表

差异房态	前厅部	客房部
沉睡房(Sleepers)	空房	住客房
逃账房(Skippers)	住客房	空房

为了防止出现差异房态,应采取以下措施。

第一,制定完善的空房状态检查和控制制度,杜绝可能的漏洞,尽量避免差异房态。

第二,加强管理,通过系统培训提高员工的业务素质和业务技能,加强管理人员对一线员工工作的监督与检查,减少可能出现的工作差错,保证客房状态的正确显示。

第三,认真分析,确认差异的原因,迅速采取有效措施加以解决,保证客房状态的正确显示。

同步案例　　　　重复卖房之后

一天晚上12点多了,酒店大堂来了两男两女,他们要求开两个双人标准间,前厅的接待员小刘查阅了房态后,紧张地忙碌起来。从查预订单—选房—入机—住宿登记—交迎宾卡—做钥匙卡等各个环节都很快捷,四位客人很快就拿到分配的1201房、1203房的房卡,愉快地登上了电梯,向客房走去……

谁知他们走出电梯出示了房卡,楼层服务人员却发现,1201房间有客人入住,肯定是接待员将房间开重了。客房服务员立即表示歉意,并请客人稍等,待她询问一下再说。四位客人非常生气,立即乘电梯返回大堂,径直走向接待处,质问这是怎么回事。当客人在大堂大吵大闹时,保安走过来阻止,客人更加生气了,上去就揪住保安,酒店经理也过来了……

阅读并思考：
1. 为什么会出现这种情况？
2. 遇到这种情况该如何处理？
（案例来源：职业餐饮网，酒店服务投诉案例。）

二、客房预分配

客房分配要根据酒店空房的类型、数量及客人的预订要求和客人的具体情况进行。为了提高工作效率，缩短客人住宿登记时间，对于预订客人（尤其是团客），应在客人抵达酒店前提前预分配房间，通常在客人抵达的前一天晚上分配。分配好后，将客房钥匙、房卡装在写有房号和客人姓名的信封内，等客人抵店并填完住宿登记表后交给客人。团体客人的房间存在两次分配，由于接待员不了解团员之间的关系，因此，不便提前确定哪两位客人住在哪个房间，所以在装有钥匙的信封上只能注明房号或团名，而不能写上客人的姓名。对于每个房间的具体安排要等到团队到达后，由熟悉团队情况的领队或陪同落实。

（一）排房的顺序

接待员在排房时，应根据客人的特点及缓急顺序进行排房，应优先安排贵宾和团体客人等，通常可按下列顺序进行：贵宾、有特殊要求的客人、团队会议客人、有订房的散客、未经订房而直接抵店的散客。

（二）排房的艺术

为了提高酒店开房率和客人的满意程度，客房分配应讲究一定的艺术。

1. VIP 用房

VIP 用房应是同类客房中方位、视野、景致、环境、房间保养等方面处于最佳状态的客房，并注意客房的保密与安全。

2. 团队用房

尽量使团体客人住在同一楼层或相近的楼层。这样，一方面便于同一团队客人的联系和管理；另一方面，团队离店后，空余的大量房间可以排给下一个团队，便于管理，也有利于提高住房率。此外，散客由于怕干扰，一般也不愿与团队客人住在一起。团队客人的用房一般安排在较低楼层，一是因为电梯很容易坐满，二是因为高层房间可以留给出高价的散客。

3. 残疾人和老人用房

应尽量将残障人士以及行动不便的老人安排在离服务台和电梯较近的房间，方便他们通行，同时安排的楼层也应较低。

4. 要注意房号的忌讳

有些客人（如西方国家客人）忌"13"，还有些客人忌"4""14"等带有"4"（同"死"）字的楼层房号，因此，不要把这类房间分给上述客人。考虑到这些忌讳，目前很多酒店在楼层设置上没有"13""14"楼层，而用"12A""12B"层来代替。

5. 淡季要集中排房

淡季入住率较低,要集中排房,比如尽量排一栋,尽量同一层,排状态相对好的房间,但淡季也要注意房间的平均使用,保持客房设施新旧程度均匀。

三、总台办理入住登记的必要性

办理入住登记手续是总台接待工作的一个重要环节,其工作效果将直接影响前厅部功能的发挥。不论酒店的规模和档次如何,客人要入住酒店,都必须首先出示有效证件办理入住登记手续。

(一)办理入住登记手续可以和客人签订住宿合同

客人在办理入住登记手续时,必须填写一张由酒店提供的临时住宿登记表,这张表相当于酒店和客人签订的住宿合同。登记表上明确了客人入住酒店的房号、房价、住宿期限、付款方式等项目,还有酒店告知客人的退房时间、贵重物品保管等注意事项。酒店接待员和客人都必须在这张临时住宿登记表上签名确认,这标志着酒店与客人之间正式合法的经济关系的确立。因此,只有完成入住登记手续,酒店与客人之间的权利与义务、责任与权益才能明确。同时,从客房预订的角度来说,只有客人办理了入住登记手续,才能使酒店的潜在客人变成现实的客人。

(二)办理入住登记手续是遵守国家法律有关户籍管理的规定

我国有关法律明确规定,在我国的外国人及国内流动人口,在宾馆、酒店、招待所临时住宿时,应当出示护照或身份证等有效证件,并办理入住登记手续。酒店管理人员若不按规定为客人办理入住登记手续,是违反国家法律有关户籍管理规定的行为,情节严重应受到相应的处罚。所以,办理入住登记手续是酒店遵守有关法律的行为,同时也是酒店对国家应尽的义务。

(三)办理入住登记手续可以获得客人的个人资料

客人办理入住登记手续,填写临时住宿登记表,酒店可以获得住店客人的个人资料,如客人的姓名、性别、国籍、住所、工作单位、抵离店日期、付款方式等基本信息。这些资料对于提高酒店的服务与管理至关重要,为前厅部向酒店其他部门提供服务信息、协调对客服务提供了依据,同时也为酒店研究客情,特别是创造个性化、人性化的服务,建立客史档案提供了依据。

(四)办理入住登记手续可以满足客人对房间及房价的要求

办理入住登记手续时,前台接待员通过回答客人的各种问题,可以让客人了解酒店的各种客房类型和相应的房价,并可推荐一些有特色的房间和有优惠价格的房间,客人就可以根据自身不同的情况,选择自己满意且价格合适的房间。所以,办理入住登记手续不仅推销了客房,而且满足了客人对房间和房价的要求。

(五)办理入住登记手续可以向客人推销酒店的其他服务与设施

许多客人在入住酒店前并不了解该酒店的服务项目和设施设备情况,这就影响他们的购买行为。接待员在为客人办理入住登记手续时,可以在推销客房的基础上,抓住时机积极地向客人介绍酒店提供的各种服务项目与设施设备，以满足客人的其他需求，方便客人选择，从而为酒店带来较高的经济效益和社会效益。例如，看见客人抱着小孩，可以推荐托婴服务；看见客人的衣服有污渍，可以推荐洗衣服务。需要注意的是，推销要根据客人的实际情况，并遵循适度的原则，以免客人产生厌烦情绪。

四、入住接待的程序

（一）散客入住接待

1. 迎候客人

接待员应随时做好待客准备，在距客人3米处开始关注，2米处热情礼貌地打招呼；若正在接待其他客人，应向后来的客人致歉，并予以目光关注。

2. 询问预订

礼貌地问清客人是否预订。

（1）有预订客人：查找预订，与客人确认预订房间类型、房数、入住天数、房价，是否含早餐，是否需无烟房及其他特殊要求，在计算机中输入入住信息。

（2）无预订客人：向客人推销，通过观察或询问了解客人来店目的，并针对客人的类型进行适当的推销和介绍。

3. 登记资料

请客人出示相关证件进行登记，办理入住手续。登记时遵循"一人一证，人证相符"原则。确认客人姓名后，至少在对话中使用一次。

4. 受理预付款

（1）询问客人付款方式，是否需要签单消费，提醒客人如果签单消费较多，可适当多交纳相应的订金。

（2）请客人核对入住登记相关信息并签名认可。

需要注意的是：第一，客人现付时需唱点唱收，现场点清，避免麻烦和误会；第二，做信用卡预授权时，需核对信用卡主人是否为登记客人本人；第三，外币需由收银员签收；第四，支票验证需有担保人；第五，转账需核对签单人签名。

5. 交付

将客人的身份证件、房卡、押金收据的顾客联（如是信用卡支付，还应加上信用卡和回单），一并交还给客人。如有多位客人可准备房号联络表。

6. 相关提示

（1）告知客人其房间的方位、电梯位置、用餐地点、优惠等信息，并提醒客人退房截止时间及贵重物品保存事宜。

（2）询问客人是否有其他要求，如是否需要行李员引领至房间，并预祝客人入住愉快。

7. 存档

当客人离开后，将相关信息录入计算机，建立客户资料，更改房态。将相关单据在接待部、前台收银处分别存档。

表3-3所示为旅客临时住宿登记表。

表 3-3 旅客临时住宿登记表

姓名		性别		出生日期		职业	
工作单位				籍贯 省 市(县)			
证件名称				证件号码			
从何处来		到何处去		住店日期		离店日期	
同行人数 (人)	姓名	性别	出生日期	证件名称		证件号码	
客房类型	单人间		双人间			套间	
用房数量							
客房单价							
房号							
付款方式	□现金 □信用卡 □旅行支票 □公司账户 □旅行社凭单 □其他						
备注							

请注意：

1. 退房时间是中午 12 时整。中午 12 时以后至下午 6 时前退房将加收半天房费，如果延时超过下午 6 时将加收一天房费。
2. 前台免费提供贵重物品保险箱供住店客人使用。
3. 访客请在晚上 11 时前离开客房。
4. 结账后请交回客房钥匙。

客人签名：
接待员：
　　　　　　　　　　　　　　　　年　　月　　日

（二）团队入住接待

1. 引领团队

(1) 每个班次指定专人进行团队接待，所指定的接待员随时关注团队是否到达酒店。

(2) 当团队到达酒店时，所指定的接待员及时将团队引领至专门进行团队接待的区域。

2. 接待入住

(1) 与团队陪同确认团队团号、人数及房间数，确认无误后，即可将已准备好的钥匙交与陪同，并要其在团队单上签字，留下陪同的手机号码。

(2) 与陪同联系，确认叫醒、用早餐、出行李的时间，并询问客人当日从哪里来，离店后到哪里去。

(3) 向陪同索要已分好房的客人资料，查看资料是否齐全，其中内宾团需要宾客姓名、性别、证件号码；外宾团则需要宾客姓名、性别、年龄、证件号码、有效期、入境口岸和日期、地址,缺一不可。拿到资料后进行复印。

(4)没有团队资料的,则将护照收齐,让客人在登记单上签字,先让客人进房间,登记完之后再送回房间。

(5)付款方式。如果是房费或房费加餐费由组织单位转账,杂费自理的情况,则需收取杂费押金;如果是所有费用现付,则需收取全额押金或信用卡。

3. 通知其他部门

(1)第一时间通知客房部,并在计算机中更改房态。

(2)将客人的叫醒时间通知总机,用餐时间通知餐厅,出行李时间通知行李部。

4. 计算机输单

将客人姓名、性别、出生年月输入计算机,并在计算机中更改房费,计算机中团队房费不能为零,需根据实际房费以半价形式调整。

5. 资料存档

将房费算好写在团队单上,做好电子资料和纸质资料的存档工作。

表 3-4 所示为团队入住登记单。

表 3-4 团队入住登记单

团队名称			国籍		人数	
抵店时间		离店时间		住宿天数		
客户名称		陪同姓名	陪同房号	领队姓名	领队房号	
客房类型	单人间		双人间		套间	
用房数量						
客房单价						
房号						
合计用房数			叫早时间			
结账方式	□现金　□旅行支票　□信用卡　□公司账户　□旅行社凭单　□其他					
备注:						

陪同签名:　　　　　　　　　　　　　　　　　　接待员:
　　　　年　　月　　日　　　　　　　　　　　　　　年　　月　　日

(三) VIP 入住接待

VIP 是 Very Important Person 的首字母缩写。VIP 是酒店给予在政治、经济以及社会各领域有一定成就、影响和号召力的人士的荣誉,是酒店完善标准的接待规格服务对象,是酒店优质服务体系的集中体现。VIP 入住接待程序如下。

1. 准备工作

(1)从预订处或销售部接到 VIP 通知单或每天预计到店名单中获知贵宾的姓名、到达时间、职务等资料后,应立即报告总经理,填写 VIP 申请单(重点客人呈报表),请示酒店是否派管理人员来接待及接待规格如何等。

（2）根据接待规格安排适当的房间，提前准备好房间钥匙、欢迎卡和住宿登记单及有关客人信件等。

（3）VIP到达酒店前要将装有房卡、钥匙等的欢迎信封及登记卡放至大堂经理处，同时要通知有关部门按照相应接待规格做好准备。

（4）大堂经理在VIP到达前1小时检查房间；VIP抵达前半小时，大堂副理应准备好客房门卡、欢迎卡及住宿登记单，在门厅迎候VIP抵店。

2．办理入住手续

（1）准确掌握当天预抵VIP姓名；以客人姓名称呼客人，根据VIP的不同级别相应地通知酒店总经理、驻店经理、前厅部经理及大堂经理等亲自迎接。

（2）不同级别的管理人员分别将不同级别的VIP亲自送至房间，并向客人介绍酒店设施和服务项目。

3．储存信息

（1）总台接待人员复核VIP资料，并准确输入计算机；在计算机中注明"VIP"以提醒其他各部门人员注意。

（2）为VIP建立客史档案，并注明身份，以备查询。

知识链接：
某星级酒店VIP客人的分类及接待规格

五、接待常见问题处理

（一）客人等候办理入住手续的时间过长而引起抱怨

繁忙时刻，会有许多客人急切地等候办理入住登记手续，在办理的过程中，他们会提出很多问题与要求，大厅内有可能会出现忙乱的现象，前台接待员必须保持镇静，不要慌乱。

（1）客人抵店前，接待员应熟悉订房资料，检查各项准备工作。

（2）根据客情，合理安排人手，客流高峰到来时，保证有足够的接待员。

（3）繁忙时刻保持镇静，不要打算在同一时间内完成好几件事。

（4）保持正确、整洁的记录。

（二）客人不愿详细登记

有部分客人嫌麻烦、出于保密或显示自己特殊身份和地位等目的，住店时不愿登记或登记时有些项目不愿填写。接待员可采用以下方式来处理。

（1）耐心地向客人解释填写住宿登记表的必要性。

（2）若客人嫌麻烦或填写有困难，则可代其填写，只要求客人签名确认即可。

（3）若客人出于某种顾虑，担心住店期间被打扰，则可以告诉客人，酒店系统有"DND"（请勿打扰）功能，并通知有关接待员，保证客人不被打扰。

（4）若客人为了显示其身份地位，酒店也应努力改进服务，满足客人需求。比如充分利用已建立起的客史档案，提前为客人填妥登记表中的有关内容，进行预先登记，在客人抵店时，只需签名即可入住。对于常客、商务客人及VIP，可先请客人在大堂休息，为其送上一杯茶（或咖啡），然后前去为客人办理登记手续，甚至可让其在客房内办理手续，以显示对客人的重视和体贴。

（三）遇到有不良记录的客人时

接待员在遇到有不良记录的客人光顾酒店时，要凭以往经验或客史档案，认真、机智、灵活地处理。

（1）对于信用程度低的客人，通过确立信用关系、仔细核验、压印信用卡、收取预付款等方式，确保酒店利益不受损失，及时汇报有关处理的情况。

（2）对于曾有劣迹、可能对酒店造成危害的客人，则应以"房间已全部预订"等委婉的说法，巧妙地拒绝其入住。

（四）酒店提供的客房类型、价格与客人的要求不符

接待员在接待订房客人时，应复述其订房要求，以获得客人的确认，避免客人误解。房卡上填写的房价应与订房资料一致，并向客人口头报价。如果出现无法向订房客人提供所确认的房间，则应向客人提供一间价格高于原客房的房间，按原先商定的价格出售，并向客人说明情况，请客人谅解。

（五）在房间紧张的情况下，客人要求延住

以照顾已住店客人的利益为第一要义，宁可为即将来店的客人介绍别的酒店，也不能赶走已住店的客人。

（1）可以先向已住店客人解释酒店的困难，征求其意见，是否愿意搬到其他酒店延住。

（2）如果客人不愿意，则应尽快通知预订处，为即将来店的客人另寻房间，或是联系其他酒店。

（六）客人要求用一个证件同时开两间客房

按照现行酒店业的管理规定，入住酒店必须实行一人一证的登记制度。

（1）与客人商量是否可以请其朋友出示证件办理入住登记；若客人表示其朋友要随后到达酒店，则应请客人先开一间房，另一间作保证类预订处理。

（2）若客人坚持要办理入住手续，则应请客人提供其朋友的有关信息，查看客史档案，办理入住；若没有客人的档案，为客人办理入住手续后，钥匙保留在总台，提醒客人请其朋友抵店后到总台取钥匙或通知接待员送到房间并补办手续。

（3）对客人表示感谢，并做好跟进服务工作。

（七）住店客人要求保密

接待员对于客人入住时提出的"不接听电话""不接待来访客人""房号保密"等特殊要求，应予以高度重视，立即在计算机中做特殊标记，并通知总机、客房部、保安部等部门和岗位，不应草率行事，引起客人的投诉。

（1）确认客人的保密程度，例如只接长途电话、只有某位客人可以来访，还是来访者一律不见、来电话一律不接听等。

（2）在值班日志上做好记录，记下客人姓名、房号及保密程度。

（3）当有人来访问要求保密的客人时，一般以客人没有入住或暂时没有入住为理由予以拒绝。

（4）通知电话总机做好客人的保密工作。例如对于有来电话查询要求保密需求的客人

时,电话总机室的接线员应告诉来电者该客人未住店。

(八)住店客人换房

换房有两种可能:一是客人主动提出,另一种是酒店的要求。换房往往会给客人和酒店带来麻烦,必须慎重处理;若不能马上满足客人的换房要求,应向客人说明,请其谅解并做好记录。一旦有空房,则按客人提出换房的先后顺序予以满足。若属酒店过错(超额订房、设施故障等)应向客人表示歉意,必要时,可让客人入住规格较高的客房。

(1) 接到换房要求应问清(解释)换房原因,根据客人要求(酒店客房实情)选择适当房间。

(2) 填写房卡和换房单,将相关信息输入计算机;将换房要求及时通知各有关部门,并分发换房单。

(3) 客房部将客人原住房的房态改为结账房;礼宾部及时协助客人提拿行李;洗衣房及时将客人送洗的衣物送到新房间;收银处将换房信息输入计算机。

(4) 更换客人的档案栏(更改房间号码),将登记卡及有关文件放入新房间的档案中。

(九)客用钥匙丢失

(1) 客用钥匙丢失了,应马上检查丢失原因,采取必要的措施及时处理以保证客人的生命财产安全。

(2) 客房部经理应亲自查找,并报告值班经理,更改 IC 卡密码,修改电脑程序,并督促服务员,细细回忆,做好记录。

(3) 如未找到,通知大堂副理,由其出面与客人交涉有关索赔事宜。

(4) 报前厅部经理,由其签发配换钥匙的通知,下单请工程部人员进行换锁。换锁原因及钥匙号码须在钥匙记录簿中记录备案。

(十)离店团队退房回收钥匙

(1) 团队离店前一天,接待员须打印出次日离店的团队表单。

(2) 离店当日,由早班接待员负责将离店团队的钥匙收回。

(3) 如发现钥匙有未退回的,应马上与团队陪同联系,请其协助追回钥匙。

(4) 若钥匙丢失,须马上通知收银员、大堂副理,由大堂副理与客人交涉索赔事宜。

(5) 团队钥匙全部收回后,通知收银员将钥匙押金退还陪同或领队。

第二节 问 讯 服 务

案例引导

一天,有两位外宾来酒店总台,询问一位叫柏特森的美国客人是否在此下榻,并想尽快见到他。

总台接待员立即进行查询,果然有位叫柏特森的先生。接待员于是接通客人房间的电话,但长时间没有应答,接待员便和蔼地告诉来访的客人,确有这位先生住宿本店,但此刻不在房间也没有他的留言,请来访者在大堂休息等候或另行约定。

这两位来访者对接待员的答复不太满意,并一再说明他们与柏特森先生是相识多年的朋友,要求总台接待员告知柏特森先生的房间号码。总台接待员和颜悦色地向他们解释:"为了住店客人的安全,本店有规定,在未征得住店客人同意时,不得将房号告诉他人。两位先生远道而来,正巧柏特森先生不在房间,建议你们可以在总台给柏特森先生留个便条,或随时与酒店总台联系,我们乐意随时为你们服务。"

来访客人听了接待员这一席话,便写了一封信留下来。

晚上,柏特森先生回到酒店,总台接待员将来访者留下的信交给他,并说明为了安全起见和不打扰其休息,总台没有将房号告诉来访者,敬请柏特森先生原谅。柏特森先生当即表示理解,并表示这条规定有助于维护住店客人的利益,值得赞赏。

(资料来源:根据网络资料整理。)

住店客人来自各地,必然有很多情况需要了解、需要询问,酒店的每一位员工都应随时回答客人的询问,协助解决客人的困难。酒店在总台设有问讯处,就是为了方便客人,帮助客人,为客人提供其需要的各类信息。总台问讯服务的主要工作内容包括查询服务、留言服务、邮件服务等。

一、查询服务

一般而言,客人需要问讯的信息主要包括查询客人信息、查询酒店内部信息、查询酒店外部信息三个方面。

(一)查询客人信息

1. 查询一般客人的信息

查询一般客人的信息主要包括住店客人的房号、住店客人是否在酒店、有无他人来访等。问讯员应先问清来访者的姓名、与住店客人的关系等,然后打电话到被查询住店客人的房间,经该客人允许后,才可以让来访者去找该客人,如果住店客人不在房内,切不可将住店客人的房号及电话号码告诉来访者,也不可以让来访者到房间找人,以保证住店客人的隐私权,避免出现差错和纠纷。

如果查明客人尚未抵店,请对方在客人预订抵店的日期再来询问;如果查明客人已退房,则向对方说明情况。除已退房客人有委托外,一般不可把客人离店后的去向和地址告诉来访者。

2. 住店客人要求房号保密的处理

有时住店客人由于某种原因,会要求酒店对其房号进行保密。做好这项服务工作,小则可防止住店客人受到不必要的干扰,大则可以保证住店客人的住店安全和预防各类案件的发生。问讯员在未征得住店客人同意时,是不可泄露其房号信息的。具体的处理办法如下:

（1）接受房号保密要求时，要问清楚客人的保密程度。例如，是绝对保密，还是只接听某些电话、只接待某位访客等。

（2）准确记录需保密的房号、起止时间和特殊要求。

（3）通知电话总机做好保密工作。例如，有人打电话查询要求保密的客人时，接线员应告诉来电者该客人未住本店。

（4）在计算机上设保密标记。

（5）当有人来访问要求保密的客人时，一般以客人没有入住为理由予以拒绝。

（6）当客人要求解除保密或改变保密程度时，要认真做好记录，取消或更改计算机上的标记，并通知电话总机。

（二）查询酒店内部信息

有关酒店内部信息的问讯通常涉及以下几个方面。

（1）中西餐厅、酒吧、商场、商务中心所在的位置及营业时间。

（2）宴会、会议、展览会举办场所及时间。

（3）酒店提供的其他服务项目、营业时间及收费标准，如健身服务、娱乐服务、洗衣服务等。

问讯员要做出使客人满意的答复，必须熟悉本酒店所有的服务设施、服务项目和经营特色，以及酒店的各项有关政策，并积极、热心地向客人宣传和推销酒店产品。

（三）查询酒店外部信息

客人对酒店外部信息的问讯涉及面非常广，这就要求问讯员必须有较广的知识面，掌握大量的信息。但是，即使是最优秀的问讯员，也不可能完全答出客人的问题，也不可能把客人所需的资料全部记忆在脑子里。因此，问讯处还必须准备大量的书面资料，并根据客人的需求和具体情况的变化，对资料不断地更新补充。问讯处应准备的书面资料主要有以下几种。

（1）国内、国际航空线的最新时刻表和票价，以及航空公司名称。

（2）最新铁路时刻表、里程表和票价。

（3）最新轮船时刻表、里程表和各级舱位的票价。

（4）出租汽车市内每公里收费标准。

（5）酒店所在地至周围主要城市的距离及抵达方式。

（6）酒店所在地的市内交通情况。

（7）酒店所在地影剧院、歌舞厅的地址和即日上演的节目及时间。

（8）酒店所在地展览馆、博物馆的地址、电话号码，以及开放时间和上展项目。

（9）酒店所在地主要银行的名称、地址、电话号码。

二、邮件服务

邮件的种类很多，包括信件、电传、传真、电报、包裹等。处理进出店的邮件也是总台问讯处的一项重要服务工作。

（一）进店邮件处理

处理进店邮件的基本要求是细心、准确、快捷、保密。特别是商务客人的商务信函、邮件等，直接关系到客人的商务活动进展，处理正确与否关系重大。

(1) 收到邮寄公司送来的当日邮件时,应仔细清点,并在邮件收发控制簿上登记。然后将邮件分为酒店邮件和客人邮件两类,酒店邮件请行李员送到有关部门。

(2) 对于寄给住店客人的邮件,应根据邮件上的信息查找客人,按客人房号发一份住客通知单,通知客人来取。

(3) 对电传、传真等,应立即通知客人,或立即请行李员送到客人房间。客人接收时,请客人在邮件收发簿上签字,表示收到。

(4) 对查无此人的邮件,应根据不同情况进行处理。

① 对寄给已离店客人的一般邮件,如果客人离店时留下地址并委托酒店转寄邮件,酒店应予以办理,否则应按寄件人的地址退回。

② 已预订但尚未抵店客人的邮件,应暂时存在前台或礼宾部,待客人入住时转交。

③ 如果客人订房后又取消了预订,除非客人有委托并留下地址,一般要将邮件退回。

④ 客人姓名不详或者查无此人的邮件,确实无人认领后退回。

(二) 出店邮件处理

(1) 接收客人准备寄出的邮件时,应首先仔细检查邮件是否属于禁寄物品,不能邮寄时要耐心解释;检查邮件是否超重、字迹是否清楚、项目是否填全,并请客人当面处理好。

(2) 将所有要寄出的邮件进行分类,每日在指定时间由邮寄公司前来收取,并做记录。

(3) 将邮寄公司返回的回执单送交客人。

第三节 收银服务

案例引导

某天,王先生和他的两个朋友谈笑风生地步入一家四星级酒店。他们一共开了3间房。在总台办理入住手续时,收银员请他们支付押金。王先生说:"我来,我来。"两个朋友也没推让,故当时3间房的押金全部是由王先生一人支付的。但是到第三天上午,王先生来到总台收银处退房结账时,却对总台出具的账单大为不满:"为什么我朋友的账都算在了我的账上呢?我们可是各付各的。"收银员告诉他,他的两个朋友因有事已先走一步了,也未主动到总台结账,因为王先生付的是三个房间的押金,所以按惯例,所有消费款项都算到了王先生的账上。王先生告诉收银员,他只是给其朋友垫付押金,结账时各自的费用由各自承担,并要求将押金退还给他。此时,收银员该如何处理这件事呢?

(资料来源:陈静,《前厅运行与管理》,广西师范大学出版社。)

总台收银处亦称前台收款处,在酒店经营中,总台收银是确保酒店经济收益的关键部门。总台收银处的主要工作任务就是处理住客账务,确保酒店应有经济效益的安全回收,并做好对客服务工作。

一、总台收银业务范围及其特点

(一) 总台收银业务范围

(1) 开立住店客人账户。
(2) 负责业务分析并累计客账。
(3) 办理客人的离店结账手续。
(4) 处理住客信贷和夜间审计。
(5) 提供外币兑换服务业务。
(6) 管理客用贵重物品保险箱。

(二) 总台收银特点

总台收银业务是一项十分细致复杂的工作。为了方便客人,现代酒店一般采用一次性结账的方式。所谓一次性结账就是客人在酒店花费的全部费用在离店时一次结清。

这样,酒店里每天的赊欠账单很多,这些账单最终从客房、餐厅、洗衣房、电话总机、商务中心等处转到总台收银处。而住店客人会随时离店结账,为能迅速准确地给离店的客人结账,避免跑账、漏账的发生,要求酒店对客服务的各个部门,必须密切配合,将客人的各种消费账单及时传递到总台收银处,迅速入账。因此,前台收银工作具有较强的协助性和时间性。

二、结账服务

客人在办理离店手续过程中对酒店产生的最后印象是至关重要的,它可以决定客人是否再度光临并带来新的客人。因此,在为客人办理离店手续时,收银员应热情、礼貌、快捷而准确地提供服务。

(一) 散客结账

散客结账的服务程序一般如下。
(1) 主动迎接客人,表示问候,问清客人姓名、房号,找出账卡,复述客人的姓名,以防拿错,同时收回客房钥匙。
(2) 通知客房服务中心派客房服务员检查客房状况,是否有客人的遗留物品,客房物品是否齐全及有无损坏等。
(3) 委婉地询问客人是否有最新消费,如长途电话费、早餐费等,并在电脑上查阅以免漏账。
(4) 打出客人消费账单,并将账单呈请客人检查、确认并在账单上签字。
(5) 根据客人选择的付款方式结账。
(6) 向客人表示感谢,祝客人旅途愉快。
(7) 将客人的登记表盖上时间戳送交接待处,以更改客房状况。

(二) 团队结账

团队结账的服务程序一般如下。
(1) 在团队结账前半小时做好结账准备,提前将团队客人每天的房租、餐费等账目逐一核对,结出总账和分类账。

知识链接:
零秒退房

(2) 团队客人(领队或陪同等)前来结账时,主动、热情问好。

(3) 打印团队账单,请客人审核、签字。

(4) 有些费用需客人自付的,如洗衣费、长途电话费、mini-bar 的酒水费用等,则由客人自付。

(5) 向客人表示感谢,祝客人旅途愉快。

三、外币兑换服务

酒店为方便客人,经中国银行授权,根据国家外汇管理局公布的外汇牌价,代办外币兑换业务。外币兑换服务的程序和要求如下。

(1) 客人前来兑换外币,应热情问好,了解客人的需求,问清客人兑换外币币种,同时请客人出示护照和房卡。

(2) 清点、唱收客人需兑换的外币及金额。

(3) 使用货币识别机,鉴别钞票的真伪,并检查其是否属现行可兑换的外币之列。

(4) 认真填写兑换水单。根据当日现钞牌价,将外币名称、金额、兑换率、应兑金额及姓名、房号等准确填写在水单相应栏目中。

(5) 兑换时按当日牌价实行收款核算和复核审核两级控制制度,以确保兑换数额清点准确。

(6) 请客人在水单上签字。

(7) 将水单及现金交给客人清点,并礼貌地向客人道别。

在外币兑换的整个服务过程中,要求收银员热情、礼貌、周到、细心,外币兑换准确及时,手续完善,不发生私换外币,以及票据和现金差错的情况。目前,中国银行除收兑外国货币现钞业务,还办理旅行支票、信用卡等收兑业务。总台收银员应了解这方面的业务知识,并接受技术技能的培训,以做好外币兑换服务工作。

四、贵重物品保管服务

酒店为保障住店客人的财产安全,通常在总台收银处后面或旁边一间僻静的房间,设有贵重物品保管箱,由收银员负责,免费为客人提供贵重物品保管服务。目前,越来越多的酒店在房间设置了小型保险箱,为客人保管贵重物品提供了更大的便利。通常情况下,前台收银处的保管箱有两把钥匙,一把由收银员负责保管,另一把由客人自己保管,只有这两把钥匙同时使用,才能打开或锁上保管箱。此项服务的程序一般如下。

(1) 客人前来保管贵重物品,主动迎接问好,并向客人介绍保管方法和注意事项。

(2) 问清客人姓名、房号,请客人填写贵重物品保管单,一式两联(第一联作存根,第二联给客人),并在计算机上查看房号与客人填写的是否一致。

(3) 审查单据、物品件数与签字,将一把钥匙交给客人,双方共同开启保管箱,请客人自由存放物品,再由双方同时上好锁,并向客人告别。

(4) 客人前来领取保管的物品时,请客人出示保管单并签字,经审核签字准确无误后,与客人共同拿出钥匙同时开启保管箱,物品由客人自取。

(5) 若客人终止存放,将物品全部取走,必须收回第二联保管单和客人钥匙,并请客人在终止栏内注明日期、姓名,以免出现麻烦。

(6) 若客人钥匙丢失,应迅速通知保安部、工程部有关人员,四方在场,由工程部人员强行钻开保险箱,请客人取走所有物品。其钥匙丢失和修理的费用按酒店规定向客人收取,并做好记录,以备查核。

五、一些特殊情况的处理

(一) 住店客人的欠款不断增加

有些客人在住店期间所交预付款(押金)已经用完,还有的客人住进酒店后,长期未决定离店日期,而其所欠酒店账款不断增加。在这种情况下,为了防止客人逃账,或引起其他麻烦,必要时可通知客人前来付款。催促客人付款时,要注意方式方法和语言艺术,可采用电话通知,也可使用印备的通知书,将客人房号、姓名、金额、日期等填妥后,装入信封,放入客人房间。一般客人见此通知后会主动前来付款,如遇特殊情况,客人拒而不付的,应及时处理。

(二) 客人甲的账由客人乙支付

若干人一起旅行,由一人付款,或者甲的账由乙支付,而甲已先行离去,人多事杂,这时往往会发生漏收的情况,给酒店带来损失。为了防止出现这种情况,应在交接记录上注明,并附纸条在甲、乙的账单上,这样,结账时就不会忘记,接班的人也可以看到。处理这种情况还有一种较为简单的办法:如乙替甲付款,甲先走,可将甲的账目全部转入乙的账单上,甲账单变为零来处理,但此时必须通知乙,并有乙的书面授权,以免出现不必要的纠纷。

(三) 过了结账时间仍未结账

如过了结账时间(一般为当天中午 12 点)仍未结账,应催促客人。如超过时间,可根据酒店规定,加收房费。当结账时间超过中午 12 点时,有的酒店的做法是下午 3 点以前结账的,加收一天房费的 1/3;下午 3 点到下午 6 点结账的,加收 1/2;下午 6 点以后结账的,则可加收全天房费。

关于加收房费的问题,如果客人是常客或者客人公司为酒店提供的间夜量很大,只要客人给前台打电话说一声晚推迟 2—3 个小时退房,只要不是旺季,酒店通常不向客人收取任何费用。

(四) 退账处理

客人在结账时提出要折扣优惠,而且也符合优惠条件;或者结账时收银员发现该房间的某些费用是输入错误造成的,此时,收银员应填写一份"退账通知书"(一式两联,第一联交财务,第二联留结账处),然后,要由前厅部经理签名确认,并要注明原因,最后在计算机上将差额做退账。

本章小结

总台是前厅部提供对客服务工作的重要岗位和部门。总台接待服务工作的主要内容包括接待、问讯、收银。本项目介绍了总台接待服务工作的基本知识,对总台接待处、问讯处、收银处等具体岗位的工作内容和服务流程进行了详细介绍,对总台对客服务工作中常见的问题进行了探讨。

关键概念

DND　沉睡房　逃账房　客房预分配　外币兑换　贵重物品保管

复习思考题

1. 复习题

（1）酒店常见的房态类型有哪些？
（2）办理入住登记的主要目的是什么？
（3）散客、团队入住接待的程序有哪些？
（4）查询住客信息的时候应注意哪些问题？
（5）散客、团队离店结账的程序有哪些？

2. 思考题

国家规定酒店住宿客人必须实行"一人一证"进行登记住宿，但仍然有部分客人不遵守规定，不通过总台登记直接住宿。对此情况，酒店可以采取哪些措施更好地保障"一人一证"政策的落实？

◇ 案例分析

冒名顶替事件

◇ 实训操练

两名同学为一组进行角色扮演，一人扮演酒店总台接待处工作人员，另一人扮演客人，完成一次散客入住接待工作，并将入住信息输入酒店管理系统，然后角色互换。

要求：流程正确、信息完整、准确；预订资料齐全，存档准确无误；体现礼貌礼节。

◇ 进一步阅读推荐

1. 何越.酒店前台接待服务质量提升策略[J].当代旅游，2022,20(10):39-41.
2. 雷晶晶.提升酒店前台服务质量的分析——以三亚海棠湾君悦酒店为例[J].传播力研究，2019,3(6):201,204.

第四章

前厅其他服务

学习目标

掌握前厅系列服务内容和要求；熟悉门卫服务、行李服务、总机服务、商务中心服务和行政楼层服务的基本程序；了解各项服务的技能要求；理解金钥匙服务的基本理念；了解前厅各项服务的基本规程；进一步认识前厅部在酒店中的作用。

第一节 礼宾服务

案例引导　　你是金钥匙，一定有办法

一位美国客人半夜来到礼宾部说自己的苹果电脑充电器坏了，但他有一个紧急的文件要传回美国。当时已经是晚上11点多了电子商场早已经关门，但客人说了一句："你是金钥匙，一定有办法！"

当时负责接待的礼宾员虽然知道金钥匙不是万能的，但还是竭尽所能，通过多种途径终于帮这位美国客人解决了问题。正是这种别人无法完成，但是金钥匙最后却帮助实现的成就感一直激励着这位礼宾员不断前行。

（资料来源：手机搜狐网。）

为了体现酒店的档次和服务水准，许多高档酒店都设立礼宾部，下设迎宾员、行李员、机场代表、委托代办员等岗位。其职责范围有迎送宾客服务、行李服务、递送邮件、留言单以及客人委托代办的各种服务等。礼宾部的全体员工是最先迎接和最后送走客人，并向客人推销酒店和宣传酒店的服务群体，他们的服务对客人第一印象和最后印象的形成起着重要的作用。

一、店外迎送服务

店外迎送服务主要由酒店代表提供。酒店在其所在城市的机场、车站、码头设点，派出代表，接送抵离店的客人，争取未预订客人入住本店。这是酒店设立的一种服务规范，既是配套服务，也是酒店根据自己的市场定位所做的一项促销工作。为了做好服务工作，酒店为客人提供接车服务，旺季时在酒店与机场间（车站）开通穿梭巴士，另外也可以根据客人要求指定专门的车辆服务。

酒店代表应掌握每天预抵客人的名单，向预订处索取客人接车通知单，了解客人的姓名、航班（车次）、预抵时间、车辆要求及接待规格等情况；然后安排车辆，准备酒店的标志牌，做好各项准备工作，及时了解航班变更、取消或延迟的最新消息，并通知前台接待处。

在飞机、火车抵达时，要有标明客人姓名的酒店提示牌，以引起客人注意。接到客人后，应代表酒店向客人表示欢迎，同时提供行李服务，安排客人上车，客人上车离开机场（车站）后，立即通知酒店接待处做好准备工作；如果客人属于VIP，则应通知大堂副理，并告知其客人离开机场（车站）的时间，请其安排有关部门做好迎接工作。

如果客人漏接，则应及时与酒店接待处联系，查核客人是否已经抵店，并向有关部门反映情况，以便采取补救措施。

酒店代表除迎接客人和争取订房外，还向本酒店已经离店的客人提供送行服务，为客人办理登记手续，提供行李服务等。

二、店门迎送服务

店门迎送服务主要由门童负责，门童也称迎宾员或门卫。门童通常由英俊机灵、彬彬有礼的青年男性担任，但有的酒店也会根据自身的特色需要，选择气质好、仪态端庄的年轻女性，或稳重、具有绅士风度的中老年男性做门童。门童一般穿着比较高级华丽、标志醒目的制服，站在正门处，代表酒店欢迎来店的客人并送走离店的客人。门童工作责任重大，他们代表着酒店的形象。所以门童在岗时，必需着装整洁、精神饱满、思维敏捷、动作迅速、姿势规范、语言标准，同时，要热情、讲礼貌，创造一种热烈欢迎客人的气氛，满足客人受尊重的心理需求。门童的主要职责有以下几点。

（一）迎接客人

1. 客人抵店开车门服务

向客人点头致意，表示欢迎，并道："欢迎光临。"如客人乘车，应把车辆引导至客人容易下车的地方，车停稳后，替客人打开车门，然后热情地向客人致意并问候。重要客人及常客应能礼貌、正确地称呼其姓名。

开车门时，要用左手拉开车门70°左右，右手挡在车门上沿，为客人护顶，防止客人碰伤头部（注意信仰佛教或伊斯兰教的客人不能护顶）。关车门时，也要小心，注意勿夹、碰到客人的手或脚，同时要注意扶老携幼。

同步案例　　王牌礼宾古斯塔夫

《布达佩斯大饭店》是一部以酒店礼宾员为主人公的电影,酒店中的王牌礼宾员古斯塔夫先生个人有着经典的酒店管家形象:从头到脚的精致,永远要喷古龙香水,张口就可以背诗歌,永远面带微笑且彬彬有礼,既高雅又时刻保持仪式感,给客人提供最好的服务和关怀。

电影从一开始的短短二十几秒展示了佩戴着金钥匙的古斯塔夫先生王牌礼宾员无微不至的专业服务:帮客人做离店准备时周到合理的安排、有条不紊的操作、清晰简洁的指示等,瞬间就将大家拉进了高星级酒店的场景。而后古斯塔夫先生又在面试新门童泽罗时又展现了他料理酒店大大小小事物的一面:从确认送给客人的花束,到告诉灰头土脸的员工找维修人员,再到大厨等着他看菜单……与此同时古斯塔夫先生对泽罗讲到一位合格的门童形象:门童要毫不起眼,却又要随叫随到;门童要记得客人的喜好,门童要在客人提出要求之前就预料到他们的需求,门童最重要的是谨言慎行。

电影也展现了属于酒店业金钥匙的社交网络,如同古斯塔夫先生所说:"怎么可能有人只需提前一天通知就可以预订到托斯卡尼歌剧院首映当天的前排座位?怎么可能有人安排到私下参观皇家撒克逊画廊的织锦收藏?怎么可能有人在星期四晚订到赫尔辛基餐厅的靠角位置?"正是他自己合理运用了社交网络的力量实现了客人的愿望,提供了真正的至尊服务。

(资料来源:整理自灏悦程Jorizon公众号。)

2. 客人进店服务

准确、及时地为客人拉开酒店正门(自动门、旋转门则可不必),如果客人的行李较多,应帮助客人提拿行李,在进入大厅前交给行李员。

3. 住店客人进出酒店服务

热情地招呼致意,对重要客人和常住客要努力记住他们的姓名,以示尊重。如遇雨天,应打伞为客人服务,并礼貌地请客人擦干鞋底后进入大厅,客人随身携带的雨伞,也应锁在伞架上。酒店还要向客人提供交押金免费使用雨伞的服务,以方便客人。

4. 团体客人到店服务

应做好迎接的准备工作,团体大客车到店时,应维持好交通秩序,迎接客人下车。向客人点头致意并问好,扶助行动不便的客人下车,帮助随身行李较多的客人提行李。客人下车完毕后,示意司机把车开走,或停在酒店附近适合停车的地方。

(二) 送别客人

1. 客人离店服务

(1) 客人离店时,主动热情地为客人叫车,并把车引导到合适的位置。等车停稳后,拉开车门,请客人上车、护顶,并向客人道别,感谢客人的光临,预祝客人旅途愉快。等客人坐稳后再关上车门。

(2) 客人如果有行李,应协助行李员将行李装好,并请客人核实。

2. 送别客人服务

(1) 散客。当客人的汽车启动时,挥手向客人告别,目送客人,以示礼貌和诚意。

(2) 团队客人。送别团队客人时,应站在车门一侧,向客人点头致意,并注意客人的上车过程,如发现有行动不便的客人,帮助其上车。等人都到齐后,示意司机开车。向客人挥手道别,目送客人离店。

(三) 其他日常服务

1. 安全服务

(1) 与保安部人员一起,注意出入者的动向,保持高度的警惕性,精神异常者或形迹可疑者谢绝入内,必要时通知保安部甚至公安部门处理,确保酒店安全。应尽可能地劝衣冠不整者穿戴整齐后再进入大厅。

(2) 随时注意酒店大门上所有部件的完好程度,如发现故障,随时排除或迅速通知维修人员修理。确保无碰撞、挤压客人和行李等现象发生。

2. 回答客人问讯

因门童工作岗位的特殊位置,经常会遇到客人问讯。对此,要以热情的态度,准确地答复客人。如果无法回答客人提出的问题,应向客人表示歉意,并礼貌地请客人到问讯处询问。要注意,绝不可用"不知道""不清楚"这样简单生硬的否定性和模糊性语言答复客人。

3. 调度门前交通

掌握酒店门前交通、车辆出入以及停车场的情况,准确迅速地指示车辆停靠在指定地点,确保酒店门前车道畅通。负责大门口附近的清理工作。

三、行李服务

行李服务是前厅部为客人提供的一项重要服务。由于散客和团队客人有许多不同的特点,其行李服务的规程也不相同。

同步案例

李先生在某酒店总台办理入住手续后,在行李员的引领下走进自己的房间。当他从自己的行李箱中取东西时,发现行李箱外壳有破损。李先生非常生气,出门前检查自己的行李箱还是好好的,怎么现在变成这样了,于是他拿起电话直接就向酒店前台投诉了。后来经酒店的详细调查,发现行李箱从李先生乘坐抵达酒店的车中取出来的时候就已经有明显破损,而当时行李员忙着搬运行李,并未注意到这一细节,造成了这次的误解。

(资料来源:根据网络资料整理。)

(一)散客行李服务

1. 散客入住行李服务

(1)客人乘车抵店时,行李员主动上前迎接,向客人表示欢迎。客人下车后,迅速卸下行李,请客人清点行李件数,检查行李箱有无破损,并记住客人所乘坐到酒店的车辆的车牌号。

(2)引导客人进入前厅至总台。当客人行李件数少时,可用手提;行李多时,要使用行李车。客人的贵重物品(如相机、手提包等)及易碎品,不必主动提拿;如果客人要求行李员提拿,则应特别小心,防止损坏和丢失。装行李车时,注意大件行李和重的行李要放在下面,小的、轻的行李要放在上面,并注意易碎及不能倒置的行李的摆放。

引领客人时,要走在客人的左前方,距离两三步,步伐节奏要与客人保持一致,拐弯处或人多时,要回头招呼客人。

(3)等候客人。引领客人到接待处后,行李员放下行李,站在总台边侧客人身后1.5米处,等候客人办理住宿登记手续。

(4)引领客人至客房。客人办完入住登记手续后,主动上前从接待员手中领取房间钥匙,帮助客人提行李,并引领客人到房间。途中,要热情主动地问候客人,向客人介绍酒店的服务项目和设施。

(5)乘电梯。引领客人到达电梯口时,放下行李,按电梯按钮。当电梯门打开时,用一只手扶住电梯门,请客人先进入电梯,然后进梯靠边侧站立并按楼层键。出电梯时,请客人先出,然后继续引领客人到房间。

(6)敲门进房。到达房间门口,要先按门铃或敲门,房内无反应再用钥匙开门。开门后,立即打开电源总开关,退至房门一侧,请客人先进房间。将行李放在行李架上或按客人吩咐放好,将钥匙交还给客人。要注意行李车不能推进房间。进房后,如发现房间有客人的行李或房间未整理,或是客人对房间不满意,要立即向客人致歉,并与前台联系,为客人换房。

(7)介绍房间设施及使用方法。放好行李后,简要介绍房内的主要设施及使用方法,如房间朝向、空调开关及冰箱的位置,以及小酒吧、床头控制开关的使用方法等。如果客人以前曾住过本店,则不必介绍。

(8)退出房间。房间介绍完毕,征求客人是否还有其他需求。在客人无其他要求时,即向客人道别,并祝客人在本店住得愉快,然后迅速离开,将房门轻轻关上。

(9)离开房间后迅速走员工通道返回礼宾部,填写散客入住行李搬运记录(见表4-1)。

表4-1 散客入住行李搬运记录

日期:

房号	上楼时间	行李件数	行李员	预计离店时间	备注

2. 散客离店行李服务

(1) 站在大门口两侧及前台边侧的行李员见到有客人携带行李离店时,应主动上前提供服务。

(2) 当客人用电话通知礼宾部要求派人运送行李时,应有礼貌地问清房间号、姓名、行李件数及搬运时间等,并详细记录。然后按时到达客人所在的楼层。

(3) 进入房间前,要先按门铃,再敲门,通报:"Bell boy。"征得客人同意后才能进入房间。与客人共同清点行李件数,检查行李有无破损,若无误且没有问题在与客人沟通之后,迅速提着行李(或用行李车)离开房间。如果客人要求一起离开,要提醒客人不要遗留物品在房间,离开时要轻轻关门。

(4) 来到大厅后,要先到收银处确认客人是否已结账,如客人还未结账,应有礼貌地告知客人收银处的位置。客人结账时,要站在客人身后1.5米处等候,待客人结账完毕,将行李送达大门口。

(5) 送客人离开酒店时,再次请客人清点行李件数后再装上汽车向客人道别并祝客人旅途愉快。

(6) 完成行李运送工作后,将行李车放回原处,填写散客离店行李搬运记录(见表4-2)。

表 4-2 散客离店行李搬运记录

日期:

房号	离店时间	行李件数	行李员	车号	备注

(二) 团队客人行李服务

团队行李一般是由接待单位从车站、码头、机场等地随旅行车运抵酒店的。团队离店时的行李也是由接待单位运送。而酒店的工作是按团名点清行李件数,检查行李有无破损,并做好交接手续,做好店内的行李运送工作。

1. 团队行李入店服务

(1) 团队行李到达时,负责交接的行李员应与送行李的来人清点行李件数,检查行李的破损及上锁情况,在该团团队行李记录表中写上行李到店的时间、件数,按编号取出该团的订单。核对无误后,请送行李的来人签名。如行李有破损,无上锁或异常情况(提手、轮子损坏、行李裂开、弄湿等),须在记录表及对方的行李交接单上注明,并请来人签字证明。

(2) 清点无误后,立即在每件行李上系上行李牌,如果该团行李不能及时分送,应在适当地点码放整齐,用行李网将该团所有行李罩在一起,妥善保管。要注意将入店行李与出店行李或是同时到店的其他团队行李分开摆放。

(3) 在装运行李之前,再次清点检查一次,检查无误后才能装上车,走行李通道送行李上楼层。装行李时应注意同一楼层的行李集中装运。同时送两个以上团队行李时,应由多个行李员分头负责运送或分时间单独运送。

(4) 行李送到楼层后,应将其放在门一侧,轻轻敲门三下,报称:"行李员。"客人开门后,主动向客人问好,把行李送入房间内,等客人确认后,热情地向客人道别,迅速离开房间。如果客人不在房间,应将行李先放进房间行李架上。

(5) 行李分送完毕,经员工通道迅速回到礼宾台,填写团队行李进出登记表(见表4-3)。

表 4-3 团队行李进出登记表

团队名称					人数	
抵店日期			离店日期			
进店	卸车行李员		酒店行李员		领队签字	
离店	装车行李员		酒店行李员		领队签字	
行李进店时间		车号		行李收取时间		行李出店时间
房号	行李箱		行李包		其他	备注
	入店	出店	入店	出店	入店	出店
总计						

入店　　　　　　　　　　　　　　　　　　出店
行李主管:　　　　　　　　　　　　　　　行李主管:
日期/时间:　　　　　　　　　　　　　　 日期/时间:

2. 团队行李离店服务

(1) 按接待单位所定的运送行李时间(或在已确定的所乘交通工具出发前两小时),带上该团队订单和已核对好待登记行李件数的记录表,取行李车,上楼层运行李。

(2) 上楼层后,按已核对的团队订单上的房号逐间收取行李,并做好记录,收取行李还要辨明行李上所挂的标志是否一致。若按时间到楼层后,行李仍未放到房间门口,要通知该团陪同,并协助陪同通知客人把行李拿到房门口,以免耽误时间,置于房间内的行李将不予收运。

(3) 行李装车后,立即乘行李专梯将行李拉入指定位置,整齐排好。找陪同(或领队)核对行李件数是否相符、有无错乱,如无差错,请陪同在团队订单上签名,行李员同时签字。

(4) 行李离店前,应有人专门看管,如行李需很长时间才离店,须用绳子把它们捆起来。团队接待单位来运行李时,须认真核对要求运送的团名、人数等,核对无误后才交行李给来人,并请来人在团队订单上签名。

(5) 行李完成交接后,将团表交回礼宾部并存档。

(三)客人换房时行李服务

客人换房时行李服务的工作程序具体如下。

(1) 接到总台换房通知,要问清客人房间号码,并确认客人是否在房间。

(2) 到客人房间时,要先敲门,经过客人允许方可进入。

(3) 与客人一起清点要搬的行李及其他物品,将它们小心地装上行李车。

(4) 带客人进入新房间后,帮助客人把行李放好,然后收回客人的原房间钥匙或住房卡,将新房间的钥匙或住房卡交给客人,如客人没有其他要求,向客人道别,离开房间。

(5) 将客人的原房间钥匙或住房卡交给总台服务员。

(四) 客人存取行李服务

客人存取行李服务的工作程序具体如下。

(1) 客人要求寄存行李时,要礼貌地向客人征询所住房号、姓名等。原则上只为住店客人提供免费寄存服务,若团队行李需要寄存时,应了解团号、寄存日期等信息。

(2) 礼貌地询问客人所寄存物品的种类,向客人说明贵重物品、易燃、易爆、易碎、易腐烂的物品或违禁物品不能寄存。

(3) 请客人填写一式两份的行李寄存卡,或由客人口述,行李员代为填写,请客人过目后签字。行李寄存卡通常由两份相同的表格组成,下面一份交给客人,作为取行李的凭证,上面一份系在所寄存的行李上,同时做好行李暂存记录。

(4) 将行李放入行李房中,分格整齐摆放。同一客人的行李要集中摆放,并用绳子串在一起。行李房要上锁,钥匙由行李领班或礼宾主管亲自保管。

(5) 客人提取行李时,先请客人出示行李寄存凭证,然后与系在行李上的寄存卡信息核对,如果两者完全符合,当面点清行李件数,然后把行李交给持行李卡的客人,并请客人在行李暂存记录上签名。

(6) 如果需要客人等待,应按行李寄存卡上的姓名称呼客人,请客人稍候。

(7) 如客人丢失寄存卡,一定要凭借足以证实客人身份的证件放行行李,并要求客人写出行李已取的证明。如不是客人本人来领取,一定要请客人出示证件,并登记证件号码,否则不予放行。

(8) 帮助客人运送行李到指定地方,向客人道别。

四、金钥匙服务

(一) 酒店金钥匙的概念

1. 酒店金钥匙

金钥匙起源于法语单词Concierge,原意为"钥匙保管者",指古代酒店的守门人,负责迎来送往和酒店钥匙的保管。在现代酒店业中,Concierge已成为向客人提供全方位、一条龙服务的代称。只要不违反道德和法律,任何事情Concierge都尽力办到,而且要办好,以满足客人的需要。所以金钥匙是一种专业化的酒店服务,又指一个国际性的民间专业服务组织,此外,还是对具有国际金钥匙组织会员资格的酒店礼宾部或委托代办组职员的特殊称谓。

2. 国际金钥匙组织

Concierge的国际性组织是国际金钥匙组织成立于1952年4月25日,其标志是金光闪闪的两把交叉的金钥匙,代表着酒店Concierge的两种职能:一把金钥匙用于开启酒店综合服务的大门,另一把金钥匙用于开启城市综合服务的大门。也就是说,酒店金钥匙成为酒店内外综合服务的总代理。国际金钥匙组织遍布全球的会员形成的服务网络,使得金钥匙服务有着独特的跨地区、跨国界的优势。万能的金钥匙可以帮助客人解决一切难题。

国际金钥匙组织是一个全球性的协会,目前已分布在全球多个国家和地区,拥有数千名会员。我国于1995年正式引入,众多会员分布在全国数百家高星级酒店。

国际金钥匙组织的口号是"在客人的惊喜中,找到富有乐趣的人生"。对中外商务旅游者而言,金钥匙是"酒店内外综合服务的总代理,一个在旅途中可以信赖的人,一个充满友谊的忠实朋友,一个解决麻烦问题的人,一个个性化服务的专家"。

(二)金钥匙精神

概括而言,金钥匙精神包括"一个中心、两个基本点"。

1. 一个中心:人本主义精神

人本主义精神的产生是人类思想史上的根本性革命。欧洲的文艺复兴运动是人本主义的启蒙,法国大革命是人本主义精神的弘扬。近代史上和现代史上的每一次经济和政治革命,无不是人本主义的一次又一次的解放。

折射到酒店的经营和服务领域,自然就必须以人本主义精神为根本。酒店文化性竞争的根本体现也同样是人本主义精神,以人为本,尊重人的尊严,满足人的需求,也必然是酒店金钥匙服务的根本体现。

2. 两个基本点:无微不至的精神和无所不能的精神

两个基本点就是无微不至的精神和无所不能的精神。无微不至是起点,无所不能是终点;无微不至是理念,无所不能是手段;无微不至是态度,无所不能是结果。通过这两个基本点以及所引发出来的具体操作过程,才使人本主义精神得以在酒店服务领域最大限度地弘扬和发展。

(三)中国酒店金钥匙的服务理念

中国酒店金钥匙的服务理念是在不违反法律和道德的前提下,使客人获得"满意加惊喜"的服务,让客人自踏入酒店到离开酒店,自始至终都感受到一种无微不至的关怀和照料。

中国酒店金钥匙服务理念的核心,是通过实现社会利益和团体利益最大化的同时使个人利益最大化成为现实,追求社会、企业、个人三者利益的统一。满意加惊喜是中国酒店金钥匙的服务目标;用心极致是中国酒店金钥匙的服务精神;快乐工作是中国酒店金钥匙的人生追求。由此可见,中国酒店金钥匙的服务观是建立在肯定人性作用的基础上,把服务他人作为快乐之源,是中国酒店服务人员的职业最高境界。

(四)金钥匙的素质要求

一名优秀的金钥匙成员具有非凡的才能和素质,具有强健的体魄和充沛的精力,具有心甘情愿、竭尽全力的献身精神。具体来讲,应具备以下基本素质。

知识链接:
金钥匙:良好的
社交能力

1. 思想素质

(1)拥护中国共产党和中国特色社会主义制度,热爱祖国。

(2)遵守国家的法律、法规,遵守酒店的规章制度,有高度的组织纪律性。

(3)敬业爱业,热爱本职工作,有高度的工作责任心。

(4) 有很强的为客人服务的意识,乐于助人。
(5) 忠诚于企业,忠诚于客人,真诚待人,不弄虚作假,有良好的职业操守。
(6) 有协作精神和奉献精神,个人利益服从国家利益、集体利益。
(7) 谦虚、宽容、积极、进取。

2. 能力要求

(1) 交际能力:乐于和善于与人沟通。
(2) 语言表达能力:表达清晰、准确。
(3) 协调能力:能正确处理好与相关部门的合作关系。
(4) 应变能力:能把握原则,以灵活的方式解决问题。
(5) 身体健康:精力充沛,能适应长时间站立工作和户外工作。

3. 业务知识和技能

(1) 熟练掌握本职工作的操作流程。
(2) 会说普通话并至少掌握一门外语。
(3) 掌握中英文文字处理及计算机操作等技能。
(4) 熟练掌握所在酒店的详细资料信息,包括酒店历史、服务时间、服务设施、价格等。
(5) 熟悉本地区三星级以上酒店的基本情况,包括地点、主要服务设施、特色和价格水平。
(6) 熟悉本市主要旅游景点信息,包括地点、特色、开放时间和价格等。
(7) 掌握本市餐厅、娱乐场所及酒吧信息,高、中、低档的餐厅各5个(小城市3个),娱乐场所及酒吧5个(小城市3个),包括地点、特色、服务时间、价格水平、联系人。
(8) 能帮助客人安排市内旅游,掌握其线路、花费时间、价格、联系人。
(9) 能帮助客人修补物品,包括手表、眼镜、小电器、行李箱、鞋等,掌握这些维修处的地点、服务时间信息。
(10) 能帮助客人邮寄信件、包裹、快件,懂得邮寄事项的要求和手续。

此外,还包括如下知识或技能:①熟悉本市的交通情况,掌握从酒店到车站、机场、码头、旅游点、主要商业街的路线、路程和出租车价格;②能帮助外籍客人解决办理签证延期等问题,掌握有关部门的地点、工作时间、联系电话和办事程序;③能帮助客人查找航班托运行李的去向,掌握相关部门的联系电话和领取行李的手续。

知识链接:
中国酒店金钥匙会员资格及入会考核标准

第二节 总机服务

案例引导　　　　**点餐服务**

一天,某酒店话务员接到点餐服务,电话结束后,话务员用点餐机下单,下单后半个小时,客人催餐,此时话务员致电给送餐部问情况,送餐部说并没有接到单子,经了解发现原来是送餐部的出单机出状况了,无法出单,自始至终就没有准备菜

品,但没有办法,话务员只好口头跟送餐部下单,但菜品送到客人房间时已经超过规定时间,最后导致客人投诉。

(资料来源:根据网络资料整理。)

电话总机是酒店内外信息沟通联络的通信枢纽。总机话务员以电话为媒介,直接为客人提供各种电话服务,其服务工作质量的好坏,直接影响客人对酒店的印象,也直接影响酒店的整体运作。

一、总机话务员的素质要求

总机服务在酒店对客服务中扮演着重要角色。每一位话务员的声音都代表着酒店的形象,是酒店的幕后服务大使。话务员必须以热情的态度、礼貌的语言、甜美的嗓音、娴熟的技能优质高效地开展对客服务,使客人能够感觉到酒店工作人员的微笑、热情、礼貌和修养,甚至感受到酒店的档次和管理水平。

因此,在酒店对客服务中扮演着重要角色的话务员,必须具备较高的素质。

(1) 口齿清楚,态度和蔼,言语准确,嗓音甜美,使客人有舒适感。

(2) 听写迅速,反应敏捷。

(3) 工作认真,记忆力强。熟练掌握本店、本市和国内国际500个以上常用电话号码。

(4) 有较强的外语听说能力,能用三种以上外语提供话务服务。

(5) 精通业务,热爱本职工作。熟悉总机房工作程序、工作内容和各项业务操作方法,熟悉酒店各种服务项目和有关问讯的知识。

(6) 有良好的职业道德素养,自觉遵守酒店各项规章制度,自觉维护酒店的声誉和利益,严守话务秘密。

二、总机服务的内容和基本要求

酒店总机所提供的服务项目主要包括店内外电话转接服务、长途电话服务、叫醒服务、代客留言与问讯服务、店内传呼服务、紧急情况下充当临时指挥中心等。

(一) 店内外电话转接服务

为了能准确、快捷、有效地接转电话,话务员必须熟记常用电话号码,了解本酒店的组织机构以及各部门的职责范围,正确掌握最新的住店客人资料,坚守工作岗位,并尽可能多地了解和辨认住店客人、酒店管理人员及服务人员的姓名和嗓音。

(1) 电话铃响三声必须提机,主动向客人问好,自报店名或岗位。外线应答:"您好,××酒店。"内线应答:"您好,总机。"

(2) 仔细聆听客人的要求,迅速准确地接转电话,并说"请稍等。"若没有听清楚,可礼貌地请客人重述一遍。

(3) 对无人接听的电话,铃响半分钟后(五声),必须向客人说明:"对不起,电话没有人接,请问您是否需要留言?"给房间客人的留言电话一律转到问讯处。给酒店管理人员的留言,一律由话务员记录下来,并重复、确认,通过寻呼方式或其他有效方式尽快转达。

（4）如果通话者只告知客人姓名，应在计算机系统中迅速查找，找到房号后接通电话，如果通话者只告诉房号，应首先了解受话人的姓名，并核对计算机中的相关信息，再根据酒店的具体规定，判断是否直接接通房内电话。

（5）电话占线或线路繁忙时，应请对方稍候，并使用音乐保留键，播出悦耳的音乐。

（6）对要求房号保密的客人，如果没有要求不接任何电话，可问清来电者姓名、单位等，然后告诉客人，询问客人是否接听电话。如果客人表示不接任何电话，应立即通知总台在计算机中输入保密标识，遇来访或电话查询，即答客人未住本酒店。

（7）如果房间客人明确表示"免电话打扰"，应礼貌地向来电者说明，并建议其留言或待客人取消"免打扰"后再来电话。

（8）如果客人挂错电话进来，应有礼貌地对客人说："对不起，您挂错了。"如果是客人在房间或酒店公共场所挂错电话，应耐心地问清客人的要求，再将电话转出。

（二）长途电话服务

酒店的长途电话服务通常有两类：一类是人工挂拨长途；另一类是程控直拨长途。现代酒店一般都采用国内、国际程控直拨电话（简称 DDD 和 IDD），客人在挂拨长途电话时，可以不必经过总机，通过拨号自动接通线路。通话结束后，电话能自动计算出费用并打印出电话费用单。

（三）叫醒服务

电话叫醒服务是酒店对客服务的一项重要内容。它涉及客人的计划和日程安排，特别是叫醒服务往往关系到客人的航班和车次。如果叫醒服务出现差错，会给酒店和客人带来不可弥补的损失。酒店叫醒服务分为人工叫醒和自动叫醒两种。

1. 人工叫醒

（1）接受客人叫醒要求时，问清房号、叫醒时间，并与对方核对。

（2）填写叫醒记录，内容包括叫醒时间、房号等；记录时要求字迹端正，以防出现差错。

（3）在定时钟上准确定时。

（4）定时钟鸣响即接通客房分机，叫醒客人："早上好，现在是××点，您的叫醒时间到了。"

（5）如无人应答，5分钟后再叫醒一次，如果仍无人应答，则通知大堂副理或客房服务中心，弄清原因。

2. 自动叫醒

（1）准确记录叫醒客人的姓名、房号和叫醒时间。

（2）将叫醒信息输入自动叫醒计算机。

（3）客房电话按时响铃唤醒客人。自动叫醒时，须仔细观察计算机工作情况，如发现计算机出现故障，应迅速进行人工叫醒。

（4）查询自动打印记录，检查叫醒工作有无失误。

（5）若无人应答，可用人工叫醒方法补叫一次。

（6）每天的资料存档备查。

无论是人工叫醒，还是自动叫醒，话务员在受理时，都应认真、细致、慎重，避免差错和责任事故的发生。一旦出现失误,不管责任在酒店还是在客人都应给予高度重视,积极采取措施补救。同时,还应注意叫醒的方式。例如,用姓名加尊称称呼客人,指派专人为 VIP 提供人工叫醒服务等,尽可能使客人感到亲切和温暖。若能在叫醒服务时将当天的天气变化情况通报给客人,并询问是否需要其他服务,则会给客人留下美好的深刻印象。

同步案例　　叫醒服务

某酒店客人张先生打电话给总机,要求第二天早上 7:30 叫醒。总机第二天准备叫醒的时候,正好有个电话转入张先生房间,于是话务员先为其转接了电话。2 分钟后,话务员打电话给张先生,房间还在占线,10 分钟后再次拨打,房间依然占线,于是总机判定张先生已经醒了,但实际情况却是张先生接完电话后仍继续睡,没有按时醒来,结果耽误了办事时间。

(资料来源:整理自酒店人微信公众号。)

(四) 代客留言与问讯服务

1. 代客留言

客人来电话找不到受话人时,话务员应主动地向通话人建议,是否需要留言。

(1) 问清留言人姓名、电话号码和受话人姓名、房号。
(2) 记录留言内容,并复述一遍,尤其注意核对数字。
(3) 答应在指定的时间内将留言转给受话人,请对方放心。
(4) 开启客人房间的留言信号灯。
(5) 受话人回来后打电话询问时,把留言念给客人听。
(6) 关闭客人房间的留言信号灯。

2. 问讯服务

店内外客人常常会向酒店总机提出各种问讯,因此,话务员要像问讯处员工一样,掌握店内外常用的信息资料,尤其是酒店各部门及本市主要机构的电话号码,以便对客人的问讯、查询做出热情、礼貌、准确而迅速的回答。

(五) 店内传呼服务

现代酒店特别是大型酒店设有店内呼机系统,电脑微机控制,为话务员提供店内传呼服务。因此,话务员应熟悉传呼机携带者的呼叫号码,并了解他们的工作区域、安排及去向。店内外客人或店内员工提出寻呼要求,应询问并键入寻呼者姓名、分机或总机号码,服务要准确及时、耐心周到。

(六) 紧急情况下充当临时指挥中心

总机除提供以上服务外,还有一项重要职责,即酒店出现紧急情况时,应成为酒店管理人员采取相应措施的指挥协调中心。

酒店的紧急情况是指诸如发生火灾、伤亡事故、恶性刑事案件等情况。紧急情况发生时,酒店领导为迅速控制局面,必然要借助电话系统,话务员要沉着、冷静,提供高效服务。

(1) 接到紧急情况报告电话,应立即问清事情发生地点、时间及简单情况,问清报告者姓名、身份,并迅速做好记录。

(2) 即刻通报酒店领导和有关部门,并根据现场指挥员的指令,迅速与市内的有关部门(如消防、安全等)紧急联系,并向其他话务员通报情况。

(3) 严格执行现场指挥员的指令。

(4) 在未接到撤离指示前,不得擅自离岗,保障线路通信的畅通。

(5) 继续从事对客服务工作,安抚客人,稳定情绪。如有人打听情况(如火情),一般不作回答,转大堂副理答复。

(6) 完整记录紧急情况的处理细节,以备事后检查。

第三节　商务中心服务

案例引导　　客人的急件

商务中心小郑在接收一份传真时,发现传真上有着"urgent for guest"的醒目字样,这不正和接待处刚刚送来的传真一模一样吗?同一份传真发了两遍,而且是发往酒店的两个不同号码,还特标"urgent",看来肯定是非常紧急的。小郑迅速地打开计算机进行住客信息查询,查出是2307房客人的传真,于是她立即拨打客人房间电话,但是客人不在房间,怎么办呢?小郑赶紧把这件事汇报给了前厅部经理小刘。据小刘了解,2307房住的是一位瑞士客人,他和另外一些客人正接受市领导的邀请在酒店餐厅用晚餐。传真可以马上送到餐厅去,可那么多人,哪一个才是呢?小刘立刻想到酒店有一台计算机是专门用于向上级主管机关报送资料的,里面不但有客人的资料,而且还收录了护照上的照片,可以通过照片寻找客人。很快地,传真就送到了客人手中,客人看到传真后非常着急,需要马上同瑞士方面取得联系,然而餐厅的电话无法拨打长途,此时客人又不便离开餐厅。一筹莫展的客人把情况告诉了小刘,小刘马上用餐厅的电话拨通了总机,让总机代拨瑞士长途。一分钟又一分钟过去了,长途没能拨通,瑞士客人如坐针毡,小刘理解客人此刻的心情,他让总机抓紧跟踪线路,十分钟后,长途终于拨通了。通完电话的客人终于松了一口气,高兴地向市领导赞扬了酒店的优质服务。

(资料来源:整理自酒店视界微信公众号。)

为满足客人的需要,现代酒店尤其是商务型酒店都设立了商务中心。通常,商务中心应设在前厅客人前往方便而又安静、舒适、优雅的地方,并有明显的指示标记牌。商务中心是

商务客人常到之处,其服务的好坏,直接影响客人的商务活动和对酒店(特别是商务型酒店)的选择。

一、商务中心的服务项目

商务中心的主要职能是为客人提供各种秘书服务,为客人提供或传递各种信息。先进的服务设施、设备,齐全的服务项目,加之高素质的专业或一专多能型的服务员,是商务中心提供高水准、高效率对客服务的基本保证,也是现代高档次酒店的主要标志之一。

商务中心应具备的设施设备及用品如下:大小面积不等的会议室和洽谈室、复印机、传真机、多功能打印机、程控直拨电话机、计算机(具有查询、挂账、打字及编辑功能)、碎纸机、投影机及屏幕、录音机、录像机、电视机及其他办公用品,同时还应配备一定数量的办公桌椅、沙发,以及相关的查询资料如商务刊物、报纸、经济年鉴、企业名录大全、电话号码本、邮政编码本、地图册、词典等。

商务中心的服务项目很多,主要有会议室出租服务、传真服务、复印服务、打字服务、租用秘书服务、设备出租服务、票务服务等。有些酒店的商务中心,还提供翻译、名片印制、商业信息查询等服务。

二、商务中心服务程序

由于商务中心工作的特殊性,因此,要求商务中心人员应礼貌热情、业务熟练、耐心专注、服务快捷、严守秘密,并主动与酒店各部门、常住商务机构及客人协商配合,为客人提供满意的服务。

(一)会议室出租服务

1. 会议室预订

(1)接到预订,要简明扼要地向客人了解以下内容:预订人姓名或公司名称、酒店房间号码或联系电话、会议的起始时间及结束时间、人数及要求等,并做好记录。

(2)告知租用该室的费用(包括免费的服务种类,如茶、咖啡、文具、话筒、投影机、音响、录放机等),并邀请客人参观会场,介绍服务设施设备。

(3)确认付款方式,并要求对方预付订金。预订以收到订金时开始生效。

(4)填写会议室出租预订单,并在交班本上做好记录。

(5)预约鲜花,如同时需要设备出租,也要做好预约工作。

2. 会议前准备工作

(1)按参加会议人数准备好各类合格的饮具、文具用品及会议必需品,待布置会场时使用。

(2)按参加会议人数放好椅子并摆设饮具及会议各类文具。

(3)主管或领班要亲临现场指挥和督导员工按需求布置会场,发现问题及时纠正。

3. 会议接待服务

(1)服务员站立门口恭候客人,并引至会议室坐下。

(2) 按先主位、后次位的原则,逐一为客人提供所需饮品。

(3) 会议过程中要做好添茶水、更换烟灰缸等工作。

4. 送客人离场

(1) 会议结束后,服务员应在门口站立,礼貌地使用"再见""欢迎下次光临"等告别敬语,目送客人离去。

(2) 客人离开后,迅速进入会场仔细地检查,如发现有客人遗忘的物品,须立即设法追送,追送不到时,递交主管或大堂副理。

(3) 收拾会场。

(二) 传真服务

1. 传真发送

(1) 主动、热情地问候客人,问明发往的国家和地区。

(2) 核对客人的传真稿件,查看发往国家和地区传真号、页数及其他要求。

(3) 确认无误后,将传真稿件放入传真机发送架内进行发送操作。发送过程中的任何一步出现差错时,要停止操作并重新开始。

(4) 发送完毕,与打印报告核对发送传真号是否一致。

(5) 根据显示发送时间计算费用,办理结账手续。

(6) 向客人道谢。按要求在宾客发传登记表上登记。

2. 传真接收

(1) 当传真机接收到传真后,首先应与总台确认收件人的姓名及房号,并核对份数、页数等。

(2) 将核对过的传真分别装入信封内,在信封上注明收件人姓名、房号、份数、页数,并通知客人来取,或派行李员送到房间,记录通知时间、通知人。

(3) 若收件人不在房间,必须及时通知问讯处留言,留言单上注明客人回来后通知商务中心,以便派行李员将传真送到房间。

(4) 在宾客来传登记表上登记,以备查用。

(5) 按规定的价格计算费用,办理结账手续。

(三) 复印服务

(1) 主动、热情地问候客人。

(2) 接过客人的复印原件,问明客人要复印的数量和规格,告知客人复印的价格。

(3) 按操作要求进行复印。如要多张复印,或者需放大或缩小,应先印一张,查看复印效果,如无问题,才可连续复印。

(4) 将原件退还客人并清点复印张数,按规定价格计算费用,办理结账手续。

(5) 若客人要求对复印件进行装订,则应为客人装订好。

(四) 租用秘书服务

(1) 了解客人的要求,如需要怎样的秘书服务,要求什么时间服务,在什么地方工作,估计多长时间等。

（2）告诉客人收费标准。
（3）弄清客人相关信息，如房号、姓名、付款方式等。
（4）向客人道谢。

（五）设备出租服务

酒店一般只向住店客人提供设备出租服务，而且只限在本酒店范围内使用。

（1）了解客人要求，并填写清楚下列内容：①使用时间、地点、客人姓名、房号；②设备名称、规格、型号、数量。

（2）租用音响设备：打电话到音响组了解情况；通知音响组派人安装、调试。租用打字机上房，一般只提供手动打字机，由行李员负责转送。

（3）要求客人签单或预付款项。

（4）向客人道谢，在交班本上做好记录。

（六）票务服务

（1）热情礼貌地询问客人订票需求细节：航班（车次、船次）线路、日期、价格、机型、特殊要求等；为客人提供各种信息，做客人的出行决策参谋。

（2）通过计算机快捷查询票源情况。

（3）在客人选择好航班（车次、船次）后，请客人填写旅客订票单。

（4）客人递回已填写的旅客订票单时，向客人致谢。

（5）迅速、仔细检查旅客订票单内容，礼貌地请客人出示有关证明、有效证件，与旅客购票单内容核对。

（6）退还客人所有的证件，向客人致谢。

（7）礼貌地请客人支付所需费用，当面仔细清点核收。

（8）致电到协议出票单位订票，确认送票时间，并告知客人。

（9）请客人回房休息，并告知客人，待机票（车、船票）送到后会第一时间通知客人来取机票或请行李员送到房间。

（10）机票（车、船票）送到后再仔细检查一遍，确认有关的信息，分清、撕好票联，将机票（车、船票）装袋。

（11）请客人自己再检查确认一遍并签字，提醒客人飞机（车、船）起飞（出发）时间及注意事项等。

三、商务中心职能的转变

随着信息技术的飞速发展，客人可以自己在手机以及笔记本电脑上通过互联网直接订票，发送、接收电子邮件和传真。一些高档酒店还在客房内配备了打印机、复印机和传真机。因此，客人对酒店商务中心的依赖程度将大大减少。商务中心必须研究客人需求的变化，转变服务职能，推出新的服务项目。例如，提供现代化商务设施设备出租服务、提供计算机技术服务、为各类商务活动和会议提供支持和帮助的秘书服务等。

第四节 行政楼层服务

> **案例引导**
>
> 最初,酒店业为了满足行政官员、商务人员的需求而特别设置了行政楼层。现在,行政楼层所占的比例取决于酒店豪华程度,酒店越豪华,所设的行政楼层客房也就越多。一般而言,行政楼层的房价比一般楼层高出20%—50%,具体视酒店情况而定。
>
> 行政楼层房间价格要高于普通楼层房间价格,因为可以提供专属的行政楼层待遇,比如提供快速入住登记、行政酒廊、免费甜点和下午茶、免费洗衣、延迟离店等服务。
>
> (资料来源:根据网络资料整理。)

一、行政楼层及其服务要求

(一)行政楼层的概念

行政楼层是现代高档、豪华酒店(通常为四星级以上)为了接待高档商务客人和高消费客人,为他们提供特殊优质服务而专门设立的楼层。

行政楼层提供的服务有别于普通客房楼层,被人们誉为"店中之店"。一个酒店专家有一个形象的比喻:如果把普通房比作飞机的经济舱,而行政楼层就像飞机的公务舱。虽然价格稍高,但客人在这里感觉更舒适方便,也可以享受到更多、更个性化的服务。

(二)行政楼层的服务要求

行政楼层的管理系统为一套相对独立运转的接待服务系统,在行政管理上通常隶属于前厅部。与普通楼层客房比较,行政楼层在设施格局上和服务模式上都有明显不同。它可以向商务客人提供更多、更细致、更具个性的专业化服务。

1. 单独设接待处

凡预订行政楼层的客人都可以在进店后直接在楼层快速登记入住,以及离店时在本层结账退房。接待处设计精巧,环境氛围轻松,旁边设置沙发等休息座位,使得这种"一对一"式的轻松、开放专用的服务接待方式更显得人性化且倍感温馨。

2. 单独设酒廊

行政楼层设置了环境幽雅、独具匠心的专用酒廊,并提供冷饮、热饮、早餐、午茶,这里还可以安排鸡尾酒会及会晤朋友。专用酒廊是行政楼层吸引商务客人的重要场所。专用酒廊的设置,提高了行政楼层客人始终被尊重的"身份感"。

3. 单独设商务中心

行政楼层一般设有专用商务中心及规格不等的会议室、洽谈室等设施，以供商务客人随时召开会议，或与客户会晤及洽谈生意。商务中心设备先进、种类齐全，从文件打印、复印、分拣至装订等一应俱全，而且服务效率高。

4. 个性化的服务

商务客人之所以优先选择行政楼层，设施及环境的舒适条件固然是重要因素，但最为他们看重的是行政楼层提供的细致入微、个性化的服务。

在行政楼层从事接待服务的管理人员及服务人员的形体、形象、气质、知识、技能及外语水平等方面条件突出，均接受过严格、系统的专业培训。他们在熟练掌握了前台预订、接待、结算等技能的同时，还应掌握商务中心、餐饮方面的服务技能和技巧，尤其善于与客人交流、沟通，能够圆满地处理客务关系，合作、协调性强。

行政楼层的接待服务人员只要见过客人一次，第二次再见面时就可以称呼客人的姓氏和头衔，客人由此能产生被重视和被特别关照的心理满足感和荣誉感。

行政楼层的接待服务人员对每一位在此下榻的客人都要作详尽的客史档案记录，记录客人的喜好，使客人每次下榻时都会惊喜地看到按自己的习惯和喜爱的方式布置的房间，甚至连喜爱的某种品牌或特殊规格的物品都已放在熟悉的位置。为生病的客人送粥、花心思为客人过生日等服务更是家常便饭，甚至连有的客人每次多要一根香蕉等小小的需求，服务人员也都记得牢牢的。而正是这些细致入微的服务才吸引了商务客人一次次地上门。因此，行政楼层的房价虽然大大高出普通客房的房价，但是却不断吸引着众多的回头客及商务客人。

二、行政楼层的主要服务特色

（1）轻松入住。由专人负责办理入住登记手续，气氛怡然。

（2）丰盛早餐。自助餐台上各种食品、饮品丰富，任客人自选，就餐酒廊环境幽雅，接待人员态度热情、动作敏捷、服务意识极强。

（3）时事动态。附设有多种中外报刊，供客人选择阅读，同时播放国际卫星传送的电视新闻、专题节目等，使客人随时了解世界各地要闻及商业经济动态。

（4）悠闲午茶。每天下午按时布置好茶水台，各种茶饮、软饮及点心免费供客人选用。

（5）鸡尾酒会。行政楼层在晚间还免费精心安排为本层客人提供结识新老朋友、沟通关系的鸡尾酒会，使客人度过美好之夜。

（6）商务洽谈。行政楼层所设置的各种会议室和洽谈室及配置的复印机、传真机、计算机工作台、多功能投影仪等设备一应俱全，并提供打印、翻译、装订文件、发送文稿等商务秘书服务。

（7）委托代办。行政楼层为商务客人出行、中转提供票务、订房、订车等代办服务，使客人足不出户，便可享受快捷、方便的服务。

（8）快速结账。行政楼层接待服务人员可以为客人在本层或房间办理离店结账手续，并提前安排行李员或代订交通工具，最终给客人留下美好的印象。

三、行政楼层日常工作流程

（一）早班

（1）行政楼层值早班的接待员在 7 点到前厅报到，取出客人邮件，与值夜班人员交接班。

（2）打印当日房况报表、预抵店客人名单、在店客人名单等，然后在预离店客人名单上标上记号，以便做好预离店客人结账等相应服务的准备工作。

（3）值班台负责接待、结账及商务中心服务等项工作。

（4）7 点 10 分备好自助餐台、餐具等，提供早餐服务。

（5）准备并检查客房水果、鲜花篮、礼品，核对欢迎卡、总经理欢迎致辞等，并与预抵店客人名单逐一核对。

（6）早餐服务于 10 点结束。

（7）主管召集当日工作例会，传达酒店有关信息并安排当日工作。

（8）接待入住客人，办理入住登记手续，并送上迎宾茶或咖啡，主动介绍行政楼层各种服务项目及酒店其他服务设施。

（9）为离店客人办理结账手续或代订车辆、安排行李员等事宜。

（10）检查客人是否有洗衣、熨衣服务的需要。

（11）受理安排预订机票、预订酒店等委托代办服务。

（二）中班

（1）中班 13 点 30 分上班，打印各种报表。

（2）中班 15 点 30 分与早班交接班。

（3）提供午茶服务（16 点至 17 点）。

（4）提供鸡尾酒会服务（18 点至 19 点 30 分）。

（5）中班做好第二天的各项准备工作。

（6）中班晚间 23 点下班，并委托前厅总台代理夜间服务。

本章小结

前厅部除了做好预订和接待服务工作，以及销售客房商品外，还担负着大量其他直接为客人服务的工作。这些日常系列服务工作也是围绕着客房销售工作而展开的，而且是以"酒店形象代表"的身份进行的。因此，前厅系列服务的效率、质量显得尤为重要。本章具体讲述了前厅礼宾服务、总机服务、商务中心服务、行政楼层服务的基本内容、服务规程和基本要求，简要介绍了酒店金钥匙及其服务理念、素质要求和服务内容。通过本章的学习，可以掌握和熟悉前厅系列服务内容、要求和各项服务技能。同时，对前厅部的功能及其在现代酒店中的地位有进一步的认识。

关键概念

酒店代表　金钥匙　商务中心　行政楼层

复习思考题

1. 复习题

(1) 门童的岗位职责是什么？
(2) 金钥匙的思想素质要求是什么？
(3) 总机话务员的素质要求是什么？
(4) 商务中心有哪些服务项目？
(5) 行政楼层的服务要求主要包括哪些？

2. 思考题

请参观所在地区的酒店，了解酒店前厅的服务项目设置情况，思考如何创设或改进这些服务项目，形成受现代酒店客户欢迎的特色服务。

◇ 案例分析

情人节的礼物

◇ 实训操练

1. 实地参观市内一家五星级酒店，了解并感受其对客服务的过程，结合教材中的理论知识，强化对前厅服务的认知。

2. 学生以小组为单位，通过角色扮演，模拟客人迎送、行李、电话总机、商务中心的服务。

3. 查阅问询所在地区酒店金钥匙的设置情况，并对这些金钥匙们进行访谈，了解成为金钥匙的经历。

◇ 进一步阅读推荐

1. 肖妮. 酒店礼宾服务质量提升策略分析——以澳门金沙酒店为例[J]. 现代商贸工业，2021,42(5):70-71.

2. 白星星. 用心服务 以诚待人 探讨酒店礼宾员的那些事儿(上)[J]. 中国会展(中国会

议),2018(16):54-59.

  3. 杨迪,葛星,付雅慧.某洲际酒店总机对客有效沟通的问题研究[J].经济研究导刊,2020(15):163-164.

  4. 赵艳丰.酒店会议服务的优化(中) 三大创新吸引顾客[J].中国会展(中国会议),2017(6):70-72.

  5. 巴厘岛丽思卡尔顿酒店 行政楼层尊享致臻体验[J].中国会展(中国会议),2017(18):92.

第五章

前厅部信息沟通与客人关系管理

学习目标

理解前厅部与酒店其他部门信息沟通的重要性,了解沟通的主要内容,了解在信息沟通中存在的主要问题及纠正方法;正确认识客人投诉,掌握投诉处理的原则与基本方法;认识建立客史档案的必要性及客史档案的主要内容,了解客史档案的建立及运行。

第一节 前厅部与其他部门的信息沟通

案例引导

一位住在成都某四星级酒店的旅行团全陪反映:昨日入住时,他要求了叫醒服务,但今早旅行团所住的12个房间的游客一个都没有被叫醒,导致今日旅行团的行程安排受到了严重影响。该全陪还反映,昨天他提出叫醒服务时,前台工作的三位接待员均回应并接受了他的服务要求。经询问,当时前台工作的三位接待员承认:均收到了客人的叫醒服务要求,但都以为另两位会记录并通知总机,因而造成了该项服务的疏漏。

(资料来源:根据网络资料整理。)

酒店对客服务是整体性的,并非某一部门、某一班组或某一个人能够独立完成的,酒店各部门之间必须进行良好的工作联系和信息沟通,团结协作。前厅部作为酒店的"神经中枢",必须与其他部门有效地沟通,才能使酒店各部门协调地为客人提供良好的服务。

一、前厅部内部的沟通协调

在信息沟通传递方面,首先要进行的是前厅部内部的信息沟通。前厅部的业务分工较为繁杂,一般酒店前厅部应有以下岗位:大堂经理、前台、总机、预订处、商务中心、礼宾部、车队。各工种、各班组、各环节之间及时准确的信息传递与沟通对服务效率与服务水平的提高非常关键。

(一)预订处与接待处的信息传递

预订处每日将预订客房情况、预订更改取消情况、次日抵店客人情况、延期抵店情况等方面的信息传递给接待处,而接待处则将每日实际抵店客人情况、实际离店客人情况、提前离店客人情况、延期离店客人情况、客人换房情况、预订未到客人情况等信息传递给预订处,以便预订员及时了解客房状态,确保客房预订信息的准确。

(二)预订处、接待处与礼宾部的信息传递

预订处将需要接送的预订客人信息,以及 VIP 的预订信息、团队客人预订信息传递至礼宾部,以便礼宾部做好接站及行李运送准备。接待处则将次日离店客人信息、提前离店或延期离店客人信息、团队客人离店信息等传递给大厅服务处。

(三)接待处与结账处的信息传递

接待处将办理入住登记手续的散客账单、团队总账单与分账单、登记表以及影印好的信用卡签购单等交给前厅结账处,以便结账处建立客账并作客账累计。接待处还应将客人的换房或房价更改及客人转账信息及时传递给结账处。当客人结账后,前厅结账处应立即将信息传达给接待处,以便更改客房状况。同时,双方夜班员还应就当日的客房营业收入进行细致的核对,确保正确反映酒店营业情况。

二、前厅部与酒店各部门的信息沟通

在酒店信息化管理广泛应用的今天,要做好前厅部内部的沟通协调,除了要运用好传统的信息沟通传递方式外,更为重要的是要做好酒店信息系统相关信息的准确录入和及时更新。将现代信息技术和传统方式相结合,才能更好地做好部门内部信息沟通和工作协调,最大限度地避免因沟通不畅造成的工作失误。

前厅部除了内部必须保持畅通的信息沟通与传递以外,还必须与酒店其他部门保持畅通的信息沟通与传递(见图5-1)。

(一)前厅部与总经理办公室之间的沟通协调

前厅部与总经理办公室的工作联系较多,除了应向总经理请求汇报对客服务过程中的重大事件外,平时还应与总经理办公室沟通以下信息。

1. 接待工作

(1)房价的制定与修改。

(2)免费、折扣、订金、贵宾接待规格、客房销售等项政策的呈报与批准。

(3)每日递交在店贵宾/团队表、预期离店VIP名单、客房营业日报表、营业情况对照

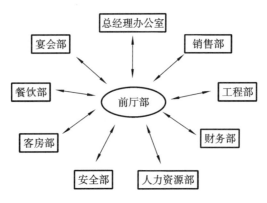

图 5-1　前厅部与其他部门的沟通

表等。

2. 预订工作

(1) 定期呈报客情预报表。

(2) 每日递交客情预测表、次日抵店客人名单。

(3) 递交贵宾接待规格审批表，报告已预订客房的贵宾情况；贵宾抵店前，递交贵宾接待通知单。

(4) 每月递交房价及预订情况分析表、客源分析表、客源地理分布表。

3. 问讯工作

转交有关邮件、留言。

4. 电话总机工作

了解正、副总经理的值班安排及去向，以提供呼叫找人服务。

(二) 前厅部与餐饮部之间的沟通协调

"食""宿"是住店客人最基本的需求，也是酒店两大主要收入来源。前厅部必须重视与餐饮部的沟通协调，以利于餐饮部加强管理，提高效益。比如前厅部要向餐饮部提供客人的信用信息，以便餐厅决定是否可以接受客人签单；向餐饮部提供住店客人信息，以便餐厅经理能够合理排班，预测营业收入(如餐厅经理可能需要了解有多少住店客人，以便决定需要安排多少员工上早班)。此外，餐饮部要将住店客人的消费信息及时、准确地提供给前台收银处，以便记入客人的总账单。

前厅部与餐饮部的信息沟通主要包括以下内容。

1. 接待工作

(1) 书面通知房内的布置要求，如在房内放置水果、点心等。

(2) 发放团队用餐通知单。

(3) 每日送交在店贵宾/团队会议人员表、在店客人名单、预期离店客人名单。

2. 预订工作

(1) 每周送交客情预报表。

(2) 每日递送客情预测表、贵宾接待通知单。

(3) 书面通知订房客人的用餐要求及房内布置要求。

3. 问讯工作
(1) 每日从餐饮部的宴会预订组取得宴会/会议活动安排表。
(2) 向客人散发餐饮活动的宣传资料。

同步案例

一个旅游团夜间入住酒店,酒店前厅部工作人员立即上前迎接。在与领队和陪同的交谈中得知,因天气原因,原定次日的飞机改为火车,要提早出发。因此,旅游团要求把第二天的早餐打包带走。第二天清晨,领队去取早餐,当班的餐厅经理却说不知道,根本没有准备。于是,他们找来了值夜班的餐厅经理,餐厅经理说:"有这么回事,前厅部电话通知我是明天午餐带盒饭。"客人非常生气地赶火车去了。事后,前厅部工作人员与值夜班的餐饮经理为电话中到底说是"早餐"还是"午餐"争得面红耳赤。

(资料来源:根据网络资料整理。)

阅读并思考:
1. 出现这一工作失误的原因是什么?到底责任在谁,你能判断吗?
2. 前厅部应该采取怎样既稳妥又方便事故追责的方式与餐饮部沟通呢?

4. 大厅服务处
更新每日宴会/会议、饮食推广活动的布告牌。
5. 电话总机工作
随时掌握餐饮部营业的服务内容、服务时间及收费标准的变动情况。

(三) 前厅部与客房部之间的沟通协调

前厅部与客房部的工作联系最为密切,是不可分割的整体。这两个部门的沟通协调十分重要,直接影响对客服务的质量。前厅部要与客房部就客房的利用状况、安全问题、住客资料、客人对设备用品的需求等信息进行沟通,这些信息的沟通要求及时、准确。客房部经理要依靠前厅部对客房的销售预测结果进行排班,及时地拿到前厅部发送的客房销售情况预测表可以使客房部经理科学、合理地安排和处理员工的请假和休假问题。对于出现在客房的可能危害客人安全的任何异常情况,客房部员工都应向前台报告,而前台员工则应将这一问题及时反映给有关人员或部门。有时前台会直接收到客人的服务请求,这时,前台员工必须立即将这一信息转达到客房部。

前厅部与客房部的信息沟通主要包括以下几个方面。

1. 接待工作
(1) 客房部楼层应每日向前台接待处提交楼层报告,以便前台控制房态,前台应提交客房状况差异表,这是协调客房销售与客房管理之间关系的重要环节,也是前厅部与客房部重要的信息沟通内容,以确保客房状况信息显示准确无误。

(2) 团队客人抵店前,送交团队用房分配表。

(3) 送交特殊要求通知单,将客人提出的房内特殊服务要求通知客房部。

(4) 用电话及时通报客人入住和退房情况。

(5) 送交房间/房价变更通知单,把客人用房的变动情况通知客房部。

(6) 每日送交预期离店客人名单、在店贵宾/团队表、待修客房一览表。

(7) 及时沟通客人的相关情况和信息,如楼层服务台应将客人在房内小酒吧的消费情况通知前台。

2. 预订工作

(1) 每日送交客情预测表。

(2) 送交次日抵店客人名单。

(3) 书面通知订房客人房内布置要求,订房客人所需的房内特殊服务要求。

(4) 贵宾抵店前,递交贵宾接待通知单。

(5) 贵宾抵店的当天,将准备好的欢迎信、欢迎卡送交客房部,以便客房部作贵宾客房的布置。

3. 问讯工作

客房部应将走客房内所发现的遗留物品的情况通知问讯处。

4. 大厅服务处

递送报纸、邮件和有关文件,或将需递送的报纸及报纸递送单交客房部代为发放。

5. 电话总机工作

如发现客人对电话叫醒服务无反应时,应通知客房部上门人工叫醒。

(四) 前厅部与销售部之间的沟通协调

前厅部与销售部都对酒店的客房销售工作负有责任。销售部不但对眼前的客房销售负有责任,更重要的是对酒店长期的、整体的销售,尤其是对团队、会议的客房销售负责,而前厅部则对零星散客,尤其是当天的客房销售工作负有更直接的责任。前厅部与销售部之间必须加强信息沟通,才能减少销售工作中的矛盾与冲突,提高酒店客房利用率,圆满完成客房销售任务。

知识链接:
酒店前厅部和客房部闹矛盾的常见九个场景及处理方式

销售部还要依赖前厅部为其提供客史档案及各类预订信息,以便更好地满足客人的需求。此外,前厅部通过为客人提供专业的、热情周到的服务而对销售部的工作予以支持。

对于销售部而言,客史档案是极有价值的资源,销售部可利用客史档案的相关资料进行各种市场营销和促销活动,邮寄促销信函,选择适当的广告媒体。因此,前厅部员工应尽可能为销售部提供及时、准确的信息。

前厅部与销售部的信息沟通主要包括以下几个方面。

1. 接待工作

(1) 双方进行来年客房销售预测的磋商。

(2) 研究超额预订发生时的应急措施。

(3) 团队客人抵店前,将团队客人的用房安排情况,书面通知销售部。
(4) 团队客人抵店时,销售部的团队联络员将客人用房等变更情况书面通知总台。
(5) 每日送交在店贵宾/团队名单、预期离店客人名单、客房营业日报表、营业情况对照表。

2. 预订工作
(1) 为避免超额预订情况的发生,双方应研究决定经营旺季时团队、会议客人与散客的接待比例。
(2) 销售部将已获批准的各种订房合同副本交预订处。
(3) 销售部将团队客人的预订资料、团队接待通知单通知预订处。
(4) 双方应核对年度、月度客情预报。
(5) 每日递送客情预测表、贵宾接待通知单、次日抵店客人名单、房价及预订情况分析表、客源比例分析表。

3. 问讯工作
销售部应将团队活动日程安排等有关信息通知问讯处,以便回答客人的询问和提供所需的服务。

4. 大厅服务处
从销售部了解离店客人的发出行李时间及离店时间。

5. 电话总机
(1) 了解团队客人需要提供的叫醒服务时间。
(2) 了解团队活动的日程安排。

(五) 前厅部与财务部(包括前台收银处)之间的沟通协调

1. 接待工作
(1) 就给予客人的信用限额、超时房费、已结账的客人再次发生费用等问题及时进行沟通。
(2) 根据酒店政策,收取预付款。
(3) 将打印好的已抵店的散客的账单及登记表送交财务部。
(4) 送交打印好的信用卡签购单。
(5) 送交打印好的已抵店的团队客人的总账单、分账单。
(6) 送交房间/房价变更通知单。
(7) 每日送交预期离店客人名单、住店客人名单、在店贵宾/团队表、客房营业日报表、营业情况对照表。
(8) 客房营业收入的夜审核对工作。

2. 预订工作
(1) 就订金(预付款)的收取问题进行沟通。
(2) 就订房客人的信用限额问题进行沟通。
(3) 每日递送客情预测表、贵宾接待通知单。

3. 大厅服务处

(1) 递送已结账客人的离店单。

(2) 递送服务费收入日报表。

4. 电话总机

(1) 递交长途电话收费单、长途电话营业日报表。

(2) 已结账客人打长途时再次收费的沟通。

(六) 前厅部与其他部门的沟通协调

1. 接待工作

(1) 将客人抵店、住店、离店的情况通知各有关部门。

(2) 按规定为值班负责人员或经批准的有关职工安排用房。

(3) 向工程部送交维修通知单和待修房报告。

(4) 将在店贵宾/团队表送交相关部门。

2. 预订工作

(1) 递送客情预测表。

(2) 递送贵宾接待通知单。

3. 问讯工作

(1) 邮件的收发。

(2) 与工程部、安全部等部门进行沟通,做好客房钥匙遗失后的处理工作。

4. 电话总机

(1) 转接电话。

(2) 留言服务。

(3) 了解各部门负责人的值班安排及去向。

(4) 呼叫找人服务。

(5) 出现紧急情况时的沟通联络。

5. 人事、培训工作

与人事部、培训部配合,做好员工招聘、培训、绩效考核等工作,以提高员工素质,确保服务质量。

三、进行有效沟通的渠道和方式

(一) 事先明确沟通的目的

事先明确沟通的目的,即沟通的原因,以及需要沟通协调的内容,然后进行计划,以便清晰、明确地进行沟通,提高沟通的效率。

(二) 注重沟通对象和时机

弄清需要沟通的人是谁?了解他的基本情况和性格特点,以便更有效地沟通。然后根据沟通对象的特点,找准沟通的时机,以达到最好的沟通效果。

（三）选择正确的沟通方式和渠道

信息沟通的方式是多样的，常见的方式有口头形式、书面形式、会议形式及通过计算机系统沟通。

为了确保信息沟通的准确性、严肃性和规范性，酒店应根据信息的重要性和特点，主要采用书面形式，如文件和指示、表单与报告、报表与表格、书面通知、通告与备忘录、交班日记与记事簿等进行有效的沟通。

（四）注重信息的接收及反馈

虽然进行了沟通和协调，但对方是否已接收并正确理解，需要进一步核查沟通协调的内容及对方的反馈，以保证沟通协调的效果。

四、信息沟通的主要问题及纠正方法

（一）信息资料没有及时传递或传递不到位

信息传递过程中出现障碍是造成信息传递失败的主要原因，例如班组交接时信息没有传递到位，或者部门之间表单的递送出现障碍。

解决方法：专事专人负责，即由哪一位员工接收的信息资料就由这位员工负责传递到下一站，或者班组内按照分工进行划分，由专人负责其中一项工作，便由此人负责关于这项工作的所有信息传递。

（二）表单资料遗失

表单资料遗失也是信息沟通中的常见问题，例如预订客人前来办理入住手续时，酒店却找不到这位客人的预订资料，造成工作失误。

解决方法：第一，由专人负责；第二，建立严格的信息资料存档制度；第三，及时将相关信息录入酒店管理信息系统并保存。

（三）信息没有及时更新

信息发生变动时，未在表单资料上及时表现出来，或者已传递给其他部门但未进行追加。例如预订的最新变动情况未进行及时通报，或者团队、会议客人日程安排有变化，却未通知其他部门等，都会造成不小的工作失误。

解决办法：要求员工随时更新资料信息，及时传递相关信息，建立信息传输管理机制，加强管理。

（四）信息资料查找困难

当需要某种信息时，却因查找困难延误时机，降低工作效率。例如客人到问讯处查询某项信息，却由于问讯员一时查找不到资料而在柜台前等待许久，或者在进行月度、季度、年度业务情况分析时由于资料存放混乱而查找困难。

解决方法：对于纸质信息资料，要编制索引，分门别类做好整理存放工作，对其中重要的资料还应扫描，以电子文档方式留存；对于电子信息资料，要规范并清晰做好文档命名，分门别类建立文件夹整理归档，方便日后查询。

第二节 客人投诉的处理

案例引导

很多酒店为了打造智能酒店,提高科技感和客户体验感,植入了大量高科技设备,比如微波探头、红外检测器、门磁、各种感应器等,做广告时夸大其词,给客人制造了智能酒店无所不能的错误判断。这些酒店打出智能酒店的招牌后,确实吸引了不少客人前来体验入住,但应用欠缺,没有完整的场景联动,手机端界面花哨,有些功能无法体现,或是操作烦琐,客人无法便捷使用和体验服务,导致投诉和差评。

(资料来源:根据网络资料整理。)

投诉是客人对酒店提供的服务设施、设备、项目及行动的结果,表示不满而提出的批评、抱怨、控告或建议。

一、酒店客人投诉的主要原因

酒店客人投诉的原因复杂且多样,可以归纳为以下四个主要方面。

(一)客人对酒店或酒店产品的期望值过高

客人的期望在对酒店或酒店产品的判断中起着关键性的作用。客人将他们所要的或期望的酒店产品与他们的住店经历或实际购买的酒店产品进行对比,以此评价酒店或酒店产品的价值。一般情况下,当客人的期望值越大时,选择酒店或购买酒店产品的欲望相对就越大。但是当客人的期望值过高时,就会使得其满意度变小,反之亦然。因此,酒店应该适度地管理客人的期望,当期望管理失误时,就容易导致投诉。管理客人期望值的失误主要体现在两个方面:一是"海口"承诺与过度销售;二是隐匿信息。这些管理的失误导致客人在酒店消费过程中有失望的感觉,因而产生投诉。

(二)酒店产品的质量问题

酒店产品的质量问题主要表现在以下方面:酒店产品本身存在问题,质量没有达到规定的标准;酒店产品价格过高;酒店捆绑消费或欺骗消费;酒店服务态度差;等等。有时,客人的投诉并不在于酒店产品本身,而在于酒店产品的实际效用,也就是所购买的酒店产品可能不符合客人的需要,或者酒店产品过去符合客人的需要,但由于某种情况的变化,现在已经不符合了。

(三)消费过程中与客人相关群体行为的影响

客人在酒店消费过程中的相关群体包括其他客人、酒店工作人员。酒店通过其员工向客人提供产品和服务,员工缺乏正确的工作技巧和工作态度都将导致客人的不满而产生投诉。这主要表现在：员工服务态度差；缺乏正确的推销方式；缺少专业知识；服务技能不规范、不娴熟；公共卫生状况不佳；安全管理不当；等等。

（四）客人自身的原因

有些客人爱提意见，似乎这已成为一种习惯。客人有时的投诉是没有根据的投诉，也许只是因为他心情一直不舒畅。客人有时可能知道是自己个人的原因，但仍认为酒店产品有问题，有时客人本人并不知道是他自己的原因，也会导致投诉。

二、正确看待投诉

投诉对于酒店会产生消极和积极两个方面的影响：消极方面是可能会影响酒店的声誉和形象；积极方面是可以帮助酒店纠正错误，改进和完善工作。

任何酒店的任何员工都不希望有客人投诉自己的工作，这是人之常情。然而，即使是世界上最负盛名的酒店也会遇到客人的投诉。成功的酒店善于把投诉的消极面转化成积极面，通过处理投诉来改进自己，不断提高工作质量，以防止投诉的再次发生。正确认识客人的投诉行为，就是不仅要看到投诉对酒店的消极影响，更重要的是把握投诉所隐含的对酒店的有利因素，变被动为主动，化消极为积极。正确认识客人的投诉，是使投诉得以妥善处理、为酒店挽回声誉、使客人满意的基础。

三、易于受到投诉的环节

（一）酒店的硬件设施设备

此类投诉是指由于酒店的设施设备不能正常运行而给客人带来不便，甚至伤害，引起客人投诉。

（二）酒店的软件服务

此类投诉是指服务人员在服务态度、服务礼节礼貌、服务技能、服务效率、服务纪律等方面达不到酒店服务标准或客人的要求与期望，引起客人的投诉。

（三）酒店的食品及饮料的出品

此类投诉是指由于酒店食品及饮料出品方面出现的卫生及质量问题，如不清洁、过期变质、口味不佳等，引起客人的投诉。

（四）酒店安全状况

此类投诉是指客人在酒店因人身安全、财产安全或心理安全受到侵犯而投诉。

（五）酒店相应的规定及制度

此类投诉是客人由于对酒店的有关政策规定及制度产生不满而引起的投诉。

四、处理投诉的原则

（一）真心诚意帮助客人解决问题

处理客人投诉，"真诚"二字非常重要。应理解客人的心情，同情客人的处境，努力识别和满足他们的真心需求，满怀诚意地帮助客人解决问题。只有这样，才能赢得客人的信任和好感，才有助于问题的解决。酒店要制定合理、行之有效的有关处理投诉的规定，以便服务

人员在处理投诉时有所依据。自己不能处理的事,要及时转交上级,要有一个引导交接的过程,不能使投诉中出现"空白"和"断层"。有些简单的投诉,凡本人能处理好的,不能推诿和转移。否则,将会引起客人更大的不满。如果缺乏诚意,即便在技术上做了处理,也不能赢得客人的好感。

(二)绝不与客人争辩

处理客人投诉时,要有心理准备,即使客人采取过激的语言及行为,也一定要在冷静的状态下同客人沟通。当客人怒气冲冲前来投诉时,首先,应适当选择处理投诉的地点,避免在公共场合被投诉;其次,应让客人把话讲完,然后对客人的遭遇表示同情,还应感谢客人对酒店的重视。一定要注意冷静和礼貌,绝对不要与客人争辩。服务人员必须清楚,客人不是争论斗智的对象,酒店方永远不会因赢得争辩而获利,也不要试图说服客人,因为任何解释都隐含着"客人错了"的意思。态度鲜明地承认客人的投诉是正确的,能使客人的心理得到满足,尽快把客人情绪稳定下来,显示了酒店对客人的尊重和对投诉的重视,有助于问题的解决。

(三)不损害酒店的利益和形象

处理投诉时,应真诚地为客人解决问题,保护客人的利益,但同时也要注意保护酒店的正当利益,维护酒店的整体形象。不能仅仅注重客人的陈述,讨好客人,轻易表态,给酒店造成一定的损失,更不能顺着或诱导客人抱怨酒店某一部门,贬低他人,推卸责任,使客人对酒店的整体形象产生怀疑。对涉及经济问题的投诉,要以事实为依据,具体问题具体研究,既不使客人承受不应承受的经济损失,也不使酒店无故承担赔偿责任。仅从经济上补偿客人的损失和伤害不是解决问题的唯一有效办法。

在处理投诉时,既要一视同仁,又要区别对待。既要看投诉问题的情节,又要看问题的影响力,以维护酒店的声誉和良好形象。

五、投诉处理的基本程序和方法

(一)做好接待投诉客人的心理准备

为了正确、轻松地处理客人投诉,必须做好接待投诉客人的心理准备。

1. 树立"客人总是对的"的信念

一般来说,客人来投诉,说明酒店的服务和管理有问题,而且,不到万不得已或忍无可忍,客人是不愿前来当面投诉的,因此,首先要替客人着想,树立"客人总是对的"的信念,换一个角度想一想:如果你是这位客人,在酒店遇到这种情况,你是什么感觉?更何况,在酒店业,乃至整个服务业,提倡"在很多情况下,即使客人是错的,也要把'对'让给客人"。只有这样,才能减少客人的对抗情绪。这是处理好客人投诉的第一步。

2. 掌握客人投诉的三种心态

客人投诉通常有三种心态。一是求发泄:客人在酒店遇到令人气愤的事,有怨气,不吐不快,于是前来投诉。二是求尊重:无论是软件服务还是硬件设施出现问题,在某种意义上都是对客人不尊重的表现,客人前来投诉就是为了挽回面子,求得尊重。有时,即使酒店方面没有过错,客人由于心情不好,或是为了显示自己的身份或与众不同,也会投诉。三是求补偿：有些客人无论酒店有无过错，或问题是大是小，都可能前来投诉，其真正的目的并不在于事实本身，不在于求发泄或求尊重，而在于求补偿，尽管他可能一再强调"并不是钱的问题"。因此，在接待投诉客人时，要正确理解客人、尊重客人，给客人发泄的机会，不要与客人进行无谓的争辩。如果客人投诉的真正目的在于求补偿，服务人员要看看自己有无权力这样做，如果没有这样的授权，就要请上一级管理人员出面接待投诉客人。

（二）设法使客人消气

投诉的最终解决只有在心平气和的状态下才能进行，因此，接待投诉客人时，首先要保持冷静、理智，同时，要设法消除客人的怨气。比如，可请客人坐下慢慢谈，同时，为客人送上一杯茶水。此时，以下几点要特别注意，否则，不但不能消除客人的怒气，还可能使客人"气"上加"气"，出现火上浇油的效果。先让客人把话说完，切勿胡乱解释、争抢解释或随便打断客人的讲述。客人讲话时（或大声吵嚷时），要表现出足够的耐心，绝不能随客人情绪的波动而波动，不得失态。即使是遇到一些故意挑剔、无理取闹者，也不应与之争辩，或仗"理"欺人，而要耐心听取其意见，以柔克刚，使事态不致扩大或影响他人。讲话时要注意语音、语调、语气及音量的大小。接待投诉客人时，要慎用"微笑"，否则，会使客人产生"出了问题你还'幸灾乐祸'"的错觉。

（三）认真倾听客人投诉，并注意做好记录

客人的投诉要认真听取，勿随意打断客人的讲述或做胡乱解释。此外，要注意做好记录，包括客人投诉的内容、客人的姓名、房号及投诉时间等，以示对客人投诉的重视，同时也是酒店处理客人投诉的原始依据。

（四）对客人的不幸遭遇表示同情、理解和抱歉

在听完客人的投诉后，要对客人的遭遇表示抱歉（即使客人反映的不完全是事实，或酒店并没有过错，但至少客人感觉不舒服、不愉快），对客人的不幸遭遇表示同情和理解。这样，会使客人感觉受到尊重，自己来投诉并非无理取闹，同时也会使客人感到你和他站在一起，而不是站在他的对立面，从而可以减少对抗情绪。

（五）客人反映的问题立即着手处理

客人投诉最终是为了解决问题，因此，客人的投诉应立即着手处理，必要时，要请上级管理人员出面解决。

（六）强烈的回复意识

力争在20分钟内给予客人答复。注重结果，辅以过程说明。在接待和处理客人投诉时，要注意以下几点。

第一，切不可在客人面前推卸责任给其他部门和员工。在接待和处理客人投诉时，一些服务人员自觉或不自觉地推卸责任，殊不知，这样给客人的印象更糟，使客人更加气愤。结果，旧的投诉未解决，又引发了客人新的更为激烈的投诉，出现投诉的"连环套"。

第二，给客人多种选择方案。在解决客人投诉的问题时，往往有多种方案，为了表示对客人的尊重，应征求客人的意见，请客人选择，这也是处理客人投诉的艺术之一。

第三，尽量给客人肯定的答复。一些酒店管理人员认为，为了避免在处理客人投诉时，

使自己陷入被动,一定要给自己留有余地,不能把话说死。比如,不会说"十分钟可解决",而会说"我尽快帮您办"或"我尽最大努力帮您办好"。殊不知,有的客人最反感的就是没有明确的时间概念。因此,处理客人投诉时,要尽可能明确地告诉客人多长时间内解决问题,尽量少用"尽快""一会儿""等等再说"等时间概念模糊的字眼。如果确实有困难,也要向客人解释清楚,求得客人的谅解。

（七）对投诉的处理结果予以关注

接待投诉客人的人,并不一定是实际解决问题的人,因此客人的投诉是否最终得到了解决,仍然是个问号。事实上,很多客人的投诉并未得到解决,因此,必须对投诉的处理过程进行跟进,对处理结果予以关注。

知识链接：
酒店投诉处理
"五字诀"

同步案例

一美籍华人旅行团下榻某酒店,第二天上午8:00左右,该团的张女士急匆匆跑到大堂副理处投诉,说她的腰包不见了,内有现金600多美元。她非常肯定地说："我已经找遍了房间所有的地方和行李箱,都没有。记得很清楚是放在房间内的桌子上的,刚才我还看到有客房服务员进我的房间。"该团8:20要出发去景点,陪同在一旁也帮客人讲话,说非常着急,因为整车的客人都等着呢！

（资料来源：根据网络资料整理。）

阅读并思考：
1. 大堂副理该如何处理呢？
2. 此案例对酒店管理人员有何启示？

第三节 客史档案管理

案例引导

一天清晨,南方某大酒店餐饮部员工和往日一样准备着简短的班前会。会上,餐饮部主管特意把新员工小孙叫到她跟前说："Routh先生于昨晚入住我们酒店,他是我们的VIP。我为你今天的服务开一张简易的'服务处方',以便你在服务过程中满足客人的个性化需求：第一,早餐客人喜欢三文鱼配洋葱、磨豆咖啡和草莓果酱；第二,早餐时必须及时提供《南华早报》；第三,客人脾气不太好,切记注意服务方法、方式,客人生气时可能会讲粗话,请别计较……"对主管的布置,小孙一一记在心上。

半小时后,客人来用餐了。小孙按照主管的"服务处方",并结合实际情况,进行着细致、有针对性的服务。自始至终,小孙用实际行动为客人展示了近乎完美的服务,得到了客人的赞许。

（资料来源：根据网络资料整理。）

客史档案是针对不同客人的特点及住店情况,在酒店接待过程中形成的具有查考利用价值并按一定制度归档存查的一种专业档案。客史档案既是促进酒店销售的重要工具,也是酒店改善经营管理和接待服务工作的一项必要措施。

一、建立客史档案的意义

（一）有助于与客人建立良好的关系,更好地提供针对性服务

建立客史档案,是酒店了解客人,掌握客人的需求特点,从而为客人提供针对性服务的重要途径。根据客史档案,酒店可以在客人到达之前做好充分的准备,让每一位员工都熟悉即将到来的客人,了解客人的爱好和要求,提供更完善的服务。

（二）有助于减少客人投诉,提高服务质量

通过客史档案,酒店可以详细了解有关客人投诉的情况,并对投诉资料进行系统分析、总结,避免类似投诉的再次发生。

（三）有助于酒店进行客源市场预测、制定营销策略

客史档案也是酒店进行客源市场预测、制定相应的营销策略的重要依据,对酒店扩大客源市场、提高客房出租率和经济效益都起着重要作用。

二、客史档案的类型

（一）客人个人档案

客人个人档案主要包括以下内容。

1. 客人的常规情况

客人的常规情况包括客人的姓名、性别、年龄、出生日期、国籍、婚姻情况、地址、电话、单位、职务等。收集这些资料有助于酒店分析客源的基本情况,了解目标市场的基本情况,了解"谁是我们的客人"。

2. 客人的消费情况

客人的消费情况包括客人租用客房种类、房价、折扣、每天费用支出的数额、付款方式、所接受的服务种类及酒店从客人处获得的营业收入等。这些资料,有利于酒店了解每位客人的消费水平、支付能力及信用程度,同时还可获得客人对服务设施的要求、喜好、倾向、接受程度方面的信息。

3. 客人的入住情况

客人的入住情况包括客人入住的季节、月份,住宿时间,订房方式及预订渠道等,这些信息可以帮助酒店拓宽客源渠道,利于酒店改进广告和促销工作。

4. 客人的特殊信息

客人的特殊信息包括客人的旅行目的、个人爱好、生活习惯、宗教信仰和禁忌、特殊要求、接待规格、特殊事件及客人的签名等,这些信息可以帮助酒店为客人提供有针对性的服务,改进服务质量。

5. 客人的投诉资料

客人的投诉资料包括客人对酒店的意见和建议,以及客人在住店期间所发生的投诉种类、投诉原因、投诉处理情况及客人对投诉的满意程度等,这些信息有助于酒店提高对某些薄弱环节的重视,避免今后发生类似的事件。

(二)宴会客史档案

宴会客史档案的内容包括举行宴会、酒会、招待会的团体或个人的姓名,负责宴会安排者的姓名、地址及电话,每次宴会的详细情况记录,包括宴会日期、类别、出席人数、收费标准、宴会地点、宴会布置要求、额外服务、特殊情况、宴会后出席者的评估等。

(三)团队客史档案

团队客史档案的基本内容包括团队基本情况、组织单位基本情况两个方面。其中,团队基本情况要素为团队名称、团队负责人、来店次数、累计人数、平均留店时间、人均消费水平、具体要求(包括对会务、用餐、娱乐、客房等几个方面的具体要求)、对酒店的意见及评价、优惠价格、酒店接待者、是否为协议单位等。组织单位基本情况要素为单位名称、单位地址、单位联系电话、单位简介、单位域名、单位负责人等。

三、客史档案的建立

(一)建立渠道

客史档案的资料可以通过多方面的渠道获得,主要包括以下几方面。

1. 总台

在总台收集的客人信息主要通过客人的预订资料、入住登记表、账单以及对退房客人的问候式意见征询来完成。

2. 大堂副理

大堂副理通过客人投诉及处理结果的记录、客人意见征求书以及走访客人、与客人交谈沟通获取信息。

3. 客房、餐饮、娱乐等服务部门

通过客房、餐饮、娱乐等服务部门员工在对客服务时获得的信息、管理人员经常与客人交流、对客人意见的记录以及客人的账单与预订单,建立客人的消费档案。

4. 其他渠道

酒店还可以通过会员俱乐部申请登记表、贵宾卡申请登记表、金卡客人登记表等方式,进行散客信息收集。

(二)建立方法

传统的客史档案卡的建立是通过手工完成的,速度慢,工作量大,管理困难,调用不方便。计算机在酒店内的广泛应用,给客史档案的建立和使用提供了极大的方便。不仅输入速度快,扩大了客人的信息存储量,而且可以随时更改、修正及补充,需要时通过计算机可以随时调用资料,查找迅速方便,极大地提高了客史档案的使用效率。

四、客史档案的管理

(一)客史档案的归档

客史档案的管理应贯彻集中化和计算机化原则,并配有完善的反馈及更新机制。在办公自动化程度较好的酒店,客史档案归档整理具体流程经过收集者、部门文员、酒店客史档案管理中心三级。先由各区域收集者将信息每日传递给各部门文员,由文员汇总,整理后再传递给酒店客史档案管理中心,由管理中心统一设立酒店内部计算机信息查询台供各部门随时查阅。

(二)分类管理

为了便于客史档案的管理和使用,应对客史档案进行分类、排序管理,分类排序的标准如下。

1. 按客人重要性分类排序

按客人的身份、消费金额及住店次数等因素,确定客人的重要程度,将客人分为重点VIP、VIP、普通客人等。

2. 按客人来源分类排序

(1) 按国家分类:分为外国客人、国内客人。

(2) 按地区分类:可划分为欧美客人、亚洲客人、非洲客人和中国港、澳、台地区客人等。

(3) 按国籍分类:按客人所在国家进行分类。

(4) 按籍贯分类:按客人籍贯进行细分。

(三)有效运行

建立客史档案的目的是使其在有效运行中发挥作用,不断提高经营管理水平和服务质量。客人订房,如果是回头客,预订员应直接调用以往客史,打印客史档案卡,与订房资料一道存放,并按时传递给总台接待员;如果是首次订房,应将常规资料和特殊要求录入计算机,并按时传递给总台接待员。无预订客人抵店,如果是回头客,应在客人办理入住登记时调出该客人的客史档案,以提供个性化的服务;如果是第一次入店,总台接待应将相关信息录入计算机。对涉及客房、餐饮、康乐、保卫、电话总机等部门服务要求的,要及时将信息传递到位。同时也要注意收集和整理来自其他服务部门的客史信息。客人离店后,要将客人的客史档案进行更新、补充和完善。

(四)定期清理

针对客史档案的管理还应制定完善的反馈及更新机制,注重信息的及时性与准确性,重视日常检查,及时添加客人信息或者去除无用信息。酒店应每年系统地对客史档案进行一至两次的检查和整理,检查资料的准确性,整理和删除过期档案。对久未住店的客人档案予以清理前,最好给客人寄一份"召回书",以唤起客人对曾住过的酒店的美好回忆,做一次促销。

总之,客史信息的收集、过滤、整合、储存和使用是酒店优质服务的重要部分,信息就是力量,客史信息残缺不全、不能充分有效地利用,都意味着对客服务的落后。客史档案记录越全面,利用越充分有效,酒店提供的服务就会越周到,个性化服务就会更加温馨,客人的满意程度也会越高,从而建立酒店的忠诚客户,为酒店赢得效益。

本章小结

酒店对客服务具有整体性和系统性。前厅部作为酒店的"神经中枢",在信息的收集、整理、加工、处理、传递过程中,承担着十分重要的职能,对沟通协调各部门的对客服务及高效运行,起着十分重要的作用。在我国,三星级以上的酒店一般都设有大堂副理,他们主要直接处理出现在各部门的服务质量问题和客人投诉问题。关于客人的投诉,应看到积极影响和消极影响两方面,在处理的过程中应遵循真心诚意帮助客人解决问题,绝不与客人争辩,不损害酒店的利益和形象的原则,按听、记、析、报、答的基本程序进行。

同时,对于那些力图搞好市场营销,使服务工作更有成效的人来说,客史档案是一个重要的工具。客史档案的有关资料主要来自客人的订房单、住宿登记表、账单、投诉及处理结果记录、客人意见簿及其他平时观察和收集到的有关资料。无论是从竞争的需要还是从现实的硬件条件来看,建立客史档案都是十分必要而又力所能及的。

关键概念

投诉　客史档案

复习思考题

1. 复习题

(1) 前厅部信息管理的内容和基本要求是什么?

(2) 分析前厅部与其他部门信息沟通存在的主要问题、原因及纠正方法。

(3) 处理客人投诉的原则和程序是怎样的?

(4) 建立客史档案的意义是什么?

(5) 客史档案有哪些类型?

2. 思考题

> 由于酒店迎来送往的客人数以万计,而他们的要求和特点又五花八门,令接待员感到应接不暇,能按程序和规范要求做好接待工作就已经不错了,至于还要充分照顾到客人的个性化需求,则是心有余而力不足了。你认为怎样才能使服务工作做到有的放矢呢?

◇ 案例分析

客史档案的重要性

◇ 实训操练

1. 角色扮演,模拟客人投诉及投诉的处理。
2. 收集客史档案的各类表单,并根据表单的内容,以身边的老师、同学或亲人为对象,完成客史档案上的各项内容。

◇ 进一步阅读推荐

1. 康键,郑兆红,咸奎桐,等.有效处理投诉 提高顾客满意:GB/T 19010/19012/19013 解读[M].北京:中国标准出版社,2014.
2. 张川,郭庆.以客户为中心:服务重塑酒店竞争力[M].北京:人民邮电出版社.2020.

第六章

房价与销售管理

学习目标

了解客房价格的构成,熟悉现代酒店业常用的计价方式以及房价的种类体系,掌握常用的客房定价方法与价格策略;理解客房主要经营统计指标的内涵并掌握其计算方法;了解客房销售的基本要求、基本程序,掌握客房销售的主要技巧并能灵活运用。

第一节 客房价格管理

案例引导　　房价暴涨

近年来,从"考研房"到"考公房","逢考必涨"的现象愈演愈烈。据悉,上海多家大学附近的酒店考研时间段的房间供不应求,随着需求量的不断增加,价格也是水涨船高。有的酒店房价前一日只要200多元,考研时间段的房价一夜之间涨到1700多元。酒店工作人员坦言,并非只有他们单独提价,基本上考点周围几公里的酒店都是如此。据调查,这些大学周边大部分酒店房价平日大约在300元,入住日期改为考研时间时,价格上升至588元到737元不等。其实不仅是考研,在中考、高考及公务员考试期间,考点附近的酒店客房价格都会上涨,价格如果暴涨的话,是否已经涉嫌触犯了法律?

究其原因,就是一些酒店吃准多数考生在特殊时间点的住宿刚需。酒店拥有自主定价权,可以根据订房率高低、市场淡旺季等因素灵活调整客房单价。考公考研之际,酒店客房供不应求,价格上涨也是市场规律使然。可以说,逢考必涨是市场经济。但自主定价不是任性赚钱,也不是随意涨价。一方面,花式毁约、强制退订、出售非经营性空间……一些酒店的行为明显与法有悖,抛弃了契约精神、诚信原则,影响消费者自主选择、公平交易等权利的实现。另一方面,我国价格法、合同法、反垄断法等相关法律中,都有类似反暴利的规定。一些区段的酒店默契配合、哄抬价格,推动周边酒店客房价格过高上涨,均已涉嫌违法。由此而言,逢考暴涨就是宰客经济。

法律界人士认为,与旅游酒店实行淡旺季定价机制不同,"考研房"并不能通过价格分流平衡或调节客源,因为考研的时间是确定的,考生没有选择,所以说"考研房"具有刚性需求的特点,大幅度提价不仅不能调节需求,反而有违公平交易的原则。在我国,法律明确规定,如果生产成本或者进货成本没有发生明显变化,以牟取暴利为目的,大幅度提高价格的话,就可以视为哄抬价格。对于这些酒店可以进行要求责令改正,没收违法所得,甚至可以进行五倍以下的罚款,停业整顿,甚至吊销营业执照。酒店在考研期间客房价格上涨的情况,从市场经济的角度上说,商家可以根据市场供求关系的变化适当调整价格,但涨价幅度应当在一个合理范围,而不是漫天要价。

(资料来源:根据网络资料整理。)

一、房价的概念及构成

(一) 房价的概念

本书认为酒店客房是以夜为时间单位向客人提供服务的住宿设施。房价是指客人住宿一夜所应支付的住宿费用,它是客房商品价值的货币体现。

(二) 房价的构成

酒店客房商品的价格由客房直接成本、费用、税金和利润构成。

客房产品直接成本包括土地价格(包括附加费用)、建筑成本、设施设备(包括固定资产和周转品、一次性用品等)成本、装饰装修费等。

费用包括人工成本(包括工资、培训费、服装等)、管理费用、经营费用(如设计费、广告费、开业招待费等)、财务费用、保险费等。

税金包括营业税、城建税、教育附加税等。

利润包括所得税和利润。

二、房价的种类与计价方式

(一) 酒店房价的种类

酒店客房的价格类型是多样的,按接待对象、时间等划分标准的不同,可以分为多种类型。常见的主要有以下几种。

1. 标准房价

标准房价,也称为门市价、散客价或公布房价,即牌价,是由酒店管理部门制定的,价目表上明码标明的各类客房的价格。这种价格未含任何折扣或附加服务费用。

2. 追加房价

追加房价是在公布房价基础上,根据客人住宿情况,另外加收的房费,即指正常房价之外增加的房价,包括以下几类。

(1) 逾时租金,也称为白天房价,是酒店向客人收取白天租用客房的价格,一般是客人一天住宿时间不超过6小时的收费标准。通常应用于下列三种情况:一是客人凌晨抵店;二是离店超过酒店规定时间;三是入住与退房发生在同一天。

(2) 加床费,在客房中增加床位而增加的费用。

(3) 深夜房价,酒店在客人零点以后进入房间所收取的房费。

(4) 保留房价,订房后未到或其他原因需要保留客房,所支付的房费。

(5) 计时房价,也称为钟点房价,酒店推出按小时计算客房租金的房价。

3. 特别房价

特别房价是根据酒店的经营方针及其他原因,对公布价格做出的各种折扣价格,常见的有以下几类。

(1) 团队价,是酒店为吸引大批团队客人以保证基本客源而制定的折扣价格,其目的在于大量销售客房,确保酒店长期、稳定的客源,保持较高的客房出租率。团队价可根据团队的重要性、客源的多少以及淡旺季客房利用率的不同情况来确定。

(2) 家庭价,是酒店为携带儿童的家庭制定的房价。

(3) 小包价,酒店为客人提供的综合报价。小包价除包含住宿费外,还可能包含餐费、洗浴费、洗衣费、交通浏览费等其他费用(可以包含其中一个或几个项目),以方便客人。

(4) 优惠折扣价,酒店为有特殊关系的客人,提供的有一定比例的折扣或其他优惠条件的价格。一般以百分比标明的是折扣房价,以价格标明的是优惠价。酒店执行优惠折扣价主要有以下几种情况:一是根据客源输送单位提供的客源量和在店消费量提供的优惠;二是同业者之间的优惠;三是老客户或重要客户的优惠;四是鼓励客户大量购买客房产品的折扣优惠。

(5) 免费,为了推动酒店业务活动,促进客房销售,建立良好的公共关系,酒店在互利互惠的原则下,为某些特殊的客人提供免费的待遇。免费的范围除免房费外,还可包括餐费及其他消费费用。酒店实行免费并不普遍,操作过程中有严格的审批要求,只有得到规定级别管理人员的批准后,才能实施。

(6) 淡季价或旺季价,在营业淡季或旺季,为了提高经济效益而采用的房价策略。旺季价一般是在标准价的基础上上浮一定的百分比,淡季价一般是在标准价的基础上下调一定的百分比。

4. 商务合同房价

酒店与有关公司或机构签订合同,并按合同规定向对方客人以优惠的价格出租客房。房价优惠的幅度视对方能够提供的客源量及客人在酒店的消费水平而定。

(二) 酒店的计价方式

酒店的计价方式,是为了方便散客和团体客人预订酒店而设计的以住宿费为基础的不同计价方式。国际上通用的主要有以下几种方式。

1. 欧式计价(简称 EP)

欧式计价是指酒店标出的客房价格只包括客人的住宿费用,不包括其他服务费用的计价方式。这种计价方式源于欧洲,因此称为欧式计价,为大多数酒店所采用。

2. 美式计价(简称 AP)

美式计价是指酒店标出的客房价格不仅包括客人的住宿费用,而且还包括每日三餐的全部费用,因此,又称为全费计价。这种计价方式适用于远离城市的度假型酒店或会议型酒店或团队客人。

3. 修正美式计价(简称 MAP)

修正美式计价是指酒店标出的客房价格包括客人的住宿费和早餐、午餐(或晚餐)两餐的费用。这种计价方式适合普通游客,多用于旅行社组织的旅游团队。

4. 欧陆式计价(简称 CP)

欧陆式计价是指酒店标出的客房价格包括客人的住宿费和欧陆式早餐的费用。欧陆式早餐主要包括冻果汁、烤面包、咖啡或茶等。

5. 百慕大计价(简称 BP)

百慕大计价是指酒店标出的客房价格包括客人的住宿费和美式早餐费用。美式早餐除含欧陆式早餐的内容以外,通常还包括火腿、香肠、咸肉等肉制品和鸡蛋等。

三、常用的客房定价方法

(一)以成本为中心的定价法

以成本为中心的定价法是以酒店经营的成本为基础来制定客房产品价格的方法,成本加上酒店盈利就是客房产品的价格,主要有以下方法。

1. 千分之一法

千分之一法是根据客房造价来确定房间出租价格的一种方法,又称为建造成本定价法,即根据建筑总成本来制定房价的方法,属于经验法,所以又称为经验定价法。计算公式为:

平均房价=(酒店总成本/客房数)×1‰

酒店建造的总成本包括两部分:一是指建材、设备、用具等的费用;二是指建造酒店所耗用的技术费用、人工费用等。

例 6-1 某酒店拥有 300 间客房,总造价 9000 万元,按照建造成本定价法确定房价。

平均房价=(酒店总成本/客房数)×1‰=(90000000/300)×1‰=300(元/间天)

千分之一法,是人们在长期的酒店经营管理实践中总结出来的一般规律,可以用来指导酒店尤其是新建酒店的客房定价,判断酒店现行房价是否合理。

这种定价方法非常简单,管理人员可以迅速地做出价格决策,但是,其科学性和合理性受到以下两个条件的制约。

(1)酒店客房的类型、面积、设施设备的豪华程度等基本相同。

(2)酒店客房、餐饮及娱乐设施等规模和投资比例适当,即酒店的餐饮和娱乐设施主要用来满足住店客人的需求。否则,如果酒店的餐饮和娱乐设施的目标市场是针对社会大众,则酒店在餐饮和娱乐设施方面的投资比例将大大增加,客房方面的投资比例则相应缩小,这样按照总投资额和客房数计算的平均房价会增加,这时,按照千分之一法制定的房价显然是

不合理的。

另外,由于千分之一法只考虑了酒店客房的成本因素,而没有考虑酒店的实际经营费用、供求关系及市场竞争状况,因此,据此制定的客房价格只能做参考,酒店经营管理人员应在千分之一法制定的房价的基础上,结合当时当地的市场供求关系及竞争状况加以调整,这样的房价才具有合理性、科学性和竞争性。

2. 目标收益定价法

目标收益定价法也称为赫伯特定价法或赫伯特公式,是由美国酒店和汽车酒店协会主席罗伊·赫伯特主持发明的。它是另一种以成本为中心的定价方法,是以目标投资回收率作为定价的出发点,在已确定计划期各项成本费用及酒店利润指标的前提下,通过计算客房部应承担的营业收入指标,最终确定房价。计算公式如下:

计划平均房价=年客房预计销售额/年客房预期销售量

年客房预计销售额=酒店总投资×目标投资回收率+酒店企业管理费用
+客房经营费用-客房以外其他部门经营利润
=酒店合理投资收益额+酒店预计总营业费用
-客房以外其他部门经营利润

年客房预期销售量=可供出租客房数×预计出租率×年天数

这种方法需要对酒店各种经营费用、经营成本和非客房部门的营业收入进行预测,才能得出客房部要求达到的收入额。

例 6-2 某酒店有客房 120 间,全年营业费用为 350 万元,税收和保险费为 40 万元,折旧费为 160 万元,合理投资收益额为 300 万元,客房以外其他部门经营利润为 96 万元,预计年平均出租率为 70%,试计算该酒店的平均房价。

根据赫伯特公式:

计划平均房价=年客房预计销售额/年客房预期销售量
=(酒店合理投资收益额+酒店预计总营业费用-客房以外其他部门
经营利润)/(可供出租客房数×预计出租率×年天数)
=(3000000+3500000+400000+1600000-960000)/(120×70%×365)
=246(元/间天)

利用赫伯特公式制定房价,关键在于合理规定投资报酬率和预测出租率。从公式中我们可以看出,平均房价与投资报酬率成正比,与预测的出租率成反比。房价制定是否合理,取决于这些相关数据的预测或假设的准确性,这就要求具有全面、准确的预测资料和其他原始资料。

该方法比千分之一法更加合理,因为在设计公式时充分考虑了酒店利润目标、经营费用、经营成本和非客房部的营业收入,将制定房价中的相关因素做了综合考虑。但也存在某些缺点,具体如下。

(1) 公式中的各种相关因素是估算或假设得出的,计算的房价将取决于这些数据的正确性和有效性。

(2) 酒店各部门的营业费用全部让客房部分担,客房部为此必须承担其他部门的盈亏负担。事实上,用缺乏竞争力的高房价来弥补其他部门的低效率是不合理的,而其他部门的高盈利也不应成为制定过低房价的基础。

(3) 过分注重企业经营成本和利润需要,而没有考虑市场需求和客人心理。

3. 盈亏平衡定价法

盈亏平衡定价法,也称为保本点定价法,是根据盈亏平衡点原理来定价的一种方法,是指酒店在既定的固定成本、平均变动成本和预计客房销售量的条件下,实现销售收入与总成本相等时的房价,也就是酒店收支平衡时的客房价格。计算公式为:

盈亏平衡点客房价格＝每间客房分摊固定成本＋客房单位变动成本

每间客房分摊固定成本＝全年成本总额/全年销售客房数

＝全年成本总额/(酒店客房数×客房出租率×365天)

例6-3 某酒店拥有客房400间,据测算,每间客房分摊的固定成本为150元,每间客房的单位变动成本为40元,酒店的年平均出租率为70%,酒店制定何种房价才能使酒店盈亏平衡?

用盈亏平衡定价法来计算如下:

盈亏平衡点房价＝(全年成本总额/全年销售客房数)＋客房单位变动成本

＝(400×150×365)/(400×365×70%)＋40＝254(元/间天)

计算结果表明,酒店的平均房价若定为254元,则酒店不亏也不盈,适当高于这个价格才能盈利。

注意该成本总额包括固定成本、费用和税金等,即除利润之外的所有支出。

4. 客房面积定价法

客房面积定价法是通过确定客房预算总收入来计算单位面积的客房应取得的收入,进而确定每间客房应取得的收入来进行定价的一种方法。

这种计价法是根据客房的出租面积来确定平均房价的,具体做法分三步:第一,计算客房出租总面积;第二,预计客房出租率;第三,预计客房部平均营业收入。计算公式如下:

客房价格＝(客房预算总收入×某间客房面积)/(客房总面积×计划期天数
×预计计划期客房出租率)

例6-4 某酒店客房总面积为4800平方米,预计明年客房总收入为1500万元,预计客房出租率为80%,那么,面积为24平方米的客房价格应为多少?

客房价格＝(客房预算总收入×某间客房面积)/(客房总面积×计划期天数
×预计计划期客房出租率)

＝(15000000×24)/(4800×365×80%)＝257(元/间天)

这种方法确定的房价主要受客房预计收入的影响,所以预计的客房收入准确与否,决定了这种方法是否科学合理。如果预算收入高,则房价也高,但如果市场不接受,或预算收入低,则会给酒店经营和预期利润率带来负面影响。因此,酒店经营者必须在确定包括客房营业收入在内的经营指标时从实际出发,并参考以往的经营业绩和酒店发展潜力,慎重决定。

5. 加成成本定价法

此种定价方法也称为成本基数法,其基本定价方法是按客房产品的成本加上若干百分比的加成额进行定价。计算公式为:

客房价格＝每间客房总成本×(1＋加成率)

按照这种定价方法,酒店客房价格可分三步来确定。

(1) 估算单位客房产品每天的变动成本。

(2) 估算单位客房产品每天的固定成本。

单位客房每天固定成本＝全部客房全年固定成本总额/(客房数×365×出租率)

(3) 单位变动成本加上单位固定成本就可获得单位产品的全部成本。全部成本加上成本加成额，就可获得客房价格。

例 6-5 某酒店有客房 500 间，客房出租率预计为 80%，全年客房固定成本总额为 4380 万元，客房单位变动成本为 100 元，预期利润率为 20%，营业税率为 5%，计算房价。

单位客房每天固定成本＝全部客房全年固定成本总额/(客房数×365×出租率)
　　　　　　　　　　＝43800000/(500×365×80%)＝300(元)

客房价格＝[(单位变动成本＋单位固定成本)×(1＋利率)]/(1－营业税率)
　　　　＝[(100＋300)×(1＋20%)]/(1－5%)＝505(元/间天)

(二) 以需求为中心的定价法

以成本为中心的定价方法的一个共同缺点，是忽视了市场需求和竞争因素，完全站在企业角度考虑问题，而以需求为中心的定价方法却是以市场导向为指导，从客人的需求出发，根据客人对客房商品的需求程度和对其价值的认识程度来定价。

1. 理解价值定价法

所谓理解价值，也称感受价值、认知价值，是指消费者对某种商品价值的主观判断。理解价值定价法就是以消费者对商品价值的理解度为定价依据的一种方法。

这种定价方法认为，一种商品的价格、质量及服务水平等在客人心目中都有一个特定的理解。当商品价格和客人的认识理解水平大体一致时，客人才会接受这种价格，反之，如果定价超过了客人对商品的理解价值，客人是不会接受这个价格的。

理解价值定价法的关键是酒店要对来此消费的客人理解的相对价值有正确的估计和判断，如果酒店对客人的理解价值估计过高，定价就会出现失误，因而导致客人产生酒店客房产品价格高于其价值的印象，最终致使客房出租率下降，客房经营不能实现应有的经济效益。反之，若酒店低估了客人的理解价值，其定价就可能低于应有的水平，使客房部收入减少。

因此，酒店必须通过广泛的市场调研，了解客人的需求偏好，根据酒店客房产品的性质、质量、品牌、服务等要素，判定客人对本酒店客房产品的理解价值，制定客房的初始价格。然后，在初始价格条件下，预测可能的销量，分析目标成本和销售收入，在比较成本与收入、销量与价格的基础上，确定该定价方案的可行性，并制定最终价格。

理解价值定价法的关键是如何测定理解价值，通常采用的方法有以下三种。

(1) 直接评议法。邀请客人或中间商等，直接进行评议。

(2) 相对评分法。对多家酒店的客房产品进行评分，再按分数的相对比例和现行平均市场价格，计算出客房产品的理解价值。

(3) 诊断评议法。分别对客房产品的功能、朝向、楼层、位置、服务、酒店信誉等方面进行评分，再汇总找出客房产品的相对理解价值。

2. 区分需求定价法

区分需求定价法也称为需求差异定价法，或差别定价法，是指产品价格的确定以销售的对象、时间、地点的不同而产生的需求为依据，根据差异，对相同的产品采用不同价格的定价方法。它是根据客人对同一客房产品的效用评价差别来制定差别价格，在这里，同一产品的价格差异并不是因为产品成本的不同而引起的,而主要是由消费者需求的差异所决定的,主要有以下几种。

（1）同一客房产品因不同客人的差别定价。例如同一酒店的客房价格,因散客、团队客人、家庭客人可以有一定的差异。

（2）同一客房产品在不同位置的差别定价。例如同一类型的客房,由于所在楼层的高低或不同的朝向、采光和室外景色,可以制定不同的房价。同样星级的酒店,接近交通线路、旅游景点或商业中心,其客房价格可以定得高些。尽管同一类型的客房实际成本几乎是一样的,但是因为客人对客房的位置等因素的偏好程度不同,其客房价格也可不同。

（3）同一客房产品在不同时间的差别定价。在我国,大部分酒店的销售都有一定的季节性,酒店可以根据不同的销售时间,制定不同的客房价格。如淡季与旺季的价格不同,周末与平时的价格不同。

（4）同一客房产品增加微小服务的差别定价。客房增加若干服务项目后的价格要高些,如每天送一束鲜花可提高价格。

实施区分需求定价法应当注意以下几点：一是价格的平均水平不应低于运营成本加成法制定的价格水平；二是需求市场必须能够被细分,并且在不同的细分市场上能反映不同的需求程度；三是分割市场和控制市场的费用不能超过区分需求定价法所能增加的营业收入；四是差别定价不能引起客人的反感,要符合客人的效用价值评估。

3. 声望定价法

酒店企业有意识地把某些客房产品的价格定得高些,以此来提高客房产品和酒店企业的档次与声望,这种定价法称为声望定价法。这种定价法的依据在于,客人经常把价格高低看作产品质量的标志,同时,有一部分客人把购买高价产品作为提高自己声望的一种手段。例如,一些高星级酒店常有一套或几套价格很贵的客房,如总统套房、豪华套房,以此来提高整个酒店的档次与声望。

4. 分组定等定价法

分组定等定价法是指酒店根据客房的细微差别,对客房分级定等,分成几档,制定不同的价格,以吸引对房价有不同需求的不同客人。这样标价,可以使消费者感到各种价格反映了产品质量的差别,并可简化他们购买商品的过程。

分级定等时,级数不宜过多。一般来说,300间客房以下的酒店有三种房价即可,300间客房以上的酒店常有较多不同类型和大小的房间。

房价的分布应当和统计学中的正态分布差不多,由五种房价组成的价格结构为：40%的客房的价格为平均房价,20%的客房价格应当高于平均房价,另外20%的客房价格应低于平均房价,剩下的客房,10%应是最高房价的客房,10%为最低房价的客房。由三种房价组成的房价结构中,价格应按客房总数的20%、60%、20%分布。把占客房总数60%的房间的价格定为平均价格,这样的房价结构可使酒店处于有利竞争地位。酒店可以把最低房价定得比竞争对手低,但同时又可制定高于竞争对手的最高房价,这样的房价结构,更能满足不同客人的需求。

要使这种房价结构取得成功,各种等级的客房面积、家具、位置、方向应有明显的区别,以便使客人相信,这些不同等级的房价是合理的。同时,分组定等定价时,档次的差别不宜太大,也不宜过小。

(三) 以竞争为中心的定价法

如果酒店业的竞争异常激烈,酒店定价时就会把竞争因素放在首位,这样就形成了不同的以竞争为中心的定价法。

1. 随行就市定价法

随行就市定价法,是以同档次酒店的平均房价作为定价的依据,制定本酒店的客房价格的方法。

这种方法主要有两种形式,第一种是以酒店业平均价格水平或习惯定价水平,作为酒店定价标准。在酒店成本难以准确估算、竞争者的反应难以确定时,酒店会感到"随行就市"是唯一的也是最明智的选择。因为这种做法反映了行业中所有企业的集体智慧,这样定价既能获得合理的收益,也能减少因价格竞争带来的风险。第二种是追随"领袖企业"价格,酒店定价不依据自己的成本和需求状况,而是与"领袖企业"保持相应的价格水准,目的是保证收益和减少风险。

2. 率先定价法

率先定价法是指酒店经营者根据市场竞争环境,率先制定出符合市场行情的价格,以吸引客人而争取主动权。在激烈的市场竞争中,特别是市场需求表面停滞而潜在增长的情况下,谁率先制定出符合市场行情的产品价格,谁就拥有了占领市场的有力武器,也就拥有了竞争取胜的基础。

3. 排他性定价法

排他性定价法是指完全排除竞争对手的定价,不考虑别人,自己定价。如果说随行就市定价法是防御性的,那么排他性定价法则是进攻性的。排他性定价法有两种具体方法,分别如下。

(1) 绝对高价。酒店客房产品的价格绝对高于市场同类产品的价格,以绝对高价排除竞争对手,实行贵族化经营思路。这种定价,要求产品独特,无人比拟。

(2) 低价。以较低价格排挤竞争对手,争夺市场份额。具体也有两种类型。

①绝对低价法。酒店客房产品价格绝对低于同种产品的价格,这样可以争取更广泛的客人,排挤竞争对手,还可以使一些参与竞争的企业望而生畏,放弃参与竞争的念头。绝对低价一般适用于老企业在收回投资后,为占领市场而采用。

②相对低价法。适当降低某些优质高价的客房产品价格,缩小优质产品与一般产品的价格差异,以促使档次或服务质量较差的酒店降低价格或放弃竞争。

4. 边际效益定价法

边际效益,即效益最大化的边际。根据盈亏平衡原理,当产销量为 $Q_0 = F/(P-C_v)$ 时,则达到盈亏平衡。

其中,Q_0 为保本点销量,F 为固定成本,P 为单价,C_v 为单位变动成本。

式中分母 $P-C_v$ 表示产品单价减去单位变动成本的余额,称为边际效益或边际收入,其作用是补偿固定成本。当产销量达到盈亏平衡点时,$Q_0(P-C_v)=F$,说明全部固定成本已补偿完毕,因而企业收支平衡;当 $Q_0(P-C_v)>F$ 时,说明企业有盈余。由于边际效益$=P-C_v$,因此,只要 $P-C_v>0$ 或边际效益大于零时,每多出售一间客房,就能对固定成本有所补偿。这样,在竞争激烈,客房出租率较低时,酒店可以考虑把 $P-C_v$ 作为定价原则。

例 6-6 某客房单位固定成本为 400 元,单位变动成本为 100 元,公布房价为 720 元,时值销售淡季,客房出租率只有 35%,某客人要求以 50% 折扣预订客房,能否接受客人要求?

从表面上看,客房单位总成本为 400＋100＝500(元),如按 50% 折扣即 360 元出售,酒店要亏损 140 元。但进一步分析成本结构,就会发现,每间客房每天变动成本仅为 100 元,按 360 元出售,酒店可获得 260 元边际效益。在客房出租率较低时,按 $P-C_v$ 定价原则进行分析,接受客人要求比不接受有利。

由此可见,采取边际效益定价法,可减少损失,保证市场,争取扭转局势的时机。边际效益定价法也规定了客房价格最低限制,即不能低于单位产品的变动成本:$P>C_v$。

第二节 客房经营统计分析

案例引导

表 6-1 是 2020 年度全国星级酒店主要指标前十名地区统计表。

表 6-1　2020 年度全国星级酒店主要指标前十名地区统计表

地区	平均房价/(元/间夜)	地区	平均出租率/(%)	地区	每间可供出租客房收入/(元/间夜)	地区	每间客房平摊营业收入/(千元/间)	地区	全员劳动生产率/(千元/人)	地区	人均实现利润/(千元/人)
上海	603.04	湖南	49.27	海南	234.70	上海	195.61	上海	267.98	海南	21.78
北京	528.14	海南	44.81	上海	221.31	江苏	167.62	北京	217.50	贵州	−1.45
海南	523.81	四川	44.04	北京	166.73	北京	149.43	江苏	204.85	福建	−4.54
天津	387.06	福建	43.72	江苏	147.68	浙江	143.09	浙江	203.50	甘肃	−4.56
广东	383.13	江苏	41.90	四川	146.64	海南	134.92	海南	192.69	新疆兵团	−5.46
江苏	352.46	浙江	41.72	广东	145.77	广东	128.62	广东	169.89	云南	−6.13
四川	332.97	河南	40.84	福建	144.46	福建	120.89	贵州	163.60	江苏	−6.49
福建	330.42	新疆兵团	40.84	浙江	137.19	山东	120.63	福建	157.81	江西	−8.83
浙江	328.85	广西	40.52	天津	130.43	天津	104.99	天津	157.52	陕西	−9.44
重庆	319.66	贵州	40.44	重庆	128.00	湖南	100.89	山东	153.97	青海	−9.58

(资料来源:中华人民共和国文化和旅游部,2020 年度全国星级饭店统计报告。)

在酒店客房经营过程中,涉及众多经营指标,这些经营指标反映了酒店客房的经营状况。对客房主要经营指标进行分析,即对客房经营状况进行统计分析,目的是对房价进行检验。通过对经营统计状况的分析,来判断房价是否合理,是否能够使酒店实现客房效益最大化,从而达到检验房价制定与调整是否合理的目的。

前厅部作为酒店经营活动的中心和信息中心,要利用经营与服务过程中所获得的统计资料,分析研究客房商品经营状况和对策,这也是前厅管理的重要内容之一。

一、客房出租率

客房出租率是指酒店已出租客房数在可供出租客房总数中所占的比例。计算公式如下:

客房出租率=已出租客房数/可供出租客房数×100%

客房出租率是反映酒店经营状况的一项重要指标,它反映酒店客房利用的水平,比值越大,说明实际出租客房数与可供出租的客房数之间的差额越小,说明酒店的客源市场充足。

显而易见,酒店要获得更多的盈利,必须扩大客房销售,提高客房出租率。但是客房出租率并非越高越好。长期追求高出租率会使设施设备超负荷使用,得不到必要的保养维修,将出现功能、质量下降、寿命缩短等问题。同时,常年过高的客房出租率,会使员工被牢牢固定在工作岗位上,会产生工作疲劳,且无暇参加培训,造成服务质量下降。另外,100%的客房出租率也不利于突发事件、紧急情况下房间的调剂使用等。因此,酒店要想严格控制质量,在市场竞争中保持长久的实力,就必须有意识地控制客房使用,为客房维修和全面质量控制创造机会。

客房收入是酒店经济收入的主要来源,所以,客房出租率是酒店经营管理中所要追求的重要经济指标,它直接关系到酒店的盈亏状况。为此,酒店的盈亏百分线也是以客房出租率来表示的,即保本出租率。

所谓保本出租率是指酒店实现销售收入与总成本相等时的客房出租率,即酒店收支平衡时的客房出租率。保本出租率对酒店的经营管理也有着重要的指导作用。计算公式如下:

保本出租率=保本营业额/(平均房价×可供出租客房间天数)×100%

保本营业额=固定成本总额/(1−变动成本率−税率)

例6-7 某酒店共有客房200间,年固定成本1000万元,变动成本率为10%,营业税税率为5%,当年客房的平均房价为300元,计算保本出租率。

保本营业额=固定成本总额/(1−变动成本率−税率)
=10000000/(1−10%−5%)=11764706(元)

保本出租率=保本营业额/(平均房价×可供出租客房间天数)×100%
=11764706/(300×200×365)×100%=53.7%

如果酒店的客房出租率低于53.7%,酒店就会亏损;若高于53.7%,酒店就可能盈利。

二、客房销售效率

客房销售效率是指客房实际销售额占酒店全部客房牌价销售总销售额的比例。计算公式如下:

客房销售效率=客房实际销售额/全部客房牌价销售总销售额×100%

例 6-8 某酒店拥有可出租客房 270 间,其中,单人间 50 间,房价 240 元,标准间 180 间,房价 420 元,普通套间 30 间,房价 750 元,豪华套间 10 间,房价 1080 元。某日客房收入额合计为 72000 元,试计算客房销售效率。

客房销售效率＝客房实际销售额/全部客房牌价销售总销售额×100%
　　　　　　＝72000/(50×240＋180×420＋30×750＋10×1080)×100%
　　　　　　＝59.6%

客房销售效率是以价值量表示的客房出租率,在客房经营统计分析中,它比单纯以数量变化得出的客房出租率更完善、准确。它不仅能反映客房销售数量的多少,还反映了客房平均销售价格的高低,以及客房销售类型结构的变化等因素,因而更能体现出客房销售的实际效果。由此可见,在客房销售中,前台工作人员在销售客房时应尽可能销售高价客房,这样可提高客房销售效率,在保证出租率不变的情况下,可提高酒店收益。

为了更好地确定销售目标,准确分析并预测销售状况,可以将客房出租率与客房销售效率结合运用。

三、客房双开率

在酒店出租的客房中,有些客房是单人租住,有些是双人租住,这两种情况所产生的成本费用和效益是不同的,因此了解客房的双开情况,更有利于全面、科学、正确地反映客房出租情况及由此产生的经济效益。

客房双开率是指已出租的客房中,双人使用的房间数所占的比例(两位客人同住一个房间的房间数占所出租房间总数的百分比)。计算公式如下:

客房双开率＝双人使用的房间数/已出租客房总数×100%
双人使用的客间数＝客人总数－已出租房间数

例 6-9 某酒店下榻客人数为 390 人,当日出租客房数 280 间,其客房双开率为多少?

客房双开率＝双人使用的房间数/已出租客房总数×100%
　　　　　＝(390－280)/280×100%＝39.3%

客房双开率指标可以反映客房的利用状况,是酒店增加收入的一种经营手段,其前提是一个房间(单价间除外)划出两种价格,比如,一个标准间住一位客人时,房价 300 元,住两位客人时每位只收 200 元,这样,客人可以节省 1/3 的房费开销,而酒店又增加了 1/3 的收入,同时,酒店的劳动成本的增加却很小。

需要注意的是,客房双开率与客房出租率配合使用才有意义。在客房出租率一定的情况下,客房双开率越高,反映酒店的经济效益越好,如果在酒店待出租房间多而客人有限的情况下,总台接待员应注意提高开房率,否则,在这种客房状况下,增加双开率,只会降低经济效益。

事实上,在旺季提高客房双开率,对于双开房的房价给予特殊的定价策略,是酒店招徕客人、提高客房利用率、增加客房收入水平的重要手段。

四、已出租客房平均房价(实际平均房价)

已出租客房平均房价(实际平均房价)是指客房总收入与已出租客房数(实际出租客房

数)的比值。计算公式如下：

$$已出租客房平均房价 = 客房总收入 / 已出租客房数$$

例 6-10 某酒店某日客房总收入为 36000 元，当日出租的客房总数 150 间，实际平均房价是多少？

$$实际平均房价 = 客房总收入 / 已出租客房数 = 36000/150 = 240（元）$$

实际平均房价是酒店经营活动分析中仅次于客房出租率的第二个重要指标。实际平均房价的高低直接影响酒店的经济效益。影响实际平均房价变动的主要因素是实际出租房价、客房出租率和销售客房类型结构。

酒店的实际出租房价与门市价有较大的差别，由于优惠、折扣、免费住宿等，会使实际出租房价低于门市价，有时会低得多，只有在经营旺季执行旺季价时，才会接近甚至高于门市价。

实际上，只谈已出租客房的平均房价，是没有意义的，只有与客房出租率结合使用，才能反映酒店经济效益。

实际平均房价与客房出租率密切相关，一般来说，要提高客房出租率，会使平均房价降低，反之，要保持较高的平均房价，会使客房出租率下降。所以，处理好客房出租率和平均房价的关系，既得到合理的平均房价，又能保持较高的客房出租率，使客房收益最大，这是酒店经营管理的艺术。片面追求某一方面，都是不正确的。

销售客房类型结构的变化也是影响实际平均房价高低的一个重要因素，目前大多数酒店都确定四至五个等级的房间，房间等级不同，价格也不相同。一般来讲，酒店标准间要占酒店客房数的大部分，其价格基本趋于平均房价，是酒店前厅部、营销部主要向客人推销的客房，在其他因素不变时，高档客房销售增加，则平均房价会提高，所以总台接待员应掌握一定的推销技巧，尽可能推销较高档次客房。

五、可出租客房平均房价

实际平均房价并不能真正反映客房的收益水平，因为还有未出租的客房，它们没有收益。

可出租客房平均房价是指客房总收入与可出租客房数的比值。计算公式如下：

$$可出租客房平均房价 = 客房总收入 / 可出租客房数$$

因为，

$$客房出租率 = 已出租客房数 / 可出租客房数$$

$$可出租客房数 = 已出租客房数 / 客房出租率$$

所以，

$$可出租客房平均房价 = 客房总收入 /（已出租客房数 / 客房出租率）$$
$$= 客房总收入 / 已出租客房数 \times 客房出租率$$
$$= 实际平均房价 \times 客房出租率$$

例 6-11 某酒店某日客房总收入为 36000 元，当日出租的客房总数 150 间，客房出租率为 70%，可出租客房平均房价是多少？

$$可出租客房平均房价 = 客房总收入 / 已出租客房数 \times 客房出租率$$
$$= 实际平均房价 \times 客房出租率$$
$$= 36000/150 \times 70\% = 168（元）$$

可出租客房的平均房价基本能反映客房收益的水平。

六、理想平均房价

理想平均房价是指酒店各类客房以现行牌价,按不同的客人结构出租时可达到的理想的平均房价。它是一定时间内,从最低价格出租客房的价格到最高价格出租客房的价格,得出的平均值。

最低价格出租客房的价格是指排房时从低档排到高档得到的房价,最高出租价格是指排房时从高档排到低档得出的房价,两者的平均数就是理想平均房价。

例 6-12 某酒店有客房 400 间,其类型及出租牌价见表 6-2,预计未来酒店客房出租率可达到 80%,客房双开率 30%,求其理想平均房价。

表 6-2 某酒店客房类型及出租牌价

客房类型	数量/间	牌价/元	
		1 人住	2 人住
单人间	50	140	—
标准间	300	200	260
普通套房	40	300	400
高级套房	10	450	600

理想平均房价计算如下。

(1) 从低档到高档,计算平均房价。

为客人排房时,先从最低档的单人房开始,依次向高一档的客房类型递进,直到把客人全部安排完为止。由此计算出的平均房价为低价出租客房平均房价。

① 酒店客房出租率为 80%,因此,酒店平均每天开房数为:$400 \times 80\% = 320$(间)。

② 客房双开率为 30%,即 $320 \times 30\% = 96$(间),即 96 间房为双住房。

③ 每日客房收入为:

单人间客房收入为 $50 \times 140 = 7000$(元);

双人间客房收入为 $96 \times 260 = 24960$(元)。

$(320 - 50 - 96) \times 200 = 34800$(元)。

每日客房收入总计 $7000 + 24960 + 34800 = 66760$(元)。

④ 最低平均客房价格为:

最低平均客房价格 $= 66760/320 = 208.6$(元)。

(2) 从高档到低档,计算平均房价。

为客人排房时,先从最高档的高级套房开始,依次向低一档的客房类型递进,直到把客人全部安排完为止。由此计算出的平均房价为高价出租客房平均房价。

① 每日客房收入为:

高级套房收入为 $7 \times 450 + 3 \times 600 = 4950$(元);

普通套房收入为 $40 \times 70\% \times 300 + 40 \times 30\% \times 400 = 13200$(元);

标准间客房收入为 $(320 - 50) \times 70\% \times 200 + (320 - 50) \times 30\% \times 260 = 58860$(元);

每日客房收入总计为 4950＋13200＋58860＝77010(元)。

②最高平均客房价格为：

最高平均客房价格＝77010/320＝240.7(元)。

(3) 理想平均房价。

将低价出租客房的平均房价与高价出租客房的平均房价平均,即得理想平均房价。

理想平均房价为(208.6＋240.7)/2＝224.7(元)。

将实际平均房价与理想平均房价进行比较,可以较为客观地评价酒店客房的经济效益。若实际平均房价高于理想平均房价,说明经济效益好,酒店可获得较为理想的盈利,反之,则说明经济效益不好。这种比较也可以在一定程度上反映牌价是否符合市场的需要。如果两者相去甚远,则说明客房牌价过高或过低,不符合市场状况,需要调整。

另外,将实际平均房价与理想平均房价进行比较,如果实际平均房价高于理想平均房价,表明酒店的房价结构体系难以为客人提供合适的高价房。只有在酒店特殊市场对高于平均房价的客房感兴趣时,才可往高调整价格。若实际平均房价低于理想平均房价,则说明：第一,酒店管理者未按照市场客观需求制定合理的房价结构；第二,低价和高价客房之间没有明显的差异,客人在购买较高价客房时,没有任何附加利益吸引他们,自然转向购买较低价格的客房。事实上,理想平均房价可以用客房附加利益所产生的房价差异来调整价格等级的差别,使酒店获得较为理想的盈利。

第三节　客房销售管理

案例引导

某日,一位香港常客来到某酒店总台要求住房。接待员小郑见是常客,便给他9折优惠。客人还是不满意,他要求酒店再多些折扣。这时正是旅游旺季,酒店的客房出租率甚高,小郑不愿意在黄金季节轻易给客人让更多的利,香港客人便提出要见前厅经理。

其实,酒店授权给总台接待员的卖房折扣不止9折,小郑原可以把房价再下调一点,但他没有马上答应客人。一则,他不希望客人产生如下想法：酒店客房出租情况不妙,客人可以随便还价。二则,他不希望给客人留下这样的印象：接待员原本可以再多打一些折扣,但不愿给,只是客人一再坚持才无可奈何地退让。这样会使客人认为酒店员工处理问题不老实。三则,客人也许是想通过前厅经理的再一次优惠让自己获得一份尊重。

小郑脑中闪过这些想法后,同意到后台找前厅经理请示。他请香港客人先在沙发上休息片刻。

数分钟后,小郑满面春风地回到总台,对客人说："我向经理汇报了您的要求。他听说您是我店常客,尽管我们这几天出租率很高,但还是同意再给您5美元的优惠,并要我致意,感谢您多次光临我店。"小郑稍做停顿后又说："这是我们经理给常客的特殊价格,不知您觉得如何?"

香港客人计算了一下,他实际得到的优惠折扣是8.5折,他感到很满意,于是连连点头,很快便递上回乡证办理入住手续了。

(资料来源:职业餐饮网。)

随着酒店业竞争的不断加剧,酒店越来越重视前厅部的销售工作。其销售成功与否直接影响客人对酒店的评价和是否再次光临,并最终影响酒店经济效益。因此,对于一名优秀的前厅销售人员而言,掌握酒店客房销售的相关知识和技巧,才能提高客房销售的成效。

一、客房销售的基本要求

(一)表现出良好的职业素质

酒店员工服务是酒店产品的一部分。客人初到酒店时,对酒店的了解和产品质量的判断通常就是从前台接待人员的仪容仪表和言谈举止开始的。因此,前台接待人员必须表现出良好的职业素质,要面带微笑,以正确的姿态、热情的态度、礼貌的语言、快捷规范的服务接待每一位客人。这本身就是对酒店产品的有形展示,是成功销售客房及酒店产品的基础。前厅人员要遵守职业道德,敬业爱岗,要具有热情、开朗的性格。个人的精神风貌,在推销过程中会对推销效果产生很大的影响。

(二)掌握本酒店的基本情况

掌握酒店的基本情况和特点是做好前厅销售工作的基础。前厅员工应对酒店的地理位置及交通情况、酒店等级及类型、酒店经营目标及客源市场、酒店服务设施与服务项目内容及特色、酒店有关销售方面的政策和规定等信息进行全面的了解、掌握,以便在销售中灵活运用。掌握上述信息是做好客房销售工作的先决条件;同时,要对酒店的客房有完整的了解,如各类房间的面积、色调、朝向、楼层、特点、价格、设施和设备等,只有前厅人员充分了解了以上内容,才能向客人进行详细介绍,才有助于客房商品的进一步推销。

(三)了解竞争对手酒店的产品情况

前厅员工在详细了解酒店的产品情况的基础上,更要熟悉竞争对手的有关情况。掌握本酒店与竞争对手在酒店产品的质量、内容、特点、功能、方便情况以及价格等方面的异同,扬长避短,找出自己酒店的特点和优势,着重宣传。

(四)熟悉本地区的旅游项目与服务设施

前厅员工通过宣传本地区的城市功能特点,以及相关的在此地举行的活动内容,使客人对本地区产生游玩兴趣,增加在本地区逗留的时间及机会,也加深酒店在客人心目中的印象,增加客人重复入住的次数。

(五)掌握不同客人的心理需求

酒店员工必须深入了解每一位客人需要的是什么,最感兴趣的是什么。酒店的每一种产品都有多种附加利益存在,把握好客人的购买动机和喜好,帮助客人解决各类问题,满足其物质和心理的需要。这样,在客人受益的同时,酒店也会得到相应的回报。

二、客房销售的程序

(一)把握客人特点

前厅销售人员应根据客房产品、前厅其他产品的特点、客源的种类及其需求,灵活运用销售技巧进行销售。不同类型的客人有不同的特点,销售的方法也有所不同。如因公出差的商务客人对房价不太计较,但对服务的要求比较高,希望能得到快速、高效的服务且使用酒店设施、设备的机会较多,回头率相对高。针对这些特点,前厅销售人员应向他们重点推销环境安静、光线明亮、商务办公设施设备齐全、便于会客、档次较高的客房。对于度假观光的客人,应向他们推销环境幽雅舒适、有景观且价格适中的客房等。

(二)介绍酒店产品

前厅销售人员在把握了客人的特点之后,应适时地向客人介绍客房及其他产品。对第一次来酒店的客人,应尽可能地向客人介绍客房的优点和独到之处,如特色房型、理想位置、宽敞面积、精美装潢、美丽景观等,并强调这些优美和独特之处能给客人带来的利益和好处。对常来店的客人,销售人员应抓住时机向其推荐酒店新增的且适合他们的产品。前厅销售人员介绍的内容及介绍的方式会加深客人对酒店的印象。

(三)巧妙洽谈价格

价格是客人最为关心,也是最为敏感的内容。前厅销售人员在销售客房时应强调客房产品的价值,尽量使客人感到酒店销售的产品是物有所值的。要回答客人最希望了解的关键问题,即"我付费后能得到什么?是否值得?"努力使客人认同酒店产品的价值,避免硬性推销。在洽谈价格的过程中,前厅销售人员的责任是引导客人、帮助客人进行选择,不要急于报价、定价,以免引起客人反感。

(四)主动展示客房产品

为了促进客房等产品的销售,前厅应备有各种房型的宣传资料供客人观看、选择,有条件的酒店可在大厅醒目位置配备显示屏幕,让客人对客房等产品获得更直观的认识。必要时还可以在征得客人同意的情况下带领客人实地参观客房、会议室等,增强客人对酒店产品的认识。在展示酒店产品的过程中,销售人员要自始至终表现出有信心、有效率、有礼貌。如果客人受到了热情、周到的接待,即使这次没有住店或购买酒店其他产品,也会留下美好的印象。

(五)尽快做出安排

经过上述步骤,当意识到客人对所推荐的酒店产品感兴趣时,前厅销售人员应主动出击,可用提问的方式促使客人做出选择,如"您想试用这间客房吗?""您的选择是值得的!"一旦客人做出选择,应对客人的选择表示诚挚的谢意和良好的祝愿,并尽快为客人办理相关手续。

三、客房销售的技巧

(一)强调客人受益

由于客人对产品价值和品质的认识程度不一样,相同的价格,有些客人认为合理,有些客人则感到难以承受。在这种情况下,接待员要将价格转化为能给客人带来的益处和满足,对客人进行启迪和引导,促成为购买行为。例如,当遇到一位觉得房价偏高而犹豫不决的客人时,接待员可以这样介绍:"这类客房的床垫、枕头具有保健功能,可以让您充分休息的同时,还能起到保健的作用。""您选择连通房,价格虽然高点,但是可以方便您照看孩子,同时又不相互干扰。"强调客人受益,增强客人对产品价值的理解程度,从而提高客人愿意支付的价格限度。

(二)给客人进行比较的机会

如果客人没有具体说明需要哪种类型的客房,那么客人可能是第一次来到本酒店,也可能客人希望选择一种过去没有住过的客房。前厅接待人员可根据客人的特点,向其推荐两三种不同房型、价格的客房,供客人比较、选择,激发客人的潜在需求,增加酒店的收益。

例如,一个看上去很有身份的商务人士,要订一个普通标准间,接待员除报价格外,还应试探性地向其推荐商务客房或套房,供客人选择,并加上描述性语言,可能会收到比较好的效果。在推销过程中,接待员应避免将自己的观点强加于客人,切记接待员的责任是推销,而不是强迫对方接受。过分的"热情"会适得其反。应尊重客人的选择,即使客人最终选择了一间较便宜的或相对档次较低的客房,也要表示赞同与支持。

(三)坚持正面介绍

在介绍不同的房间供客人比较时,要着重介绍各类型客房的特点、优势及给客人带来的方便和好处,指出它们的不同,但不要对各类型客房的缺点进行比较,还应注意用词。

例如,酒店目前只剩一间客房,客人已经无法选择,也应对客人说:"您运气真好,我们还有一间相当不错的客房",而不能说"这是最后一间客房了",以免让客人感觉这间客房是其他客人挑剩下的,可能会存在质量问题。必要时,接待员应善于将客房或客房所处环境的不利因素转化为给予客人便利的因素。例如,室外景色不够好的客房,可能很安静;靠近游泳池的房间可能会受噪声干扰,但如果客人喜欢游泳,从房间到游泳池就很方便。

(四)替客人下定决心

许多客人并不清楚自己需要什么样的房间,在这种情况下,接待员要认真观察客人的表情,设法理解客人的真实意图、特点和喜好,然后按照客人的兴趣和爱好,有针对性地向客人介绍各类客房的特点,消除其疑虑。若客人仍未明确表态,接待员可以运用语言和行为来促使客人下决心进行购买。

例如,接待员递上入住登记表说:"这样吧,您先登记"或"要不您先住下,如果您感到不满意,明天我们再给您换房"等;也可以在征得客人同意的情况下,陪同客人实地参观几种不同类型的客房,让客人对酒店客房产品有直观的认识,当他们亲自看了客房设施后,可能会迅速做出住宿的决定。即使客人不在这里住宿,他们也会记住这家酒店的热情服务,可能会推荐给亲友或下次来住宿。这样,既消除了客人可能的疑虑,也展示了酒店的良好服务及管理的灵活性。

(五)高码讨价法与利益引诱法

高码讨价法和利益引诱法是两种有效的销售技巧,可以在客房销售过程中加以运用。

高码讨价法是指在客房销售中向客人推荐适合其地位的最高价格的客房。根据消费心理学,客人常常接受接待员首先推荐的房间。如果客人不接受,再推荐低一档次价格的客房,并介绍其优点。这样由高到低,逐层介绍,直到客人做出满意的选择。这种方法适合向

未经预订直接抵店的客人推销客房,从而最大限度地提高高价客房的销售量和客房整体经济效益。

利益引诱法也称由低及高法,是对已预订到店的客人,采取给予一定附加利益的方法,使他们放弃原预订客房,转向购买高一档次价格的客房。如"您只需要再多付50元,就可以享受包价优惠,除房费外,还包括免费早餐和午餐。"这时客人常会被眼前利益吸引而顺从接待员的建议,其结果是酒店增加了营业收入,客人也享受到了更多的实惠。

(六)价格分解法和适当让步法

通常,酒店为获得更多的营业收入,会要求接待员先推销高价客房。但是,价格作为较具敏感性的因素之一,有时客人一听到总台的报价,就可能被吓退,拒绝购买。此时就要将价格进行分解以隐藏其"昂贵性"。例如,某类型客房的价格是580元,报价时可将80元免费双人早餐和100元免费餐费从房价中分解出来,告诉客人实际房价是400元;假如房费包含免费洗衣或免费健身等其他免费项目,同样应进行价格分解。这样,客人心目中高价的概念此时就会被大大弱化。所以,采用价格分解法更易打动客人,促成交易。

另外,在接待过程中,经常会遇到客人抱怨房价太贵了,询问"能不能打折",因为在市场经济条件下,市场的多变性决定了价格的不稳定性,价格因不同客人而异,也早已成为十分正常的现象。所以,对于确实无法承受门市价格的客人,适当地给予优惠也是适应市场、适应竞争的重要手段,否则就会出现将客人主动地送到竞争者手中的情况。但要注意优惠幅度应控制在授权范围内,要求员工尽量不以折扣作为达成交易的最终手段,并配合各种奖励措施,鼓励员工销售全价房。

(七)选择适当的报价方式

报价是一种艺术,巧妙的报价方式,可提高酒店产品的推销与营业收入。

1. 冲击式报价

冲击式报价即先报价格,再提出房间所提供的服务设施与项目等,这种报价方式比较适合价格较低的房间,以低价打动客人,主要针对消费水平较低的客人。

2. 鱼尾式报价

鱼尾式报价即先介绍所提供的服务设施与项目以及房间的构造特点,最后报出价格,这种报价方式适合价格较高的房间,突出物美,加深客人对美的第一印象,减弱高价对客人的影响,较适合消费水平高、有一定地位和声望的客人。

3. 夹心式报价

夹心式报价也称三明治式报价,将房价放在提供服务的项目中间进行报价。这种方式适合中档房或高档房,先介绍房间类型再报价,如果客人觉得比较贵再补充介绍特点,加强美的印象,从两面降低价格的强度。

总之,价格放在什么阶段报、报价的顺序以及报几种房价等,都要根据不同客人的特点与需求,有针对性地宣传推销,介绍要恰如其分,不要夸大其词,否则客人入住后就会发现其中的不实之处,对酒店产生不信任感。

(八)推销酒店的其他设施和服务

在宣传推销客房产品的同时,不应忽视推销酒店的其他服务设施和服务项目,如餐饮、娱乐、商务等设施和服务，以使客人感到酒店产品的综合性及完整性。因为客人住店，不仅仅是为了满足其休息的生理需要，往往还有其他方面的需求，如果接待员不向客人介绍推荐，就有可能使某些设施设备长期无人或很少使用，不但使酒店的营业收入受到损失，而且造成设备资源的浪费。所以，在预期客人需要的前提下，向客人提供有关信息，不仅是一种积极的销售技巧，还可增加酒店的营业收入，改善与客人的关系。

前厅接待员在销售酒店的其他服务设施和服务项目时，应注意时间和场合。如客人深夜抵店，可以向客人介绍 24 小时咖啡厅服务或房内用餐服务；如客人经过长途旅行后抵达酒店，很可能衣物需要清洗和熨烫，这时应向客人介绍酒店的洗衣熨烫服务等。

本章小结

房价合理与否，直接影响酒店的市场竞争力和经济效益。本章讲述了房价的特点、种类与计价方式，介绍了房价的确定方法和定价策略，分析了客房经营主要指标的分析方法。通过了解酒店常用的定价方法，能够进行酒店经营统计分析，选择制定酒店的定价策略，随市场的变化及时调整客房的价格。客房销售管理作为前厅管理的重要内容，对酒店的整体发展至关重要，本章在客房销售的基本要求、客房销售的程序、客房销售的技巧等方面进行了介绍。

关键概念

房价　客房出租率　理想平均房价　客房报价方式

复习思考题

1. 复习题

（1）客房价格是由哪几个部分构成的？

（2）客房计价方式有哪几类？其含义分别是什么？

（3）制定房价的方法有哪些？怎样计算？

（4）理想平均房价对于酒店经营有何意义？

（5）客房销售的基本要求有哪些？

（6）客房销售的技巧有哪些？

2. 思考题

如何正确处理酒店客房出租率与房价的关系？

◇ 案例分析

巧妙推销客房

◇ 实训操练

分组进行情境练习,活用客房推销的技巧。

◇ 进一步阅读推荐

1. 赵广欣.收益管理视角下的酒店客房差别定价策略研究[J].兰州财经大学学报,2018,34(3):118-124.

2. 孙嘉欣.基于"互联网+"时代的收益管理视角下的酒店客房定价策略研究[J].商讯,2019(20):152,154.

3. 周世平.双渠道营销模式下酒店客房定价研究[J].企业经济,2020(5):30-37.

第七章

客房部概述

学习目标

了解客房部在酒店中的重要地位、主要工作任务和工作特点；了解现代酒店客房部的组织机构构成，明确各岗位的工作职责，了解客房部员工的素质要求；掌握常见的客房劳动定额、劳动定员的方法，会根据客房部实际情况编制科学的劳动定员；了解客房部和酒店其他部门的沟通协作关系。

第一节 客房部的地位和任务

案例引导

住在某酒店行政楼层的黄先生投诉，说服务员进房不敲门，虽然服务员道歉了，但客人觉得还是没有安全感。经查，原来行政楼层服务员小涂在整理黄先生的房间时，黄先生不在房内，当她做完房间的清洁补卫生间的用品时，却发现工作车上已经没有牙刷，于是她把卫生间内的四巾补齐后，便关上房门，到工作间将牙刷取来，返身来到黄先生房门前，想当然地认为黄先生应该不在房内，便没有按照规定程序先敲房门，而是直接用磁卡钥匙开门进房，准备将牙刷补入客房卫生间，没想到却遇到黄先生正在房间换衣服（黄先生是在服务员小涂返回工作间去取牙刷时回到房间的），于是就导致黄先生的投诉。

客房是客人在酒店里住宿、休息的场所，是客人的家外之家，客房保持卫生、安全、舒适、方便、安静、隐私是客人的期望所在，客人一旦住进客房，该房间就应看成是客人的私房，因此，服务员不能擅自进入客人的房间，如工作需要，则必须遵守相应的服务程序与注意事项。

（资料来源：根据网络资料整理。）

虽然现代酒店越来越向多功能方向发展,但满足客人住宿要求仍是其最基本、最重要的功能,客房是酒店不可或缺的基本设施。客房部又称房务部或管家部,是酒店向客人提供住宿服务的部门。客房部承担着整个酒店客房楼层及公共区域的清洁卫生工作,提供各种客房服务项目,负责客用品消耗的控制以及设备的维修保养等。客房部的工作质量,不仅影响酒店的客房销售,还对酒店的声誉和经济效益产生重大影响。

一、客房部的地位

(一)客房是酒店的基本设施和存在基础

1. 客房是酒店出售的核心产品

酒店是在古代的"亭驿""客舍"和"客栈"的基础上发展起来的,以住宿为核心功能的性质由古代延续至今。无论酒店如何发展,客房永远是酒店不可缺少的部分,住宿是酒店主要的使用功能。没有了客房,实际意义上的酒店就不复存在。客房是酒店出售的最核心产品,向客人提供食宿和办公接待服务是酒店的基本功能。为客人提供清洁、美观、舒适、安全的住宿空间,是住店客人购买的最主要的产品。

2. 客房面积占酒店建筑面积的绝大部分

客房面积占据了酒店建筑面积的绝大部分。在欧洲,经济型酒店客房面积占酒店建筑面积比例为80%;中等级酒店客房面积占酒店建筑面积比例为77%;高等级酒店客房面积占酒店建筑面积比例为71%。在美国,会议型酒店客房面积占酒店建筑面积比例为44%;度假型酒店客房面积占酒店建筑面积比例为45%;综合型酒店客房面积占酒店建筑面积比例为62%。根据中国的星级评定标准,不同类型酒店的客房部面积指标要求如表7-1所示。

表7-1 不同类型的星级酒店客房部面积指标与组成比例

项　　目	高档商务型	商　务　型	度　假　型	经　济　型
综合面积/m²	120—150	100—120	100—120	80以下
客房部面积/m²	83—103	70—84	74—88	66
客房面积比例	69%	69.8%	73.6%	72.5%

(二)客房收入是酒店收入和利润的主要来源

1. 客房收入是酒店收入的主要来源

酒店的经济收入主要来自客房收入、餐饮收入和综合服务设施收入这三部分。客房收入较其他部门收入要稳定,一般可分为房金收入和配套服务收入两大类,是酒店收入的主要来源,在我国一般占酒店总收入的半壁江山。

2. 客房利润是酒店利润的主要来源

客房初建时虽然投资大,但耐用性强,变动成本低,在一次销售后,经过服务人员的清洁整理又可重复销售,获取收入,如此周而复始、不断循环,直至客房的更新改造。在客房运营中,其成本和费用较低,而利润较高。

(三)客房是衡量酒店规模等级的重要标准

客房作为酒店的主体部分,是衡量酒店规模等级的重要标准。国际上通常按照客房数量将酒店划分为小型酒店、中型酒店和大型酒店三类：拥有300间以下客房的为小型酒店；拥有300—600间客房的为中型酒店；拥有600间以上客房的为大型酒店。除此之外，无论是世界酒店集团还是中国酒店集团的各项排名中，客房数量也是最重要甚至是唯一的评价标准。

2021年8月，美国《HOTELS》杂志发布了2020年度"全球酒店集团225强"榜单。该榜单是全球酒店业极具权威代表的榜单之一，榜单以各大酒店集团的总房间数量为依据进行排序，其中万豪国际以142万间客房数蝉联榜单第一名，锦江国际集团和希尔顿位居榜单第二、第三名。表7-2所示为2020年全球酒店集团前10强。

表7-2　2020年全球酒店集团前10强

排行	酒店集团	总部所在地	客房数/间	酒店数/个
1	万豪国际（Marriott International）	美国	1423044	7642
2	锦江国际集团（Jin Jiang International Holdings Co. Ltd.）	中国上海	1132911	10695
3	希尔顿（Hilton Worldwide Holdings）	美国	1019287	6478
4	洲际酒店集团（IHG, InterContinental Hotels Group）	美国	8860365	5964
5	温德姆酒店集团（Wyndham Hotels & Resorts）	美国	7959098	8941
6	雅高酒店集团（Accor）	法国	753000	5100
7/8	华住酒店集团（Huazhu Group Ltd.）	中国上海	6521626	6789
9	精选国际酒店集团（Choice Hotels International）	美国	599977	7147
10	北京首旅如家酒店集团（BTG Homeinns Hotels Group）	中国北京	432453	4895

（注：原榜单将华住酒店以其曾用英文名China Lodging Group和现用英文名Huazhu Group分别排列了第七和第八的名次，故榜单第七、第八名为同一家集团。此外由于OYO的商业模式比较特殊，所以此次榜单中剔除了OYO酒店的排行。）

（四）客房产品质量是酒店产品质量的重要标志

客房是客人在酒店中逗留时间最长的地方，客房服务质量的高低是客人衡量"价"与"值"相符与否的主要依据，也往往成为客人评价酒店和决定是否再次光顾的主要因素，直接影响整个酒店的管理和运行。客房产品的好坏，能否根据客人类型、客人心理尽量满足客人需要，成为直接影响客源的重要因素。例如，客人在住店期间得到热情、周到的服务，就必然会提高酒店声誉和竞争能力，延长客人逗留时间和增加他们旧地重游时再住本店的机会，并扩大客源市场。

（五）客房部的管理直接影响酒店的运行管理

酒店的员工总数通常是以客房数量为标准安排的，一般每间客房与配备员工数量之比为1∶（1.2—1.5），与酒店客房管理直接有关的前厅部、客房部、洗衣房等部门需要的管理人员和服务人员占整个酒店从业人员的一半以上。因此，客房部员工队伍整体素质对酒店人力资源的管理和服务质量的改善具有重要意义。另外，客房商品的生产成本在整个酒店成本中占据较大比重，其能源（水、电）的消耗及低值易耗品、各类物料用品等日常消费较大。客房部加强成本管理、建立部门经济责任制，对整个酒店能否降低成本消耗，获得良好收益

起到至关重要的作用。因此,客房部的管理对于酒店的总体管理关系重大。

二、客房部的任务

(一)做好客房清洁卫生工作

客房是酒店出售的最重要的商品。客房部的首要工作任务是生产客房商品以供前厅部及时销售。清洁卫生在酒店的经营管理中具有特殊的意义,是衡量酒店商品使用价值的基本要素和重要标志。因此,酒店必须保持客房干净整洁的状态。这就要求客房服务员每天检查、清扫和整理客房,为客人创造良好的住宿环境。

同时,由于客房商品具有不可储存性,其价值实现的机会如果在规定时间内丧失,便一去不复返。因此,客房部必须制定科学的客房清扫程序和规范,加速客房的周转,以便及时为前厅部的销售提供合格的产品。

(二)提供客房接待服务工作

客房是客人在酒店停留时间最长的场所。客人除了在客房内休息外,还有着其他的需求。因此,客房部需要根据客人的情况为其提供洗衣、擦鞋、访客接待、小型会议布置、夜床服务等一系列服务。切实做好客房接待服务工作,以使客人的各种需求得到满足,是客房部工作的重要内容。同时,客房部的接待服务工作不仅限于客人在酒店入住期间,还应包括客人到来之前和客人离去之后提供的服务。

(三)创造清洁优雅的公共环境

除了客房的清洁卫生外,客房部要负责酒店所有公共区域的清洁、美化、设备设施及植物保养、环境布置,使酒店时刻处于清洁、优雅、常新的状态,让酒店各处都能给住客留下美好的印象。

(四)提供洁净美观的棉织品

酒店的棉织品除了客房使用的一系列品种外,还有餐饮部门的台布、餐巾以及酒店所有窗帘、沙发套、员工制服。在设有洗衣房的酒店,这些棉织品的选购、洗涤、收发保管、缝补熨烫,都由客房部所属的洗衣房、布草房负责。

(五)降低客房成本费用

客房中的物品种类繁多,而且需求量较大。物资用品及其他费用开支是否合理,直接影响客房部和酒店的经济效益。因此,客房部要制定合理的物资用品管理制度、明确各级管理人员的职责,一方面要根据客房的档次满足客人需要,另一方面又必须控制消耗、减少浪费,努力降低成本费用,力求最大的经济效益。

三、客房部工作的特点

(一)事务繁杂,随机性强

客人入住酒店后,大部分时间将在客房内度过,客房是客人休息、工作、会客、娱乐、存放行李物品的场所。客房的卫生与服务工作比较繁杂琐碎,从客房整理、物品补充、查房、设施设备的日常维修保养到各项客房服务,都具有很强的随机性,随时需要根据客人的要求提供相应的服务。在提供个性化服务的今天,客房服务需要根据客人的身份地位、生活习惯而定。同时,客房部除了客房业务,还要负责清洁绿化及布草洗涤发放工作,事务种类较多、管辖范围较广,涉及人员较多,这些都给客房部的工作带来一定的难度。

(二) 以"暗"为主,注重私密

客房作为客人休息、睡眠的区域,需要一个安静的环境,同时,客房出售以后就是客人在酒店的私人领域,客人不愿别人干扰自己的生活。客人住店期间,喜欢按照自己的习惯安排起居,通常无故不会求助客房服务员。因此,客房服务不能像前厅部、餐饮部服务一样,注重场面的渲染,服务于客人眼前,忙碌于客人左右,而是强调以"暗"的服务为主,注重客人及房间的私密性。客房部应尽可能将服务工作在客人到来之前或不在房间期内完成,且服务人员在客房内不能随意移动、翻看客人物品,尊重客人的隐私权,让客人感到酒店处处都在为自己服务,却又看不到服务的场面。如客人在房间,一定要经得客人同意才能进入客房,服务过程中要尽量做到"三轻"(走路轻、说话轻、动作轻),为客人营造一个安静私密的环境。

(三) 安全第一,责任重大

客房区域情况复杂,不同国籍、不同类别的客人入住,常常人来人往、昼夜运作,因此客房安全要求很高。同时,由于客房的封闭性和私密性,安全隐患往往不易发觉。因此,酒店可能产生的火灾、盗窃、意外死亡等安全问题是较为集中的。各种统计资料表明,酒店的大多数安全事故发生地是在客房。因此,客房部所担负的安全生产责任是最为繁重的,稍有不慎,将会造成不可挽回的损失。

第二节 客房部的组织机构和岗位职责

案例引导

一天晚上,住在某酒店的一位美国客人觉得房间温度太低,感觉有些冷,就叫来服务员,希能给她加一条"Blanket"(毛毯)。"OK,OK!"服务员连声说。过了一会儿,这位服务员拿了一瓶法国"Brandy"(白兰地)进房来。客人一见,哭笑不得,只好说:"OK,'Brandy'能解决我一时的温暖问题,可不能解决我一晚上的温暖问题啊!"

(资料来源:根据网络资料整理。)

一、客房部组织机构设置

客房部组织机构设置应该根据酒店的规模、档次、类型、特点及管理者的管理意图等综合因素考虑,不能生搬硬套,应坚持从实际出发、精简高效、分工协作的原则。

大中型酒店客房部的组织机构可参照图7-1进行设置。

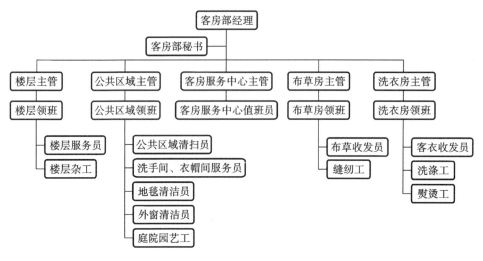

图 7-1　大中型酒店的客房部组织机构

小型酒店客房部组织机构的设置可对其进行适当的压缩、合并,减少中间管理层次,仅保留客房部的三个主要职能,即楼层服务组、公共服务组和布草房。由于不设统一调度的客房服务中心,住店客人的对客服务工作一般采用由酒店前台调度、楼层客房服务员执行的模式。公共区域服务组内不设专业的清洁工种,一些专业性强的清洁工作如地毯清洗、外窗清洁可外包给专门的清洁公司。同时,小型酒店也不设洗衣房,客房、餐厅及其他所需要的布草洗涤、熨烫也外包给专业的洗衣公司。小型酒店客房部的组织机构可参照图7-2进行设置。

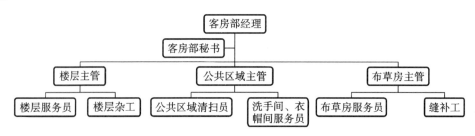

图 7-2　小型酒店的客房部组织机构

二、客房部的业务分工

(一)经理办公室

客房部经理办公室主要负责处理客房部的日常事务,负责文件和档案管理,以及与其他部门的沟通协调事宜。如果经理办公室与客房服务中心设在一起,经理办公室的一些日常事务就可以由客房服务中心的人员来承办,从而无须设置专职内勤或秘书的岗位。

(二)客房楼层服务组

客房楼层服务组负责全部客房及楼层走廊的清洁卫生,同时还负责客房内用品的替换、设备的简易维修和保养等,并为住店客人和来访客人提供必要的服务。

（三）客房服务中心

大中型酒店通常都设有客房服务中心,也称宾客服务中心。客房服务中心是现代酒店客房管理的主导模式,它是客房管理的神经中枢,既是客房部的信息中心,又是对客服务中心,负责统一调度对客服务工作,掌握和控制客房状况,同时还负责失物招领、发放客房用品、管理楼层钥匙以及与其他部门联络与协调等。

（四）公共区域服务组

公共区域服务组负责酒店各部门办公室、餐厅、公共洗手间、衣帽间、大堂、电梯厅、通道、楼梯、花园等公共区域的清洁卫生工作。除餐饮后堂和客房楼层以外的区域都是公共区域,因酒店客流量大,人员复杂,给公共区域清扫带来困难,但清洁卫生的优劣对酒店影响非常大。

（五）洗衣房

洗衣房负责收洗客衣,洗涤员工制服和对客服务的所有布草。洗衣房的归属,不同的酒店有不同的管理模式。大部分酒店都归客房部管理,但有的大型酒店,洗衣房则独立成为一个部门,而且对外服务；小型酒店则可不设洗衣房,其洗涤业务可外包给社会上的洗涤公司。

（六）布草房

布草房负责酒店所有工作人员的制服以及餐厅和客房所有布草的收发、分类和保管。及时修补有损坏的制服和布草,并储备足够的制服和布草以供周转使用。

三、客房部主要岗位的职责

酒店客房部的全体员工,只有在认真履行各岗位职责的基础上,用负责的态度和饱满的热情为每一位客人提供最优质的服务,并且与酒店其他部门人员进行有效的沟通协作,才能让一个酒店正常高效的运行,从而为酒店创造更大的利益。

由于各酒店客房部规模、管理方式不同,这里仅介绍主要岗位的基本职责。

（一）客房部经理

1. 基本职责

客房部经理对客房部业务的正常运行负有责任,负责客房服务、公共区域卫生、绿化、洗涤等方面的组织、督导和协调工作,确保为客人提供优质高效的住宿等有关服务。

2. 工作内容

(1) 在房务总监领导下主持客房部工作,传达、执行上级下达的经营管理指令。

(2) 制定年度、季度及月份的工作计划和部门工作目标并组织实施,掌握部门营业收入等各项经营指标的完成情况,控制成本,力争最佳经济效益。

(3) 负责制定和完善部门各项规章制度,不断改进工作方式和服务程序,努力提高服务水平。

(4) 检查、督导各管区的管理,确保各项计划指标、规章制度、工作程序、质量标准的落实。

(5) 主持本部门的工作例会,听取汇报,审查各管区每天的业务报表,督促工作进度,解

决工作中的问题。

(6) 进行现场督导、巡视所属各营业场所和区域,发现问题及时处理。

(7) 检查落实 VIP 的接待工作,处理客人投诉。

(8) 与其他相关部门协调、沟通,密切合作。

(9) 执行酒店人力资源管理政策和制度,决定本部门员工的调配、录免,督导实施部门培训计划,提高员工素质。

(10) 定期走访住店客人,了解客人需求,提供个性化服务,建立良好的公共关系。

(二) 客房部秘书

1. 基本职责

客房部秘书负责客房部的文职工作。

2. 工作内容

(1) 接收关于贵宾到达和离店的信息,并通知部门相关人员做好适当的准备。

(2) 总结上午和下午的住客情况报告,以便及时发现差异房。

(3) 记录所有接听电话的内容,并起草一般的信件。

(4) 打印客房部所有的报表、计划表、备忘录和信件,并保管所有客房部的记录文件。

(5) 接听客房部的所有电话并迅速记录所有的留言。

(6) 为主管呈交的工作指示做好准备。

(7) 做好客房部的会议记录并复印足够的份数以便分发。

(三) 楼层主管

1. 基本职责

楼层主管在客房部经理的领导下,具体负责客房楼层区域的管理工作,确保楼层各环节工作的顺利进行,向客人提供舒适的居住环境和优质的服务。

2. 工作内容

(1) 负责对所辖楼层客房的接待服务工作实行督导、检查,保证客房接待的正常、顺利进行,直接对客房部经理负责。

(2) 掌握所属员工的思想和工作情况,充分发挥班组长的作用。善于说服动员,做耐心细致的思想工作。

(3) 根据具体的接待任务,组织、调配人力。接待 VIP,协助班组掌握布置规格和要求。

(4) 每天巡视并检查客房布置、清洁卫生、服务质量,使其保持正常稳定水平。

(5) 汇总核实客房状况,及时向前台提供准确的客房状况报表。

(6) 对客房设施设备进行定期保养,保证房内设施完好,物资齐全完备;发现损坏或故障及时报修。提出设备更新、布置更新计划;掌握各班组日常更换的布草及客房用品的消耗情况。

(7) 主动接触客人及陪同人员,了解客人特点和要求。

(8) 对班组处理不了的客人要求或疑难问题,主动帮助解决或帮助联络。

(9) 对所属员工的操作方法、工作规范进行培训。

(10) 经常检查所辖员工的仪容仪表、礼貌服务情况。

(11）负责所属各班组的日常行政管理工作。对员工的工作态度、劳动纪律和工作质量进行统计考评。

（四）楼层领班

1. 基本职责

楼层领班在客房楼层主管的领导下,负责管理所辖区域内的楼面接待服务工作。

2. 工作内容

（1）每天上岗前须查阅白班日志、夜班日志,做好交接班工作;并落实、解决上一班遗留的工作。

（2）在指定的楼层巡视检查房间的清洁状态、设备的完好状况、设备的运作情况,并负责核实维修事项及验收工作;努力降低房间的故障率,提高房间的完好率。

（3）每日对其负责楼层所有房间的设施设备、物品情况进行全面检查,掌握房间的实际状态并详细填写报表,确保领班查房表的内容准确无误。

（4）亲自为 VIP 服务并保证服务质量。

（5）根据房间状态及时更改计算机信息,保持与前台的密切联系,做好服务工作。

（6）采取多走动式管理,督导员工的工作并检查其工作、服务的质量和效果;督查员工行为,并做奖惩;做好属下、同级和上级的每月工作考核评估。

（7）定时领取楼层所需的易耗品,并负责检查楼层物品的使用情况。

（8）协助仓库保管员、成本核算员完成每月对楼层的盘点工作。

（9）做员工的表率,及时了解、关心所管辖区域员工的工作情况及劳动强度,做好思想工作。

（五）楼层服务员

1. 基本职责

楼层服务员负责每天被安排的客房、走廊和工作间等区域的清洁工作。

2. 工作内容

（1）负责房间清洁和布置工作,保证房间安全、清洁、整齐、美观,为客人创造一个舒适的居住环境。

（2）按要求标准负责所分配房间的清洁卫生和物品布置及补充工作,负责客房所在的走廊、地毯、墙纸清洁工作。

（3）房间布置做到规范化、标准化,熟悉房间各种设备的使用和保养,每天检查房间设备运转情况,发现损坏及时通知服务台,报有关部门进行维修,并做好记录。

（4）管理所负责房间的财产,发现遗失和损坏要及时向领班报告。

（5）每天下班前要整理工作间及清点一切物品,如有丢失要立即报告。

（6）掌握所负责房间的住客情况,对住客房内的贵重物品、自携电器及日常情况,要细心观察做好安全工作,对客人的一切遗留、遗弃物品要及时如数上交,不得私自处理,并做好记录。

（7）客人离开房间时,应检查房间内所有物品是否丢失、损坏,需客人赔偿的要讲清楚,然后通知总台办理结账手续时扣除。

(8) 保管好楼层卡及各房间钥匙,如有丢失要立即报告,不得拖延、隐瞒,不得擅自为他人开房间。

（六）公共区域主管

1. 基本职责

公共区域主管通过对下属员工的督导、培训、安排和对清洁用品的合理使用以达到服务水准;通过对植物的养护和布置的管理,给客人营造一个赏心悦目的环境。

2. 工作内容

(1) 检查各公共区域领班是否督导下属员工工作,达到应有的清洁成效。

(2) 巡查各区域花草树木及绿化设施,保证绿化系统的运作良好。

(3) 督导各区域领班的管理工作,制订各项清洁设备的管理、使用和保养计划,定时检查消耗品的存量。

(4) 制订和编排公共区域大清洁工作计划、防疫(杀虫)工作计划和人力安排计划,确保清洁、杀虫期间不影响酒店的正常营业。

(5) 负责员工的操作训练和纪律教育,确保员工安全、正确地操作,言行举止符合酒店规范。

(6) 负责员工的排班、考勤和休假审核,根据客情需要及员工特点安排日常工作,处理日常工作中发生的问题。

(7) 负责制订绿化期养护工作计划,掌握计划的执行情况,确保工作质量和进度。

(8) 做好重大节日、重要会议、宴会和贵宾到访之前的布置检查工作。

(9) 做好与各有关部门的沟通和协调工作。

（七）布草房主管

1. 基本职责

布草房主管通过对下属员工的督导、培训、安排,为员工和客人提供洁净的布草,负责所有布草的收发、分类和保管。

2. 工作内容

(1) 主管酒店一切布草及员工制服事宜。

(2) 督导下属员工工作。

(3) 安排酒店员工量体定做制服。

(4) 与客房楼面、餐饮部及洗衣房密切联系协作,保证工作任务顺利完成。

(5) 控制布草和制服的接收、运转、储存、缝补和再利用,制定保管领用制度,监察盘点入库工作。

(6) 定期报告布件制服损耗量,提出补充或更新计划。

（八）客房服务中心值班员

1. 基本职责

客房服务中心值班员担负着接收信息及发出信息的协调沟通工作,向客人提供服务信息及向内部提供管理信息。

2. 工作内容

(1) 接听电话,答复住店客人的咨询或要求,及时向有关方面发出信息并做好记录,接收收银处的报退房记录,并通知有关楼层服务员查房。

(2) 接收客人要求的洗衣服务并记录,通知有关人员收取客衣。

(3) 与前台校对报表、房况。

(4) 与其他部门沟通信息,并将部门之间的信息向有关方传递。

(5) 负责客人遗留物品的登记、保管、上交等工作。

(6) 负责公共区域、楼层万能钥匙的点收、控制、保管,严格执行借出和归还制度。

(7) 负责统计房客遗失和带走的物品。

(8) 协助部门对员工上班、下班签名考勤情况的记录工作。

(9) 负责向客人提供服务设施器材和物品的保管、借出、归还等登记工作。

(10) 熟悉本部门固定资产和低值易耗品的分类和使用情况,做好领用、发放、登记保管和耗用报账工作,按日汇总统计;管好三级账,做到账务相符、无差错。

(11) 领用和发放本部门员工物品。

四、客房部人员的素质要求

酒店市场竞争日趋激烈,客人对客房商品的要求越来越高。为充分满足客人的需求,必须有赖于高素质的管理人员和服务人员。

(一)客房部管理人员的素质要求

1. 政治素质条件

客房部管理人员应该具有良好的政治理论修养,以及对外政策、侨务政策、旅游方针政策水平,还要有维护国家声誉的责任感。

客房部管理人员对工作应有责任心和事业心;维护酒店声誉,维护国家财产和企业经济利益;贯彻"客人至上,服务第一"的宗旨,忠实、可靠,组织观念强;贯彻执行酒店计划和部门经济责任制等。

2. 业务能力条件

客房部管理人员应该具备较高的文化程度、专业水平、实际工作能力、计划能力、组织指挥能力等。

3. 心理及身体素质条件

客房部管理人员应头脑灵活,反应快,有自信心和幽默感;工作的主动性、创造性高,处理问题灵活、果断;身体健康,高层管理人员年龄不能太大。

(二)客房部服务人员的素质要求

1. 从业态度端正

(1) 具有较高的自觉性。

客房部服务人员在岗时,应自觉按照酒店有关规定:不打私人电话;不与同伴闲扯;不翻阅客人的书报、信件、文件等材料;不借整理房间之名,随意乱翻客人的抽屉、衣橱;不在客人的房间看电视、听广播;不用客房的卫生间洗澡;不拿取客人的食品品尝等。这些都是服务工作的基本常识,也是客房部工作的纪律。

(2) 吃苦耐劳,责任心强。

客房部的服务工作与其他部门的工作有所不同,更多的时候,它的劳动强度大而与客人直接打交道的机会少。这就要求客房部服务人员要有吃苦耐劳的精神,在每天要做的大量、琐碎的工作中,能够保持良好的心理素质,不盲目攀比,以高度的责任感从事自己的工作。

2. 从业知识丰富

(1) 具有丰富的文化知识。

客房部服务人员应具备丰富的文化知识、历史知识、语言知识、政策法规知识、心理学知识等,在面对不同的客人时,塑造出与客人背景相适应的服务角色,与客人良好沟通。

(2) 了解酒店基本知识。

了解酒店所处的环境,包括服务项目及分布、服务时限、服务提供部门及联系方式、酒店所处的地理位置、酒店发展历史、酒店重大事件、主管酒店的行政部门、酒店的管理机构、酒店里各部门的职能、酒店的管理目标、服务宗旨及酒店的店旗、店徽、店歌等。

(3) 熟悉岗位职责、相关制度和规定。

作为客房部服务人员要熟悉自己所处岗位的职能、性质、工作对象、具体任务、工作标准、效率要求、质量要求、相关的工作程序、工作规定,以及酒店的软管理措施,如相关票据、账单、表格的填写方法和填写要求。此外,还要能达到"三知"与"三会",即"知原理、知性能、知用途"与"会使用、会简单维修、会日常保养"。

3. 从业技能高超

(1) 要有充沛的精力和较强的动手能力。

客房部服务工作的任务相对来说,内容较为繁杂、体力消耗较大,客人要求标准较高。因此,要求客房部服务人员反应敏捷、有充沛的精力和较强的动手能力。客人对客房的要求是舒适、整洁、安全,要做到舒适整洁,首先是搞好清洁卫生。保证房间和卫生间的卫生,是客人对客房最基本的要求。清洁而符合规范的房间,是礼貌服务的物质依托,忽视了这一客人对于房间的基本需求,其他的礼仪便无从谈起。而要保证客房能够达到舒适整洁的标准,就要求客房部服务人员要付出巨大的努力,并在辛勤的劳动中提高工作效率。

(2) 要有较强的交际能力。

客房部服务人员每天都会与客人进行大量的接触,并基于服务与客人产生多样的互动关系,妥善处理好这些关系,将会使客人感受到被尊重、被看重的亲切感受。在客房部服务人员与客人的交往中,要与客人处理好关系,使客人感觉到一种比较自然的但又出自客房部服务人员真心诚意的礼遇。

(3) 要有敏锐的观察力。

作为一名优秀的客房部服务人员,除了做好日常标准化工作以外,还要会用敏锐的眼光去观察客人,善于捕捉客人的一个眼神,善于领会客人的一个手势,观察客人的每一个细节,从而为客人提供及时、有效的服务。只有这样,才能推断出客人希望得到什么样的服务,做到想客人之所想,甚至客人之未想。

(4) 要有较强的应变能力。

突发事件屡见不鲜,既有来自客人单方面的,也有来自客人与服务人员之间的。突发事件的处理对于酒店形象的树立非常重要,从中也能衡量出服务人员综合素质的高低。因此,在日常的培训中,客房部服务人员要通过积累实际工作经验、参加模拟培训、加强同事间的交流等方法,努力提高自己的应变能力,力争为客人提供更好的服务。

第三节　客房部的工作定额与劳动定员

案例引导

某酒店为了节省开支,减少客房部的用工人数,将客房部楼层清扫员的日工作量由12间客房上升到15间,外加每天数量不等的钟点房。由于工作量加大,服务员为了完成任务以求准点下班,加快了工作速度,造成清扫服务不到位、服务质量问题增加、客人投诉增多等现象。酒店质监部门给客房部施加了很多压力,提出如果再出现客人投诉,将更换客房部经理。客房部经理将压力转移到领班身上,领班则将压力转到员工身上。尽管酒店采取计件工资制,但仍有员工承受不了这么大的工作压力,以请病假来回避现实。一个员工请了病假,他的工作只好加在其他员工身上,很多员工每天晚上加班。这种状况持续了一段时间。突然有一天,客房部管理人员上班时,发现所有楼层的服务员不见了。他们意识到事态的严重性,立即在店内四处寻找,终于在酒店不远的操场上发现了这些服务员。经过劝说和许诺,服务员才重新回到工作岗位上。

(资料来源:根据网络资料整理。)

思考:该酒店采取这种降低成本的方法恰当吗?

客房部管理范围之大、用工人数之多,在酒店经营管理中具有十分重要的地位。因此,准确预测客房工作量、合理确定客房部员工的劳动定额,并据此编制科学的劳动定员,对于酒店提高服务质量、控制劳动力成本具有重要意义。

一、预测客房工作量

客房部的工作量一般分为三个部分,即固定工作量、变动工作量和间断性工作量。

(一) 固定工作量

固定工作量是指那些只要酒店开门营业,就必然存在且必须有人去按时完成的日常性例行工作任务,如客房部日常管理工作、房务中心、布草房、公共区域的日常清洁保养工作等。固定工作量往往反映了一个酒店或部门工作的基本水准。

(二) 变动工作量

变动工作量是指随着酒店业务量等因素的改变而变化的工作量,主要表现在随客房出租率的变化而改变的那部分工作量,如客房的日常清扫整理、对客服务、洗衣服务等。虽然住客率的高低、客人成分的差异、季节的更替甚至天气的变化都可能对这部分工作量产生影响,但一般都以平均开房率为轴心测算工作量。

（三）间断性工作量

间断性工作量通常是指那些时间性、周期性较强,只需要定期或定时完成的非日常性工作量,如每周楼层申领补充客用品,定期对所有棉织品进行盘点,定期或根据需要对酒店外墙、外窗、地毯进行清洗,地面或家具打蜡等。

二、制定劳动定额

劳动定额是指在一定的生产技术和组织条件下,为生产一定数量的产品或完成一定量的工作所规定的劳动消耗量的标准。劳动定额是现代酒店劳动生产的客观要求。酒店员工一般只从事某一工序的工作,这种分工是以协作为条件的,怎样使这种分工在空间和时间上紧密地协调起来,这就必须以工序为对象,规定在一定的时间内应该提供一定数量的产品,或者规定生产一定产品所消耗的时间。否则,生产的节奏性就会遭到破坏,造成生产过程的混乱。对于酒店客房部,是否能科学合理地制定劳动定额,影响着客房部劳动生产的有效组织与管理,影响着员工的劳动生产率。

（一）影响劳动定额的因素

1. 人员素质

除了员工的年龄、性别等差异外,其性格、文化程度、专业训练水平等方面的差别,都将影响劳动定额的确定。因此,应当首先了解员工的素质水准,并将其作为制定劳动定额的依据。

2. 工作环境

鉴于酒店建筑、装潢风格不同,客房类型不同,客人生活习惯、员工工作环境的千差万别,定额的制定也应具体情况具体分析,切忌生搬硬套。

3. 规格要求

客房布置规格的高低对定额的影响是显而易见的。因此,首先要根据酒店档次合理制定客房布置规格,然后使定额的制定适合布置规格的要求。

4. 劳动工具配备

必要的劳动工具是工作质量和效率的保证。客房部门应根据工作内容及操作程序要求,配备合适的劳动工具,并测算在一定工具配备条件下,各项操作工作的时间标准,以此作为制定定额的依据。

5. 程序设计

工作程序设计是否合理,将直接影响工作效率,从而成为制定劳动定额必须考虑的因素之一。

（二）劳动定额的表现形式

客房部劳动定额的基本表现形式有两种:①时间定额,即生产单位产品消耗的时间,如完成一间走客房的常规清洁工作需要40分钟;②产量定额或工作量定额,即单位时间内应当完成的合格产品的数量,如一个楼层领班一天(白班)需要对60间客房的清洁卫生质量进行检查。

（三）制定劳动定额的方法

1. 经验统计法

经验统计法包括两层含义：一是以本酒店历史上实际达到的指标为基础，结合现有的设备条件、经营管理水平、员工的思想及业务状况、所需要达到的工作标准等，预测工作效率可能提高的幅度，经过综合分析而制定定额；二是参照其他操作，所制定的定额能够反映员工的实际工作效率，比较适合酒店工作的特点，但这种方法不够细致，定额水平有时会偏向平均化。经验统计法简单方便，易于掌握，但预测出的工作定额准确性不高，不能保证充分利用员工的工作能力。表7-3所示为不同等级客房清扫定额。

表7-3　不同等级客房清扫定额

客房级别	清扫时间/（分/间）	劳动定额/（间/人）
豪华	40—45	10—12
中档	35—40	14—16
经济	30—45	18

2. 技术测定法

技术测定法是指通过分析员工的操作技术，在挖掘潜力的基础上，对各部分工作所消耗的时间进行测定、计算、综合分析，从而制定定额。这种方法包括工作写实、测试、分析和计算分析等多个环节，操作比较复杂，但较为科学。需要注意的是，抽测的对象必须能够客观、真实地反映多数员工的实际水平，测试的手段和方法必须比较先进、科学。

对一些具体操作项目进行测试，可以获得各项操作的标准时间，再根据各项工作的具体内容、操作程序和规格标准，将准备工作和善后工作等所花费的时间全部考虑进去，就可确定有关工作的定额标准。各酒店在实际工作中可根据本酒店的具体情况进行测试、分析和计算。客房单项工作操作时间标准如表7-4所示。

表7-4　客房单项工作操作时间标准

工作项目	基本时间/分	间歇许可/（%）	意外耽搁/（%）	标准时间/分
整理一张床	1.8	22.0	10	2.38
重做一张床	3.9	22.5	10	5.17
清洁一个脸盆	1.2	13.0	10	1.48
清洁一个浴缸	1.19	14.5	10	2.40
清洁一个淋浴器	1.0	13.0	10	1.23
清洁一个坐便器	0.94	16.0	10	1.18
擦净一张梳妆台	0.43	11.0	10	0.52
一张梳妆台的打蜡	0.85	13.0	10	1.05
清洁一个废纸桶	0.72	11.0	10	0.87

续表

工作项目	基本时间/分	间歇许可/(%)	意外耽搁/(%)	标准时间/分
10 m² 硬地吸尘	0.8	12.5	10	2.22
10 m² 地毯吸尘	4.3	16.0	10	5.42
10 m² 硬地推尘	1.2	13.5	10	1.48
10 m² 硬地湿拖	2.4	16.0	10	3.02

三、编制劳动定员

客房部的劳动定员就是在确立客房组织架构的前提下确定各部门、各岗位工作人员的数量。客房部是一个劳动密集、工种岗位多、工作环节多、分工细的部门。从工作角度看,客房部的业务运转、服务和管理工作的有效组织是酒店正常经营活动的重要保障;从人员来看,客房部是酒店各部门中所占员工数量比例较大的部门。因此,对于客房部来说,编制定员工作意义重大。客房部的劳动定员不科学,势必导致两个结果:一是机构臃肿,人浮于事,工作效率低,人力资源成本增大;二是职能空缺,员工工作量超负荷,工作压力过大,积极性下降,服务质量下降。因此,客房部的劳动定员必须科学、合理。

客房部在一定时期内需要配置的劳动力资源总数,取决于生产、服务、管理等方面的工作量与各类人员的劳动效率。由于客房部员工差异性、工作性质的差异性,无法用统一的计量单位综合反映他们的工作量和劳动效率。因此,必须根据不同的工作性质,采用不同的定员方法,分别确定各类人员。

下面介绍客房部常见的三种劳动定员方法。

（一）劳动效率定员法

劳动效率定员法又称为定额定员法,是一种根据工作量、劳动效率、出勤率(有效开工率)来计算定员的方法。这种方法适用于实行定额管理、从事变动性工作的岗位,如客房清洁员等。

$$定员人数 = \frac{工作量}{员工劳动效率 \times 出勤率}$$

（二）岗位定员法

岗位定员法适用于无法按劳动定额定员的情况。这种定员方法一般适用于从事固定性工作的岗位,如房务中心文员、布草收发员等。大型酒店客房部工作需要文书岗位,就可定1名文书来上岗,而小酒店无需此岗位,就不用设定员。

（三）比例定员法

比例定员法是指根据酒店的档次、规模按一定比例确定人员总量;同时,根据某一类人员在全员总数的比例和数量,来计算另一类人员数量的方法。这一方法是由客房部某类人员与酒店之间,或不同岗位人员之间客观上存在规律性的比例关系的规律决定的。如一般高星级酒店客房服务员与客房数的比例约为1∶5,楼层领班与楼层主管的比例约为1∶6

等。当然,这种比例关系在确定编制时只是一个相对的依据,因为每个酒店的实际情况不同,服务标准和管理目标也不同。

同步案例

某酒店有800间客房(均折成标准间)。客房清洁员的定额为:日班12间、中班48间。领班的工作定额为:日班60间、中班120间。假定酒店年平均开房率为80%,员工每天工作8小时,每周工作5天,享受国家法定假日共11天,年假7天,一年中人均可能病事假7天。设部门经理、经理助理和主管三级管理人员,主管与领班按1∶6的比例配备。试计算上述客房部人员总数。

由题意可得:

员工一年中实际工作天数=365−52×2−11−7−7=236(天)

则出勤率=236÷365≈65%

1. 服务员人数(劳动效率定员法)

(1) 日班清扫人员人数=$\dfrac{工作量}{员工劳动效率×出勤率}$=$\dfrac{800×0.8}{12×0.65}$≈82(人)。

(2) 中班清扫员人数(中班服务员的工作量是日班服务员工作量的4倍)=82÷4≈21(人)。

2. 领班人数(比例定员法)

(1) 日班人数=82÷5≈16(人)。

(2) 中班人数=82÷10≈8(人)。

3. 主管人数(比例定员法)

按领班与主管6∶1的比例确定,主管人数为4人。

4. 经理、助理人数(岗位定员法)

各设1名,共2人。

则上述客房部人数总计为82+21+16+8+4+2=133(人)。

需要指出的是,上述定员方法仅供客房管理人员参考,实际定员时,还应考虑各酒店楼层的结构、劳动力市场的供求状况等客观情况。如果劳动力供给状况良好,那么在编制客房定员时,不妨稍紧一些,以免造成人力资源的浪费以及在开房率较低时造成窝工而影响工作气氛,因为在旺季时,可以招一些季节性的临时工来缓解一下矛盾。反之,则要将人员编制做得充分些,以免影响正常的接待服务工作,造成服务质量的下降。另外,为了提高工作效率,降低人工费用,酒店可以和酒店院校开展校企合作,为客房部安排一定数量的实习生,在给学生提供顶岗实习机会的同时,又可以节约劳动力成本。

总之,客房部应根据酒店经营的淡旺季、劳动力市场的供求状况等综合因素,合理编制劳动定员,做到忙时有人干,闲时无人余。

第四节 客房部与其他部门的关系

案例引导

以下是某位酒店专业教师受邀参观酒店遇到的几种情形。

情形1:一次带学生去参观一家酒店,客房部经理带一行数人进入一间客房后,教师立即询问这位经理是否已通知总台该房间暂作闭房而不出售,话音未落,门口已有两位提着行李的客人向房内探头探脑,其中一人在自言自语:"是这个房间吗?好像已有人住啦。"教师心里明白,总台并不知道该房间有人在参观。

情形2:某酒店准备对客房进行改造,总经理邀教师先参观客房原貌,然后提出改造建议。当楼层主管正拿钥匙开某一房间的门时,只听见房内有人喊话:"什么人?"这位主管立即停止开门动作,并急中生智模仿服务员对房里说:"我是客房服务员,请问可以整理房间吗?""不需要!我要休息!"房间里传出的声音明显带有不满。教师看一下时间,这时正是下午1:30,显然打扰了客人休息。

情形3:这一次还是被邀请参观客房。当客房领班打开房门拉开窗帘后,总经理一同进入房间,突然发现床上竟然睡着一个人,吓得大家立即停止了谈话,悄悄地退出房间关上房门。那位领班想必也吓得不轻,面对总经理的指责,脸色苍白,不知所措。

以上三种情形很显然都是各部门人员没有做好部门间的沟通协调工作,导致参观酒店过程中出现差错。为保证酒店的正常运营,客房部应和其他部门保持良好的沟通协调,并严格按照相应的程序进行客房参观。

(资料来源:根据网络资料整理。)

客房是酒店向客人提供的最重要的商品,但如果没有酒店其他部门的配合支持,将无法保证客房商品具有令客人满意的质量。因此,客房部必须与酒店各有关部门保持密切的沟通和协调,建立良好的关系,争取各部门的理解、支持和协助。

一、客房部与前厅部的关系

客房部与前厅部是酒店中联系最为紧密的两个部门。客房作为酒店向客人出售的最重要的商品,客房部是客房商品的生产部门,前厅部是客房商品的销售部门。两个部门之间能否密切配合,直接影响酒店客房的生产与销售。很多酒店不分设客房部和前厅部,而是设置由两个部门组成的房务部,其目的是便于统一管理、加强沟通、减少矛盾。客房部和前厅部之间的业务关系主要体现在以下几个方面。

(一)客房部为前厅部及时提供客房,满足前厅部销售

客房部在安排客房的清扫整理工作时,应尽量照顾前厅部客房销售和为入住客人安排

客房的需要。在住客率较高时,要优先清扫整理走客房、预订房和控制房,从而加速客房的周转,避免让准备入住的客人等候太久。这样既能提高客房的出租率,又能提高客人的满意度。

(二)相互通报和核对客房状况,保证客房状况的一致性和准确性

对于前厅部来说,要销售客房,并能快速、准确、合理地为入住客人安排客房,就必须准确地了解每一间客房当时的实际状况,否则就会出现差错。对于客房部来说,要合理安排客房清扫整理工作、保证对客服务的质量,也必须准确地了解每间客房的状况。为此,前厅部和客房部应适时地通报和核对客房状况,对出现的差异房态要进行及时的沟通和调整。如发现行为异常的住客,客房部与前厅部需保持密切联系,防止逃账。

(三)相互通报客情信息

由于前厅部在客房销售和接待服务过程中,所了解和掌握的有关客房及客人的信息比较及时、全面,因此,前厅部应将这些信息及时通报给有关部门。其中,前厅部向客房部通报的信息主要包括:当日客房出租率、次日及未来一段时间的客房预订情况;酒店的重大接待活动;客人进离店的情况;客人的个人资料及对客房的特殊要求等。客房部可根据这些信息合理安排人力、物力,设计和调整对客服务方案,以加强工作的计划性和服务的针对性,有效控制人力、物力消耗,保证服务质量。

客房部为住店客人提供很多具体的服务,对客人的具体情况及要求了解得比较全面、准确,客房部不仅要充分利用这些信息提供个性化服务,还要及时将这些情况反馈给前厅部,便于前厅部做好客史档案的记录工作。另外,客房部还应在日常工作中协助前厅部做好诸如行李服务、留言服务、邮件服务、叫醒服务等重要工作。

(四)与前厅部共同安排客房的维修保养工作

客房的维修保养工作往往会影响客房的销售和客房的安排,同时也会涉及前厅、客房、工程等各个部门。因此,这方面的工作最好由相关部门一同协商安排。

(五)两部门人员之间的交叉培训

在前厅部和客房部之间进行的人员交叉培训,不但可以使员工了解和熟悉对方的业务,以达到加强沟通、增进理解、便于合作的目的,而且可以全面提高员工的业务能力。在营业旺季时,可在部门之间进行临时性的人员调配,从而为酒店的劳动力控制起到一定的推动作用。

二、客房部与餐饮部的关系

虽然客房部与餐饮部在业务内容上有很大的差异,但餐饮部是为客人提供饮食服务的部门,因此两个部门之间也有很多业务联系,主要表现在以下几个方面。

(一)客房部为餐饮部营业场所提供清洁保养工作

酒店的餐饮场所也需要大量的清洁保养工作,为保证餐饮服务人员集中精力做好餐饮服务工作,合理配置清洁设备和清洁用品等,餐饮营业场所的清洁保养工作通常由客房部下属的公共区域清洁组负责。

（二）客房部为餐饮部布草及员工制服提供洗烫、修补工作

餐饮部在正常运营中，需要大量干净、整洁的布草和员工制服。这些布草和员工制服通常由客房部的洗衣房、布草房负责洗涤、修补、保管和收发。

（三）为酒店的大型接待活动做好协调配合工作

客房部和餐饮部常常作为酒店大型接待活动的主要接待部门，因此，两个部门必须密切配合，在事前、事中、事后全过程中相互支持。

（四）两部门配合做好贵宾房的布置、客房送餐等服务工作

酒店在接待贵宾时，房间中大多配备水果和点心之类，以体现一定的接待规格，而这些水果、点心通常由餐饮部负责提供，并按一定的标准在客房内布置摆放。因此，凡有这些要求的贵宾房，都须由餐饮部参与布置。

（五）交叉培训

客房部和餐饮部之间，也有必要进行人员的交叉培训。

三、客房部与工程部的关系

客房部和工程部的关系十分密切，工程维修人员是除客房部员工外被允许进入客房的少数员工。两部门能否很好地协调与配合，对于酒店的运行会产生很大的影响。两部门的业务关系主要包括相互配合与交叉培训两个方面。

（一）相互配合，共同做好有关维修保养工作

发生在客房部与工程部之间的有关维修保养方面的矛盾主要有责任不清、维修不及时、质量不过关、费用不合理等。为此，两部门应分别做好以下几点。

（1）客房部负责对其所辖区域和所管的设施、设备进行检查，发现问题尽可能自己解决，不能解决时，须及时按规定程序和方式向工程部报告。

（2）工程部接到客房部的报告后，须及时安排维修，并确保质量、严格控制费用。

（3）当工程维修人员进场维修时，客房部的有关人员应尽力协助和配合，并对质量进行检查验收。

（4）共同制定有关维修保养的制度和程序，明确规定双方的责任、权利和奖惩措施。

（二）交叉培训

（1）工程部对客房部员工进行维修保养方面的专门培训，使他们能够正确使用有关设施、设备，并能对设施设备进行检查和简单的保养与维修。

（2）客房部对工程部员工进行客房部运行与管理业务的培训，使他们对客房部的运行规律和基本业务有所了解，从而提高协作配合的自觉性和责任感。

四、客房部与采购部的关系

客房部与采购部的业务关系主要集中在物资的采购与供应方面。

（1）客房部提出申购报告。客房部要了解本部门所需各项物资的现存量，预测未来一段时期的需求量及目前酒店仓库的盘存量，并根据这些情况提出未来某一时期的物资申购

报告，然后将报告送财务等部门审核，再由酒店有关领导审批。

（2）采购部根据经审批的物资申购报告，经办落实具体的采购事宜。

（3）客房部参与购进物资的检查验收工作，把好质量和价格关。

（4）两部门之间相互通报市场及产品信息。

五、客房部与财务部的关系

客房部与财务部的业务联系主要有以下几点。

（1）财务部指导和帮助客房部做出部门预算，并监督客房部预算的执行情况。

（2）财务部指导、协助并监督客房部做好物资管理工作。

（3）客房部协助财务部做好客人账单的核对、客人结账服务和员工薪金支付等工作。

六、客房部与保安部的关系

客房部与保安部的业务联系主要有以下几点。

（1）保安部指导和帮助客房部制订安全计划和安全保卫工作制度。

（2）保安部对客房部员工进行安全保卫的专门培训，以增强客房部员工的安全保卫意识，提高客房部员工做好安全保卫工作的能力。

（3）客房部积极参与和配合保安部组织的消防演习等活动。

（4）客房部和保安部相互配合做好客房安全事故的预防与处理工作。

七、客房部与公关营销部的关系

现代酒店提倡全员营销的理念，要求每个部门、每个人都参与酒店的公关营销活动。因此，客房部也必然和公关营销部发生很多业务联系。

（1）客房部配合公关营销部进行广告宣传。

（2）客房部参与市场调研及内外促销活动。

（3）公关营销部及时将有关信息反馈给客房部，为客房部提高客房产品质量和客房服务质量提供指导和帮助。

（4）部门之间的交叉培训。公关营销部对客房部员工进行酒店公关营销技能的专项培训，以提高其公关营销能力；客房部对公关营销部人员进行客房产品知识的培训，使其对客房设施、设备及客房服务有全面的了解，以提高其销售工作的准确性与针对性。

八、客房部与人力资源部的关系

客房部与人力资源部的业务联系主要有以下几点。

（1）人力资源部审核客房部的人员编制。

（2）相互配合做好客房部的员工招聘工作。

（3）人力资源部指导、帮助、监督客房部做好员工的培训工作。

（4）人力资源部对客房部的劳动人事管理行使监督权。

（5）人力资源部负责审核客房部的薪金发放方案。

（6）人力资源部协助客房部进行临时性人员调配。

本章小结

本章对客房部的概况进行了介绍。客房是酒店的基本设施和存在基础,是酒店收入和利润的主要来源,是衡量酒店规模等级的重要标准,是酒店产品质量的重要标志,直接影响酒店的运行管理,在酒店中具有十分重要的地位。客房部的工作任务包括客房清洁卫生工作、客房接待服务工作、公共区域清洁保养工作、棉织品洗涤保管工作、降低客房成本费用工作等。客房部的工作呈现出事务繁杂、随机性强,以"暗"为主、注重私密,安全第一、责任重大等特点。

不同类型酒店的客房部机构设置有所不同,大中型酒店一般设客房部经理、客房楼层主管、公共区域主管、客房服务中心主管、布草房主管、洗衣房主管,下设领班和服务员,小型酒店仅保留了客房部的三个主要职能,即楼层服务组、公共服务组和布草房。客房部各部门的工作内容、各岗位的工作职责不尽相同。为保障客房部有序运营管理,客房部服务人员和管理人员应具备相应的素质要求。

客房部的工作量一般分为三个部分,即固定工作量、变动工作量和间断性工作量。影响客房劳动定额的因素有人员素质、工作环境、规格要求、劳动工具配备、程序设计等。制定客房部劳动定额的方法一般有经验统计法和技术测定法。客房部常见的编制劳动定员的方法有劳动效率定员法、岗位定员法、比例定员法。

客房部是酒店最为核心的部门,但是如果没有其他部门的配合支持,将无法开展工作。客房部与前厅部、餐饮部、工程部、采购部、财务部、保安部、公关营销部、人力资源部等部门都具有不同程度的业务联系。

关键概念

客房部　固定工作量　变动工作量　间断性工作量　劳动定额　客房定员

复习思考题

1. 复习题

(1) 客房部的重要地位体现在哪些方面?
(2) 客房部的工作任务包括哪些?
(3) 客房部各班组的职能有哪些?
(4) 影响客房劳动定额的因素有哪些?
(5) 客房部和前厅部的业务关系体现在哪些方面?

2. 思考题

请调研当地一家星级酒店的客房部,对其劳动定额及客房定员的科学性进行评价。

◇ 案例分析

客房人力资源的调整

◇ 实训操练

1. 参观酒店客房部的经营活动,结合课本所学知识,撰写一份参观总结。
2. 采访一家酒店的客房部经理,实地了解其每日工作内容。

◇ 进一步阅读推荐

1. 刘伟.酒店客房管理[M].重庆:重庆大学出版社,2018.
2. 徐文苑.酒店客房服务与管理[M].武汉:华中科技大学出版社,2021.

第八章

客房产品设计

学习目标

掌握酒店客房楼层建筑设计的不同类型,了解客房楼层交通设计的要点;掌握常见的客房类型、客房功能分区;理解客房装饰布置的基本原则、处理方法、发展趋势;了解现代酒店市场上常见的特色客房,能够根据主题进行客房设计。

第一节 客房楼层区域设计

案例引导

广州白天鹅宾馆是中国第一家由中国人自行设计、施工、管理的大型现代化酒店,由佘畯南先生和莫伯治先生共同设计。该作品中"中庭"的概念运用得相当有特色,是我国较早兴建的带有中庭的大型公共建筑之一。建筑的中庭其实起源于庭院(天井)。据称,希腊人最早在建筑中建造露天庭院,后来罗马人在这一基础上加以改进,在天井上加盖屋顶,形成了有顶盖的室内空间的雏形——中庭。广州白天鹅宾馆裙房部分就设计了一个高3层的中庭(天井)。中庭由顶部天窗采光,中庭的一角筑有假山,假山上建有小亭,人工瀑布从假山上分三级叠落而下,名曰"故乡水",以唤起海外华人的思乡之情。中庭的四周挑廊环绕,藤蔓低垂,底部曲桥蜿蜒,流水潺潺,整个空间情景交融,生机盎然。白天鹅宾馆是中国天井型酒店的代表和先驱。

(资料来源:根据网络资料整理。)

客房楼层面积通常占整个酒店总面积的65%—85%。如何在客房楼层设计中增加客房数量,提高客房楼层的有效使用面积,是酒店客房产品设计中极为重要的环节。

不同的国家和地区、不同等级的酒店客房的建筑面积占总建筑面积的比例是不同的。有的酒店因提供众多出租场地或社交活动场所而减少客房部分的面积比例;有的酒店因服务设施简单而相对增加客房部分的面积比例。

一、客房楼层的建筑结构设计

客房楼层的建筑结构是酒店设计时要研究的主要问题,不仅要考虑酒店的场地、环境、内部布局等因素,还要考虑楼层结构对酒店能源消耗、客房服务员行走距离以及对客人的影响。目前,酒店客房楼层建筑结构形式主要有三种:板式、塔式、内天井式。

(一)板式建筑

板式建筑形式基本为条形结构,包括客房依走道单向或双向排列结构,即外走廊或内走廊型。这种形式变化不多,或呈直条形或呈"L"形,与后勤服务区和疏散楼梯呈平面布置。

在板式建筑形式中,内走廊型建筑的设计指标最高,客房层的有效率(客房单元面积之和与客房楼层面积之比)可达到70%。同样数量的客房,依走道单向排列的结构(外走廊型)所需楼层面积要比双向排列结构(内走廊型)多4%—6%。因此,除非因外部地形环境特殊,如酒店所处地段狭长,无法作双向排列,或是为充分利用某一自然景观等,一般是不会采用单向排列结构的。内走廊型板式建筑和外走廊型板式建筑分别如图8-1、图8-2所示。

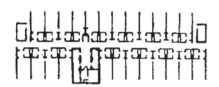

图8-1 内走廊型板式建筑

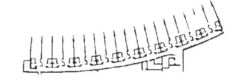

图8-2 外走廊型板式建筑

板式建筑结构固然是最有效的设计,但经验丰富的建筑师与酒店经营者发现了更为紧凑的结构,他们把酒店的电梯与后勤服务区移到楼层的转角处。这种安排的好处是相应减少了非客房面积,大大缩小了客房大楼的周长,并且使建筑物外形更加美观。以错开式的板式建筑(见图8-3)为例,这种结构将公共场所与后勤服务区放在一起,楼层面积利用率就很高,客房的位置也能恰到好处。错开的板式建筑结构还弥补了一般板式建筑结构走廊过长的缺点。

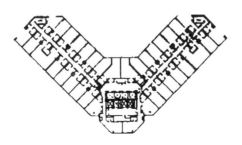

图8-3 错开式板式建筑

(二)塔式建筑

客房楼层的第二种结构是塔式,其特点是以服务区为中心,客房与走廊围绕之。这种建筑的平面布置与立面处理手法多种多样,从正方形到十字形,从圆形到三角形。

塔式建筑结构使每层楼面的客房数目受到限制。一般情况下,每层楼面一般能安排16—24间客房。如果每层楼安排16间客房,后勤服务区的面积只能勉强容下2—3架电梯和疏散楼梯,满足最起码的布件储藏需要。如果每层有24间以上的客房,楼层的周长就会过大,后勤服务区的面积相应也会过剩,造成浪费。

其他建筑形式的设计指标较高是通过增加每层楼的客房数量,将后勤服务区的面积控制在最低限度而取得的。塔式建筑型的情况正好相反。大量例子证明,塔式建筑结构中每层楼的房间数目越少,设计指标就越高。因为房间数少,楼层的周长就小,留给后勤服务区的面积就十分有限,其布局就会十分紧凑,围绕其四周的走道面积也会被减少到最低程度。从理论上讲,当客房楼层设计呈小方形、小圆形时,客房层的有效率较高,但周长过小会使客房开间过窄,室内布置困难,客房舒适感较差。圆形塔式建筑和十字形塔式建筑分别如图8-4、图8-5所示。

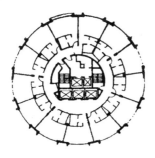
图8-4 圆形塔式建筑

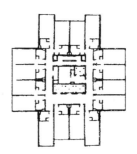
图8-5 十字形塔式建筑

(三)内天井式建筑

客房楼层的第三种结构为内天井式。在内天井式结构中,客房依楼道单向排列,客房前的走道是开敞式的阳台,客人可以从那儿俯视大堂。

内天井式结构的客房大楼,除无顶大堂外,客房楼层平面也与众不同。其最基本的模式是四方形的大楼中间装有观光电梯。当电梯向上移动时,客人可看到大堂里的各种事物。

虽然内天井式的设计在各种楼层结构形式中属于很不经济的,它造成能源消耗过大,日常开支增加,但投资者与建筑师们仍乐于选择内天井式。这是因为,随着环境科学、行为科学的发展,酒店设计在解决使用功能的同时,更注意酒店的精神功能,强调表现酒店的特点。人们已进一步研究公共活动空间的视觉形象与组景规律以及人对公共空间的心理反应。内天井式建筑提供了过去在室外才能体验到的仰视、俯视等观景条件,给酒店带来了特有的气派(见图8-6)。

二、客房楼层的交通设计

(一)走廊

低层酒店的客房层在平面展开,交通路线较长。多层、高层酒店的客房层竖向叠合,每

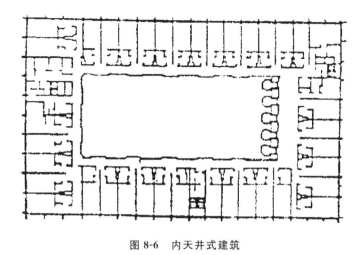

图 8-6 内天井式建筑

层交通路线较短。客房层走廊的宽度,应满足停放服务车时人可通行的要求,一般为 1.4—2.4 米,从交通枢纽电梯厅(或主楼梯)到最远客房距离最好小于 60 米。低层酒店客房层走廊两边客房的房门要错开,以利隔音、减少干扰,增加客房的私密性。

(二) 电梯厅

电梯是高层、超高层酒店十分重要的垂直交通工具。客房层电梯厅是高层客房楼的交通枢纽,应安排在适中位置。电梯厅应保证人流畅通,电梯厅的电梯排列与厅的宽度应以面积紧凑、使用方便为原则。

电梯排列四台以下,一般呈一字形排列,可平行于走廊或垂直于走廊;有四、六、八台电梯时一般呈巷道式相对排列,可采用内凹或贯通。巷道式电梯厅的宽度一般为 3.5—4.5 米。过于狭小,会影响使用;过于宽大,在电梯采用群控方式后,客人会因电梯门开启时间短暂需来回奔跑而感到不便。

(三) 疏散

安全是酒店应该重视的大问题。酒店失火的因素多,客人又都处于陌生环境之中,一旦失火容易因惊慌失措而造成重大损失,所以客房层的疏散设计十分重要。

疏散楼梯与消防电梯的设计应符合我国现行消防规范,疏散楼梯的位置应考虑人在火灾发生时可能疏散的方向。常见的位置有两种:一种是客人习惯的常用的交通线路,靠近交通枢纽;另一种是使客人有双向疏散条件,布置在客房层的两端。疏散楼梯靠外墙有利于排烟、防火。

高层酒店的客房层还需设置排烟前室的消防电梯,以供消防人员在火灾发生、普通客梯停止运行后,乘用消防电梯迅速抵达火灾现场施救。

疏散楼梯均上顶顶、下达首层,并有直接通至室外的出口。超高层建筑设置避难层时,疏散楼梯可向避难层疏散。

我国消防规范规定,高层疏散楼梯的宽度不小于 1.1 米;低层、多层建筑疏散楼梯的宽度不小于 1 米。

第二节 客房室内空间设计

案例引导　新加坡丽思·卡尔顿酒店的设计

新加坡的丽思·卡尔顿酒店不同于一般意义上的丽思·卡尔顿酒店。丽思·卡尔顿酒店品牌的风格一般比较传统,比如我国香港丽思·卡尔顿酒店古典而豪华,而新加坡丽思·卡尔顿酒店的风格则非常现代,尽管它的设计早在数年前已经完成,但现在看来,时代感依然很强烈。为了营造独特的感觉和品位,酒店的管理方和业主一直不遗余力地努力着,他们非常重视酒店的设计,而改造工程总会在适当的时候有计划地进行。目的是使"丽思·卡尔顿"这一著名酒店品牌的文化底蕴在新加坡丽思·卡尔顿酒店中尽量多地体现出来。

他们会把丽思·卡尔顿酒店传统的风格和魅力以现代手法表现出来。比如有客人认为"酒店的大堂有些小,怎么不气派?"但是当他走进客房时,经典丽思·卡尔顿客房的魅力会立即呈现出来:宽敞、明亮、豪华,而且又增加了现代和前卫的元素。比如在卫生间里有一个敞开式的浴室,即在浴缸位置的墙壁上设计了一个六边形的窗户,客人在沐浴时透过窗户可以看到美丽的大海或繁华的都市,尤其在晚上,那是一种极其感性和活泼的气氛。另外,卫生间的空间感十足,完全不同于老式通俗的火柴盒式卫生间。还有,艺术感也是高档酒店魅力得以永存的重要因素,酒店中艺术品格调和风格,从某种程度上决定了这家酒店的档次和价值。酒店中的艺术品大多出自名家之手,这更增强了丽思·卡尔顿的豪华感。再比如,新加坡丽思·卡尔顿酒店在公共区域里大胆地运用了艺术玻璃作为主要装饰元素,这是很现代的手法,而在客房却保持着传统丽思·卡尔顿的风格,这种契合的结果很不错。以上这些设计要素构成了一种整体的平衡,并相互作用,形成了新加坡丽思·卡尔顿酒店的特色。

(资料来源:吴旭云、逢爱梅,《客房部的运行与管理》,中国旅游出版社。)

客房作为客人停留时间最长的区域,客房室内空间设计包括类型、功能、装修等都应从市场出发,充分考虑客人的实际需求,设身处地为客人着想,才能最终赢得市场。

一、客房的类型设计

客房是酒店最主要的产品,根据不同的划分标准,客房可以分为不同的类型。传统意义上将酒店客房分为单人房、双人房、套房三种基本类型,但随着客房的不断发展,这种分类方法存在一定的歧义。目前常见的划分标准有以下两种。

（一）按客房内床的数量和规格划分

1. 单床间

（1）房间配置一张单人床（Single Room），床的规格一般是1.35米×2米或1.5米×2米。通常这种房间的面积较小，但功能齐全，隐私性强，价格较低，一般酒店单人间数量较少，一般位于酒店楼层拐角处，面积较小或者异形。

（2）房间配置一张大床（Double Room），即双人床，床的规格一般是1.8米×2米或者2米×2.2米。高档酒店的单人间通常都是配置的大床，这种房间既适合夫妇的居住，也适合单个客人居住。在以商务客人和散客为主要接待对象的酒店里，这种客房的比例逐渐增加，多者可占客房总数的50%—60%。因为商务客人和散客与别人合住的可能性很小，即双住率很低。

2. 双床间

（1）房间配置两张单人床，中间用床头柜隔开，可供两位客人居住，通常称为标准间。在一般酒店里，这种客房占的比例最大，适用面最广，尤其是团队和会议客人，他们大多选用这种客房。普通散客也多选择此类客房。

（2）房间配置两张大床，一些豪华酒店的标准间就是采取的这种布置。可供两个单身旅行者居住，也可供夫妇或家庭旅行客人居住。这种客房的面积比普通标准间大。

3. 套间

（1）普通套间（Junior Suite），又称标准套间。普通套房一般是由两个房间构成的，一间为卧室，另一间为起居室。卧室内通常配备一张双人床，也有配备单双两便床、两组双人床的。普通套房还都应该有两个卫生间，一个供主人使用，另一个供来访客人使用。供访客使用的卫生间可以不配洗浴设备。

（2）豪华套间（Deluxe Suite）。豪华套间的设施、装饰都较为高级豪华，可以是双套间，也可以是3—5间，用作卧室、起居室、书房（会议室、就餐室）等，设施设备的布置也更为豪华。

（3）立体套间（Loft Suite），又称复式套间。组成立体套间的房间不在同一楼层，内部由楼梯连接。一般楼上为卧室，楼下为会客厅。各个房间的功能专一，互不干扰，充分保护了客人的隐私。

（4）总统套间（President Suite）。总统套间通常由5间以上的房间构成，多者达20间。套间内男女主人卧室分开，男女卫生间分用。还设有客厅、书房、娱乐室、会议室、随员室、警卫室、餐室或酒吧间以及厨房等。总统套间装饰考究、价格高昂，也是酒店档次和形象的代表产品。因房价昂贵，出租率低，一般四星级及以上的酒店才设有。

（二）按客房所处的位置划分

按客房房间的位置来划分，主要是指客房按各个楼层所处的位置如拐角、卫生间旁、电梯间旁等以及房间朝向来划分客房类型。

1. 外景房

这类客房的窗户朝向酒店外的大道、公园、大海、湖泊或街道等风景

知识链接：
总统套间

地,所以称为外景房。

2. 内景房

这类客房的窗户朝向酒店内部的庭院、走道或其他房间等景致处,所以称为内景房。

3. 拐角房

这类客房位于走廊过道尽头或走道的拐弯处,一般来说,距离服务台或电梯稍远些,所以称为拐角房。通常这种房间面积较小或者呈异形。

4. 连通房

这类客房是指两间房之间隔墙有门相连通的客房,一般适合家庭居住。

5. 相邻房

这类客房是指室外两门毗连而室内无门相通的客房,形成了一个相对独立的房间。

二、客房的功能设计

酒店客房的基本功能包括休息、办公、通信、休闲、娱乐、洗浴、化妆、行李存放、衣物存放、会客、私晤、早餐、闲饮、安全等。由于酒店的性质不同,客房的基本功能会有变化。不管客房的类型和档次如何,客房都应具备五个基本的功能空间,即睡眠空间、盥洗空间、起居空间、书写阅读空间、储存空间。

(一) 睡眠空间

客人对客房最主要的功能需求就是可以睡觉,必要的睡眠是保证次日各项活动顺利进行的前提,是人体机能正常运转的基本要求。所以,睡眠功能是酒店客房的首要功能,睡眠空间也就是客房最重要的部分,在设计时应给予最大的关注。睡眠空间的主要设施是床和床头柜。

床的高度一般在 50 厘米左右,宽度依据房间的大小和规格档次而定,床与床之间的距离不少于 52 厘米。床垫软硬适中,同时需要准备特殊客人需要的硬板床垫以便替换。床架稳固,使用不摇晃,不发出声响,底部要有方便移动的床脚。床头板应使用便于清洁的材料或者具有清洁功能的材料,也可以直接使用木质材料。

单床间的床头柜一般放在床的两侧,而双床间的床头柜则一般放在两张床的中间。为了便于两张单人床的拼接,也可以将床头柜分别放置于两张单人床的外侧。在大多数酒店里,床头柜都被赋予了很多功能,如放置电话机、便签、笔、闹钟等;在床头柜上安装电视机、音响、空调、电灯、"请勿打扰"指示灯等的控制开关,以方便客人使用客房内的设备。随着科技的进步,客房内的很多电器及设备都有了遥控装置、声控装置等,床头柜上的一些控制开关已经失去了作用,另外很多开关集中在一起不易识别辨认,尤其是在晚上。因此,目前一些酒店已经取消了床头柜的这一功能,不在床头柜上安装控制开关,也不在客房内安排很多开关,而是在床头的墙面上安装少量的总开关,将电器遥控器放在床头柜上,这样就给客人带来更多的方便。

(二) 盥洗空间

盥洗空间是指房间的卫生间,是继睡眠空间后另一个重要的空间。盥洗空间是客人个人清洁、消除旅途和工作疲劳的重要设施,需要按照人体工程学的基本原理来进行人性化的设计。盥洗空间又可分为面盆区、洗浴区和马桶区。

面盆区主要由台面、面盆和镜面组成。台面宽度一般为40—50厘米，材质可选择石材和面砖。面盆的水龙头出水应比较柔和，水压不能太大，以免溅水给客人带来不便。在卫生间比较小的情况下，镜面应宽大一些，使卫生间在视觉上更加宽敞明亮。镜面最好具有防雾功能。同时，在侧面可设置化妆镜和电吹风，以方便客人化妆、美发。

洗浴区有浴缸和淋浴两种，有的豪华酒店两种兼备。洗浴区相对封闭，应做到卫生间的干湿分开，特别是淋浴区应用玻璃门隔开，并用胶条做好密闭。

马桶区主要有马桶、卷筒纸、废纸篓等设备和物品。为方便客人，卫生间的电话机也置于马桶旁的墙上。

（三）起居空间

起居空间是供客人休息、会客、进食、娱乐等活动的场所，标准间的起居空间大多安排在窗前区，在这里摆放茶几、扶手椅或沙发。

（四）书写阅读空间

书写阅读空间是客人书写、阅读及办公的区域。一般设在床的对面，沿墙设置一长方形多功能柜桌，靠窗前一端可放置电视机，靠房门一端放置可旋转行李架，中间是写字台，写字台也可兼作梳妆台。

（五）储存空间

储存空间是用于存放酒店为客人提供的用品和供客人存放私人物件的地方。一般由壁橱、行李架组成，高档酒店还配有酒柜及迷你吧。壁橱通常设置在进门的一侧，内设备用被褥、不同种类的衣架、保险箱、浴衣、擦鞋篮子等物品，一般内置开启自动亮灯装置。行李架的高度一般为写字台的一半，方便提拿。酒柜一般放置休闲食品和饮品，以及必需的茶具和酒具等。

三、客房的装饰布置

客房是客人停留时间最长的区域，也是客人最为私密和放松的区域。在客房内，客人有足够的时间和心情来慢慢欣赏。因此，具有特色的客房装饰布置有利于提高客人的满意度，尤其是在客人日益注重品位和个性的今天显得尤为重要。

（一）客房装饰布置的基本原则

1. 功能与美感相协调

酒店客房的装饰与布置以功能需要为基础，并体现美观大方的需要，从而达到功能与美观的统一。

功能即用途，主要指客房室内空间、设施设备及内部装饰等的主要用途，在客房功能的设计上要充分体现人性化，以方便客人的生活和休息为准则。

美观是指人对美的领悟和感受。客房装饰与布置中注重优美环境与和谐的塑造，会使客人在入住时感受到充分的美感和舒适，不仅有利于客人休息，也可使客人的情绪得到愉悦，情操得到陶冶。

传统酒店的客房一般在床对面的写字台墙上安装一面梳妆镜,虽然具备了功能性,方便客人使用,但是这种做法不够美观而且显得俗套,甚至有些客人忌讳将镜子对着床。因此,现在的酒店都取消了床对面的镜子,而是将梳妆镜移至卫生间,或在房间玄关处增设全身镜。通过这种调整,使得整个房间更加整洁清爽,既改善了视觉效果,又增强了客房的实用性、方便性和舒适度。

2. 传统与现代相融合

客房的装饰与布置既要反映现代化要求,又要体现民族风格和地域特色。

"越是民族的,就越是世界的。"不同的民族背景、不同的地域特征、不同的自然条件、不同历史时期所遗留的文化而造成世界的多样性。成功的酒店装饰布置就要体现不同的地域性和文化,要吸收本地的、民族的风格以及本区域历史文化,才具有极强的可识别性。民族风格和地域特色主要应在酒店室内艺术上体现出来,通过材料选用、家具造型、物品装饰与陈设来反映。与此同时,酒店的功能设计又要与现代接轨,如采用灯光唤醒系统代替电话叫醒,为客人提供高品质的住宿体验。

3. 成本与档次相一致

酒店是以盈利为目的的经济实体,如何节约成本、获得最大的利润是酒店经营的最终目的。客房的装饰布置必须与酒店的等级和客房档次相符,不宜盲目攀比。

不同档次的客房在装饰布置上应有所区别。高档酒店的装饰布置应显示名贵豪华;中档酒店则要求美观、舒适、方便、安全;低档酒店应以方便、经济、安全为原则。过分加大资金投入会给酒店经营造成负担,降低标准又会影响服务质量与酒店声誉,因此,酒店管理者必须考虑以适当的成本获取合理的利润。如低星级酒店内每个客房配有的小冰箱使用效率较低,很多客人根本没有使用到小冰箱,而冰箱的长期开启会浪费电,产生噪声、热量等,既不经济又会产生环境污染。因此,高星级酒店可以为了满足星级评定标准配备一定数量的小冰箱,而低星级酒店就完全没有必要。

(二)客房装饰布置的处理方法

如前所述,客房的功能包括睡眠、盥洗、书写阅读、起居、储存等多个方面。功能不同,其装饰布置的要求就不同。客房装饰布置的处理手法主要从色彩应用、家具布置、物品陈设、照明艺术等几个方面着手。标准间要在同一房内实现多种功能,装饰布置时须兼顾各方面需求。

1. 卧室

卧室是一个私密性较强的处所,其主要功能是满足客人的睡眠需求,同时也要考虑客人阅读、看电视等需求,以宁静舒适为主。卧室的家具以床为中心,配以床头柜、床头灯。卧室的环境应该宁静舒适,灯具应选用低强度的普通光,漫射照明,以床头局部照明为主,创造一种朦胧温馨的气氛,利于休息。卧室的色调宜淡雅柔和,艺术陈设宜文静雅致。标准间不设华贵艺术品,通常只在墙上挂一幅装饰画,其内容风格必须与整个房间格调相统一。

2. 起居室

起居室的功能是满足客人会客、起居等需要,要求宽敞、舒适、安静、采光通风较好。起居室的主要家具是沙发、茶几、电视、音响和艺术品等。起居室的色调可以热情明快一些,多用暖色调。有条件的还可随季节变化调整色调,使人产生愉悦感。艺术陈设也不妨与季节同步适度变化。起居室的灯具很丰富,一般都设置一个主灯(吊灯或顶灯),辅助照明灯有落地灯、台灯、壁灯等。所有灯具的风格要求一致,并与室内装饰布置风格相一致。标准间的起居空间设于窗前区,可放置一个茶几或咖啡桌、两把简易沙发,以落地灯照明。

3. 书房

书房的功能是满足客人书写阅读和工作学习的需要。三间一套的豪华客房才会单设书房。书房的主要家具是写字台、椅子和书柜。还要有供客人工作学习后小憩的家具。书房的环境要求是安静有序,在装饰布置上要求简洁有条理。色调以暖色调为宜,能够使人情绪稳定、思路清晰,提高工作、学习效率。采光与照明是书房装饰布置的重点。照明光要科学合理,最好有可调整方向、高度、光线并且可移动的灯具。写字台上的光线要充足,照射面积要大。可以使用能自由改变角度的弯折式台灯、轨道射灯。台灯造型要简洁大方,不要有华丽装饰。也可以使用其他光源,光线应从使用者左肩上端照射下来。

4. 餐室

三间以上的豪华套间一般设有餐室。餐室也可兼作会议室,供客人开会或谈判之用。餐室的家具设备主要有餐桌、餐椅以及橱柜、电冰箱等。餐室的环境要求是色调柔和、温暖宜人,整体上以引起人的食欲为前提。因此,餐桌上可以摆放鲜花,上方可以配大幅挂画,题材以色彩纷呈的果蔬食品、鱼蟹海鲜为宜。室内灯具主要是顶灯或吊灯,还可适当设装饰彩灯。若能让客人在客房中享受到烛光晚餐,更是一件温馨浪漫的事。

5. 卫生间

卫生间的功能是满足客人盥洗、洗浴和如厕的需求,总体要求是清洁、舒适、使用方便。现代酒店的卫生间不再是传统意义上的厕所,其功能扩大,装饰美观,卫生标准相当严格,已成为体现客房商品规格档次的重要标志。客房卫生间没有窗户,全部采光依靠照明。照明必须充足,应采用高强度普通光,以满足客人的化妆需求,也会使空间有扩大感。

表 8-1 所示为客房装饰布置的处理方法。

表 8-1 客房装饰布置的处理方法

空间	总体要求	色彩运用	家具陈设	用品配置	照明艺术
卧室	私密性较强,以宁静舒适为主	淡雅、温柔,如淡蓝色	床、床头柜、床头灯、梳妆台等	文静、雅致,如陶瓷品	低强度的普通光,以床头照明为主
起居室	宽敞、舒适、安静,采光通风较好	热情、明快,如浅红色、淡红色	软座椅、茶几、沙发等	水墨画、盆栽、雕刻等	低强度的普通光,吊灯或顶灯
书房	安静、有秩序,布置要简洁、有条理	以暖色调为宜	写字台、椅子、书柜等	高雅、艺术,如书法作品	多用局部照明,弯折式台灯

续表

空间	总体要求	色彩运用	家具陈设	用品配置	照明艺术
餐室	在整体上以引起人的食欲为前提	以暖色调为宜	餐桌、餐椅、橱柜、冰箱等	鲜花、壁画	柔和,顶灯和吊灯为主
卫生间	清洁、舒适、使用方便	简单、敞亮	浴缸、马桶、洗脸台等	五巾、一次性用品等	较强的普通光

（三）客房装饰布置的发展趋势

1. 人性化趋势

所谓人性化,就是坚持"以人为本",提倡亲情化、个性化、家居化,突出温馨、柔和、活泼、典雅的特点。它要求酒店充分考虑到客人的各种需求,通过细小环节向客人传递感情,努力实现酒店与客人的情感沟通,体现酒店对客人的人文关怀,从而无形中带动酒店的人气和知名度。

一些酒店的客房卫生间就有很多人性化的设计细节。例如,气候较为寒冷地区的酒店,其卫生间地面做了地暖处理,能让住客在洗完热水澡后不必担心要踩在冰凉的地砖上,而环绕暖气管的毛巾架会将毛巾烘得干爽温热;在卫生间设置了"请稍候"按钮,按下后门外的访客看到信号,就能心领神会地稍候片刻;为用旧的刀片设置专用的槽形容器,就能避免可能造成的误伤。

2. 科技化趋势

科技使生活变得更美好,我们无时无刻不在享受科技进步带来的便利生活。酒店客房作为酒店最主要的卖点,科技的融入已成为全球酒店服务水平提高必不可少的因素。酒店经营者必须掌握行业的最新发展趋势和技术演进,令酒店运营更具效益,为客人带来更优良的入住体验。

3. 特色化趋势

当今社会,客人的要求越来越高,传统的标准化产品已经不能满足客人的需求。因此,在未来的发展中,酒店只有通过不断创新,打造特色化的客房产品,才能赢得市场。特色化客房产品的打造可以从设施设备、服务、环境营造等方面入手,精准锁定客人的新需求,找到自己独特的人格化标签,在市场中形成差异化创新。此外,由于不同的客人会有不同的住宿需求,未来定制化的客房产品和服务,也会逐渐受到客人的青睐。

知识链接:
细数客房中的高科技

4. 绿色化趋势

如今,绿色消费逐渐成为主流,我国消费者的环保意识也正在增强。人们对环境保护的意识逐步加强,绿色消费的需求剧增,绿色消费逐渐融入人们的生活,深刻地影响着人们的价值观念和消费行为。因此,客房部作为酒店能耗最大的一个部门,在未来的发展中,一定要深入贯彻执行绿色环保的理念和做法,为客人提供健康产品的同时,实现酒店的节能降耗,减轻对环境的污染,真正实现客人、酒店、社会的多赢。

第三节 特色客房

案例引导

女性群体是旅游者中的一个特殊而又数量庞大的消费群体,她们在消费方面具有许多与众不同的特点,这客观要求旅游企业尤其是现代酒店,在产品或服务设计上注重体现女性由于性别特点带来的特殊需求。在全世界酒店业中,最早意识到女性客人需求的特殊性的是希尔顿酒店。早在1974年,美国希尔顿酒店就开辟了专门的女子楼层,专门为单身女性提供旅途中的一切服务。多年来,希尔顿酒店一直致力于为女性消费者提供更为专业、更加细致的服务,从而赢得大批女性客人。在希尔顿酒店的女性客房里,一切设施设备都从女性的生理特点和旅途需要出发,不仅配备了穿衣化妆镜、品牌化妆品、芳香型沐浴露等女性用品,还提供了女士睡袍、吹风机、卷发器、挂裙架、针线包等生活用品。客房装饰所用的色调通常非常温馨,床头柜或茶几上还备有最畅销的女性杂志,就连电话机的款式也讲究活泼、可爱。另外,女性楼层还安排有足够的便衣女保安人员,各项安全措施也非常严密。安全、温馨、舒适的女性客房很受单身女性客人的喜欢,希尔顿酒店也从中尝到了甜头。

(资料来源:范文网。)

特色客房是相对于标准化客房而言的,特色客房是指根据本酒店实际情况、本地综合资源及不断发展变化的客人需求而特别设计和布置的客房。它可以是单间,可以是套间或是整个楼层。

酒店业经过多年的发展,在标准化客房的打造上已经形成了较高的水平。标准客房曾因其大众化和良好的适应性在很长时间里受到了客人的青睐。但是,随着客房商品的同质化现象越来越明显,以及客人的个性化需求越来越高,原有"千店一面"的标准化客房产品已经不能适应现代市场的需求。因此,酒店应根据不同的对象,深度挖掘客人需求,设计各类具有个性色彩的特色客房,突出客房卖点。

一、绿色客房

我国颁布的国家标准《绿色饭店》(GB/T 21084—2007)中对绿色饭店(Green Hotel)给出的定义是:在规划、建设和经营过程中,坚持以节约资源、保护环境、安全健康为理念,以科学的设计和有效的管理、技术措施为手段,以资源效率最大化、环境影响最小化为目标,为消费者提供安全、健康服务的饭店。

绿色客房是绿色饭店的重要组成部分。它是指酒店客房产品在满足客人健康要求的前提下,在生产和服务的过程中对环境影响最小和对物资消耗最低的环保型客房。建设绿色客房的作用在于节能环保,有效地保护地球资源不被浪费。绿色客房的要求包含以下内容。

第一,客房内提供给客人使用酒店家具用品、酒店客房用品是清洁的。

第二,客房是安全的,包括客房设备安全、客房提供的仪器和饮用水安全、保险箱及门锁可靠、消防安全等。

第三,客房的健康要求是指客房内无病毒、细菌等的污染;室内空气是清新的,无化学污染,氧含量满足人体要求等;同时客房家具体现人性化设计,合理布局,室内无噪声干扰,拥有良好的采光和照明等。

第四,为满足上述要求而采用的设备设施、能源、原材料等都是环保型的。

(一)绿色客房的特点

酒店绿色客房具有四个基本特点:环保、健康、安全、节能。

1. 环保

环保是指酒店在经营过程中要减少对环境的污染,实现服务与消费的环境友好。绿色客房环保的特点要求客房采用的设备设施、能源、原材料等都是环保型的,如客房家具的人性化设计、合理布局,室内无噪声干扰等。

2. 健康

健康是指酒店应为消费者提供有益于大众身心健康的服务和产品。不仅要求客房内提供给客人使用的用品家具是清洁的、无污渍的,客房内还要求无病毒、无细菌等的污染;要求室内空气是清新的,无化学污染,氧含量满足人体要求等。

3. 安全

安全是指酒店在服务中确保公共安全和客房安全,包括客房设备安全、食品和饮用水安全、消防安全、治安安全等。

4. 节能

节能是指酒店在经营过程中注重循环经济,节能降耗,减少浪费。绿色客房要求尽量减少一次性消耗品,提高物品的使用率;提倡节约用水,提高水的重复使用率,使客房在使用过程中具有节能效应。

(二)绿色客房的建设重点

绿色客房可以从以下九个系统入手进行重点建设。

1. 能源系统

要求对电、燃气、煤等常规能源进行分析,采取优化方案。对客房的围护结构和供热、空调系统要进行节能设计,建筑节能至少达到50%。有条件的地方鼓励采用新能源和绿色能源(太阳能、风能、地热及其他再生资源)。

2. 水环境系统

水的使用要考虑水质和水量两个问题。水质主要应满足使用要求,质量标准不要过高或过低。为了实现对水的循环使用,在室外系统中可设立排水、雨水等处理后重复利用的中水系统、雨水收集利用系统等,用于水景工程的景观用水系统要进行专门设计并将其纳入中

知识链接:
三张环保卡片

水系统。客房的供水设施宜采用节水节能型,要强制淘汰耗水型室内用水具,推行节水器具。客房内还可规划设计管道直饮水系统,满足客人饮水需要。

3. 气环境系统

居室内能够自然通风,卫生间具备通风换气设施,厨房设有烟气集中排放系统,达到室内的空气质量标准。

4. 声环境系统

绿色客房应有良好的室内声环境,达到国家标准。为此,客房要有良好的隔声设施,但最重要的是客房内设备设施的低噪声。

5. 光环境系统

绿色客房要着重强调满足日照要求,室内要尽量采用自然光,还应注意防止光污染,在室外公共场地采用节能灯具,提倡由新能源提供的绿色照明。

6. 热环境系统

绿色客房的热环境要满足客人的热舒适度要求、建筑节能要求以及环保要求等。客房围护结构的热工性能和保温隔热性能较好,以保证室内热环境满足客人舒适性要求。客房应有温度标准,一般冬季供暖室内适宜温度为 20—24 ℃;夏季空调室内适宜温度为 22—27 ℃。客房采暖空调应该采用清洁能源,并因地制宜采用新能源和绿色能源。鼓励采用不破坏大气环境的循环工质。

7. 绿化系统

绿化系统应具备三个功能:一是生态环境功能,提供光合作用的绿色再生机制,能清洁空气、释放氧气、调节温湿度、保持生物多样性等;二是休闲活动功能,提供户外活动交往场所,要求卫生整洁、适用安全、景色优美、设施齐全;三是景观文化功能,通过园林空间、植物配置、小品雕塑等提供视觉景观和文化欣赏。

8. 废弃物管理与处置系统

废弃物管理与处置包括收集与处置两部分,收集应体现"谁污染谁治理,谁排放谁付费"的原则,处置应以"无害化、减量化、资源化"为原则。生活垃圾的收集要全部袋装,密闭容器存放,收集率应达到100%。垃圾应实行分类收集,分为有害类、无机物、有机物三类,以减少污染,并使资源得到循环利用。

9. 绿色建筑材料系统

在建设绿色客房过程中,对于材料、物品的选用强调两方面:一是选用3R(可重复使用、可循环使用、可再生使用)材料;二是选用无毒、无害、不污染环境、有益人体健康的材料和产品,宜采用取得国家环境保护标志的材料、物品。

上述系统不能孤立地发展,它们在达到绿色客房标准中是相互影响的,因此,这些系统应统一起来,综合考虑。

二、无烟客房

无烟客房是为了满足不吸烟、讨厌烟味的客人准备的房间,一般无烟客房无烟灰缸、火柴,有明显的禁烟标志。在客人入住前问清客人是否需要无烟房,无烟房严禁出售给吸烟的

客人。如有客人在房内吸烟,在客人退房后一星期内不出售此房间,并要进行无烟处理。客房无烟处理程序一般如下。

(1) 客房服务员在进行无烟处理时应开窗通风。
(2) 将客房窗帘进行更换或洗涤。
(3) 将枕芯、被芯进行更换或洗涤。
(4) 对客房地毯进行清洗。
(5) 使用空气净化器或空气除臭剂对房间空气进一步净化除味。
(6) 按正常程序更换床上用品及其他客房用品。
(7) 撤除客房内的烟灰缸、火柴等,放置无烟客房提示卡,并在卡上告知客人如果有访客吸烟请至指定的吸烟区。
(8) 在客房茶几上放置适量糖果,以示酒店对不吸烟客人的感谢。
(9) 在卫生间及客房书桌上摆放可净化室内空气的绿色植物,如金边虎皮兰、绿萝等,以改善客房空气质量,营造绿色氛围。
(10) 在客房门把手上悬挂临时绿色无烟客房标志。

三、无障碍客房

无障碍客房是指针对残疾人设计的客房,又称特殊客房。《旅游饭店星级的划分与评定》(GB/T 14308—2010)对五星级酒店必备项目的检查里明确提出了无障碍客房的要求。无障碍客房设计的要点有以下几个方面。

(一)客房卧室

出入无障碍,门的宽度不宜小于 0.9 米。不宜安装闭门器或其他具有自动关闭性的装置。门上分别在高 1.1 米和 1.5 米处装有窥视镜,门链高度不超过 1 米。床的两边装有扶手,但不宜过长,应方便客人从残疾车上上床。窗帘宜用电动装置,按钮高度为 1.2 米左右。火警报警装置除有听觉报警器外,还应装有可视火警装置。房内电器插座高度不宜超过 1.2 米。

(二)客房卫生间

入口处无台阶,卫生间门宽度不宜小于 0.9 米,门与厕位间的空间距离不小于 1.05 米,洗面盆台面高度在 0.7 米左右,洗面盆台面下应无影响残疾车运行的管道等障碍物。坐便器高度为 43 厘米左右,坐便器一侧装有 70 厘米左右的水平方向扶手。

在浴缸边侧的墙体上装有离地面 60 厘米左右高的垂直方向的扶手一个;在高度为距浴缸平面 20 厘米左右处装水平方向的扶手一个,所有扶手应安装牢固,并能承受 100 千克左右的拉力。毛巾架及挂衣钩的高度不宜超过地面高度 1.2 米。淋浴应采用滑动式可调节喷淋器,并配有 1.5 米左右长的金属软管。图 8-7 所示为无障碍客房的卫生间。

四、减压客房

减压客房是一种新概念客房,又称睡眠客房、健康客房,是指酒店在健康理念的指导下,以高科技生物产品为依托,辅助客人深度睡眠、释放心理压力、提高身体机能的特色客房。

图 8-7　无障碍客房卫生间

减压客房是针对高层次商务客人需求的一种特色化、个性化产品。健康客房的目标客户主要集中于高层次的商务客人,这些人经常在外奔波,工作压力大,精神紧张,不同程度地存在睡眠不足、睡眠质量不高、身体抵抗力下降、疲劳等现象,处于严重的亚健康状态。因此,一些专为此设计并生产的客房产品应运而生。

知识链接:
减压客房

五、主题客房

主题客房是通过空间、平面布局、光线、色彩、陈设与装饰等诸多要素,运用各种艺术手法来设计与烘托某种独特的文化氛围,突出某种主题的客房。主题客房的建设思路有两大类型:一是主题客房隶属于主题酒店,与酒店在主题打造上保持高度一致,如成都鹤翔山庄是一家以道教文化为主题的酒店,该酒店的客房、餐饮、娱乐产品都围绕主题进行设计开发;二是酒店并无明显的主题展现,仅仅打造一部分主题客房,如星级酒店为迎合市场需求而开发的儿童主题客房、蜜月主题客房等。

世界上最早的主题客房兴起于1958年加利福尼亚的Madonna Inn,首先推出12间主题客房,随后发展到109间,成为当时最早、最具代表性的主题酒店。经过多年的探索,世界各地的主题客房设计开发都取得了较大的发展。

(一)主题客房的特点

1. 独特性

主题客房的独特之处在于其鲜明的主题,以及由此而引发的客房产品及服务在细节上的差别,相对于传统标准化客房产品具有极强的独特性。因此,主题客房主题的确定显得非常重要。一个成功主题的确定,应满足以下四个基本条件:一是适应市场需求;二是根植于本土文化;三是融合企业文化;四是串联相关产业。

2. 文化性

主题客房表现不同的主题文化,可以从客房的名称、装饰布置上体现出来。主题客房应以人文精神为核心,以特色经营为灵魂,以超越品位为形式,将浓厚的文化气息渗透在客房的各个细节中,让客人感受到深刻的文化内涵,帮助客人建立鲜明的感知形象。

3. 体验性

未来学家托夫勒曾经说过,体验经济是全球的第四次浪潮,正以飞快的速度促进世界经

济的发展。主题客房将主题元素融入床单、窗帘、灯具、茶具、座椅、电话、卫生间以及服务人员的服饰和服务方式等细节中,为客人提供与众不同的住宿体验。

4. 针对性

主题客房并不适合所有客人,但每间主题客房因其所表达的主题与个性都吸引着相应的群体,因而成为特定目标群体的第一选择。一般而言,隶属于主题酒店的主题客房,因主题的改变涉及面太大,因此在主题的选择上应更为慎重;而一般酒店的主题客房,可以针对目标市场上的一些个性需求,设计一定比例的客房,以增加酒店产品的针对性和个性化色彩,同时可以根据市场变化适时做出调整。

(二)主题客房的类型

酒店业发展至今,市场上已经出现了品类繁多、形式各异的主题客房。一般来说,常见的主题客房有以下几种类型。

1. 以客人年龄、性别为主题的客房

如女性客房、老年人客房、儿童客房、婚庆客房、蜜月客房等,是主题客房中较为常见的类型,在很多酒店都可以看到。这类主题客房的设计,要充分结合客人的年龄、性别来设计客房的功能,充分体现人性化需求。

以老年人客房为例,是指老年人专用客房。如今,世界人口普遍向老龄化发展,老年人市场越来越受到重视。老年人在酒店的相对停留时间较长,消费较高,因此,"银发市场"已成为酒店新的竞争点。老年人客房的设计、装饰要注重传统的民族风格,配以字画、摆设;其色调以暖色调为主,多用调和色;在绿化布置上,可多用观赏盆景和常绿植物、鲜花。健康、方便是老年人客房的考虑重点。例如,卫生间要设置防滑把手,门把和开关位置要适宜。要设置多个召唤铃,以便客人不用移动太远,就可询问自己需要的服务。

2. 以民族或地域文化为主题的客房

民族或地域文化是酒店主题客房取材的源泉,如道教文化主题客房、中式古典主题客房、和式主题客房、欧式主题客房等。

下面以道教文化主题客房为例进行介绍。成都青城山脚下的鹤翔山庄是一家主题酒店,客房也显现了道家文化。两个客房楼分别称为长生园和望鹤楼。床是黄色的龙床,床尾是由金、褐、黄三色织成的"无量寿福"的缎巾,帐幔上"寿"图垂挂,坐垫正中有"寿"字,可谓是房内无处不见"寿"。客房的书架成为一个挤占空间很小的贴墙装饰,放些修身养性的休闲的读物,阳台上有根雕桌凳,摆放花草。卫生间里是木格装饰的灯,卫生用品借用装放书法长卷的木盒,古朴、清新,又不失现代物质消费的水准。服务员的服装也以鹤为主题,领子、胸襟和袖口都绣上白鹤,底色为绛紫色,缀以玫瑰红色和鹅黄色展现高雅气质。尤其是胸襟的设计,有鹤,又形似太极图,很有文化韵味。房间门牌用乌木雕琢而成,走道上铺以石块,墙两边有根雕烘托陪衬。

3. 以某种时尚、爱好为主题的客房

以某种时尚及兴趣爱好为主题的客房对具有这方面兴趣的客人有很大的吸引力。客人在这种主题客房住宿的同时,也满足了其在兴趣爱好方面的需求,获得了身体和精神的双重放松。如电影主题客房、汽车主题客房、足球主题客房、邮票主题客房等。

电影主题客房中融入了电影元素,受到了广大电影爱好者的喜欢。台北坎城时尚旅店,只有49间客房,但每间客房都是一个电影主题,如埃及艳后主题客房、霸王别姬主题客房、感官世界主题客房、国王与我主题客房、哈瓦那之夜主题客房等。房间内所有装饰布置都尽可能地围绕电影情节,为客人营造真实的电影意境,以房间的整体造型取代移动式家具设计,大至桌椅摆饰,小至卫浴脸盆,每个细节都是独一无二,完整呈现"一房一意境"的设计理念。

4. 以某种特定环境为主题的客房

现代人喜欢猎奇,在旅途中渴望有一些从未有过的经历,渴望处于一种奇特的环境之中。一些以某种特定环境为主题的客房,使寻求刺激、感受新奇的客人得到满足。如海底世界主题客房、太空主题客房、胶囊主题客房、冰雪主题客房等。

坐落在瑞典北部拉普兰 Ice Hotel,是世界上第一家冰雪酒店,也是最有名的一家。酒店始建于1990年,每年12月中旬开放,到来年4月中旬,酒店渐渐消融,融冰之水流回托尔纳河的怀抱,完成一个轮回。酒店每年提供30间左右的套房,均是由各个国家的设计师进行精心打造。比如瑞典本地的艺术家组合 Bernt Westerlund 和 Tj sa Gusfors 以月球表面为主题的豪华设计,名为"带我去月球",整个房间里洒满了点点星光,床头还挂着一个由木雕家设计的盈月模型,让客人如同置身于浩瀚苍穹之下。来自保加利亚的建筑师与雕刻家合作,以蘑菇为主题的套房,床头和房顶是用积雪雕琢出的簇拥在一起的蘑菇群,形象逼真,客人就像置身于一个蘑菇王国中。酒店为客人提供的鹿绒床和睡袋足以抵御-25℃的极低温度,让客人充分体验到冰雪和热情的交融。

本章小结

客房产品是酒店最为重要的产品,随着消费者需求的提升,客房产品的设计显得越来越重要。本章介绍了客房楼层建筑结构设计的三种类型,即板式、塔式、内天井式。分析了客房楼层交通设计的关键点,针对客房室内的空间设计,重点介绍了客房的类型、功能布局、装饰布置等。结合当前酒店客房的发展现状及趋势,对绿色客房、无烟客房、无障碍客房、减压客房、主题客房等特色客房的产品设计进行了介绍。

关键概念

客房产品　装饰布置　绿色客房　主题客房

复习思考题

1. 复习题

(1)客房楼层的建筑结构设计包含哪些类型?

(2) 按客房内床的数量和规格划分,客房可以分为哪些类型?
(3) 客房都应具备的五个基本功能空间包括哪些?
(4) 绿色客房的建设可以从哪些方面入手?
(5) 市场上常见的主题客房有哪些类型?

2. 思考题

客房是客人停留时间最长的区域,客房装饰布置的好坏是客人评价尤为重要的方面。客房装饰布置应注意哪些原则?未来发展趋势有哪些?

◇ 案例分析

酒店玻璃卫生间设计

◇ 实训操练

1. 调查附近酒店的客房,结合所学知识,对该酒店客房的装饰布置提出整改意见。
2. 结合所学知识,撰写一份中式婚礼的婚庆主题客房策划书。

◇ 进一步阅读推荐

1. 王玲.基于质量功能展开的亲子酒店开发与设计[D].天津:天津财经大学,2019.
2. 何钰婷.中国主题客房发展现状及未来出路研究[J].旅游纵览,2019(10):61.

第九章

客房清洁卫生管理

学习目标

了解清洁工具、清洁剂的选购、使用与管理;熟悉客房部清洁卫生管理工作的基本要求;掌握各种客房状态的清洁整理工作的基本程序;熟悉客房计划卫生项目的确定、实施和管理工作;掌握公共区域卫生管理的业务范围与管理方法。

第一节 清洁器具和清洁剂

案例引导

近日,某市召开住宿场所分色管理现场推进会。全市所有星级宾馆、快捷连锁酒店的有关负责人参加了推进会。会后,这些负责人按星级宾馆、快捷连锁酒店类别,分别前往示范酒店参观住宿场所分色管理工作开展情况。

据悉,目前该市多数宾馆、酒店仍使用统一的白色毛巾当抹布,仅在上面做一些记号用来区分,比较容易混淆,增加交叉污染的风险。而分色管理是一种控制公共场所卫生安全的有效管理手段,根据卫生操作流程,要求员工在整理客房卫生时,根据客房不同区域、不同用具、不同部位使用红色、黄色、绿色等不同颜色的抹布进行卫生清洁的管理模式。这样一来,可以很好地杜绝一条抹布擦到底、擦完马桶擦口杯的现象,最大限度地防止交叉污染。

(资料来源:根据网络资料整理。)

清洁卫生工作是客房部的一项主要工作,也是酒店一切工作的基础和前提,它直接影响酒店的形象、安全乃至经济效益。客人的舒适、美观、清洁、方便都需要通过客房的整理和清扫来实现。因此,客房部必须借助必要的工具和清洁剂来保障客房清洁卫生工作的顺利开展。

一、清洁器具的分类

客房部在清洁保养工作中所使用的清洁器具主要包括两类,即一般器具和机器设备。

(一) 一般器具

一般器具是指不需要电动机驱动而可以直接手工操作的清洁工具,如抹布、扫帚、拖把、手推车、玻璃清洁器等。

(二) 机器设备

机器设备通常是指由电动机驱动的清洁器具,如吸尘器、吸水机、洗地机、打蜡机等。

二、清洁器具的种类和用途

(一) 一般器具的种类和用途

1. 抹布

抹布用途很多,如除尘、除渍、吸水等。不同用途,需用不同质地、不同规格的抹布。抹布要有明显的区别标志,以免混淆和交叉使用。特别是由原来的客用布件改制而成的抹布,要防止与在用的客用布件混淆,避免引起客人的误会。在使用抹布时,通常要将抹布折叠起来,多面使用。用过的抹布要洗涤、消毒和晾干,并进行妥善保管。抹布的数量要充足。

2. 扫帚

扫帚的基本用途是扫除灰尘杂物。由于使用用途和使用场所不同,扫帚也有很多不同的种类:长柄扫帚、单手扫帚、小扫帚。使用扫帚时,清扫幅度不宜过大,避免尘土飞扬、泥水四溅。使用后,要对其进行清洁,使其保持干燥。

3. 畚箕

畚箕主要用于收集和转运垃圾。畚箕的规格、种类很多,有敞口畚箕和提合式畚箕等。

4. 拖把

拖把的用途比较多,最基本的用途是清洁光滑地面。常见的有干拖把、湿拖把和油拖把。干拖把和油拖把以扁平形为佳,而湿拖把以圆头形为宜。在使用拖把时,要讲究移动线路,常用的方式是直线或"∞"形移动,要避免遗漏。在移动中拖把不能离开地面。拖把要及时清洗或清洁。在使用湿拖把时,不仅要清洗干净,而且还要尽量将水拧去,以无水滴为宜。拖把在使用后,要洗净晾干,挂放起来,以防止霉烂、滋生细菌。

5. 拖把拧水器

拖把拧水器是与拖把相配套的器具,其作用是拧去清洁后拖把上的水或浸蜡后拖把上多余的蜡液。拖把拧水器有滚轴式、下压式和边压式等几种。

6. 拖地车

拖地车是可以推动的小型工具车,由清洁桶、拧水器、车架、车轮组成。

7. 尘推

尘推即地面尘推器,主要用于光滑的地面的除尘,它可将地面上的尘土、沙砾等杂质清除,从而减轻对地面的磨损,保持地面的清洁。尘推由尘推头、尘推架两个部分组成。尘推的种类很多,常用的主要有普通尘推、剪式尘推和折式尘推。使用和保养尘推的注意事项如下。

(1) 将用牵尘剂(尘推处理液)处理过的干尘推平放在地上,以直线或"∞"字形推进,尘推不可离地。

(2) 当尘推沾满尘土后,将尘推放在垃圾桶上清洁。

(3) 当尘推失去沾尘能力时,要重新用牵尘剂处理,才可再用。

(4) 尘推变脏后可用碱水清洗,晾干后用牵尘剂处理,用胶袋封好备用。

8. 地刷

地刷的主要用途是清洗地面。在清洁保养地面时,有些场所和部位难以使用机器清洗,地刷要比机器灵敏,使用场所和部位较多。

9. 玻璃清洁器

玻璃清洁器主要用于清洁玻璃、镜面及其他光滑的面层。一套玻璃清洁器主要包括伸缩杆、擦拭器、刮刀等配件。玻璃清洁器在使用时,用水枪、注射器或擦拭器喷涂水或清洁液浸湿玻璃后,用擦拭器擦拭,再用刮刀刮净层面上的水和污渍,用吸水布将刮刀上的污渍擦净。玻璃清洁器在使用后要拆卸下来,清洗擦拭干净,分开存放。

10. 刷子

刷子的用途很多,其种类也很多,如脸盆浴缸刷、便器刷、窗沟刷、地毯刷等。工作中可根据需要配备,并区别使用,用后要洗净放好。

11. 鸡毛掸

鸡毛掸是用鸡毛做成的掸子,多用于室外清洁和高处除尘。

12. 小铲刀

小铲刀主要用于铲除面层上的黏物和难以清除的污垢,如口香糖等。使用时刀口要放平,用力要适中,不能破坏层面。

13. 警示牌

警示牌主要用于提醒警示,防止发生伤害事故。

14. 接线插盘

在某些区域进行清洁保养时,需要用到一些清洁电器及设备。为了解决离电源插座远的问题,就需要使用接线插盘。

15. 工作车

工作车是用于存放工具用品的手推车。工作车的种类很多,有客房工作车(见图9-1)、公共区域清洁工作车、物品搬运车等。工作车必须保持清洁,物品摆放要整齐美观,使用时要平稳推动。车轮要适时加油润滑,以利于转动灵活、消除噪声。

图 9-1 客房工作车

（二）机器设备的种类和用途

1. 擦地机

擦地机具有洗地、起蜡、上蜡、喷磨及洗地毯的功能。

2. 抛光机

抛光机是对打蜡后的地面进行喷磨和抛光。喷磨可以用单擦机或低速抛光机，而抛光则要用高速抛光机。抛光机的主要配件是百洁刷片。百洁刷片因成分不同而有不同的用途，可以通过颜色来加以区别。一般情况下，百洁刷片由浅到深的顺序为白色、米色、红色、蓝色、绿色、褐色、黑色，颜色越浅，硬度越低，研磨性越小，抛光性能越好；颜色越深，硬度越高，研磨性越大，擦洗性能越好。

抛光机一般配置喷蜡嘴。喷蜡嘴安置在机器的前部，可以边喷洁面蜡边抛光。

3. 吸尘器

吸尘器只适用于干燥的环境，在潮湿的环境下吸除脏液，需要使用吸水机。也有吸尘、吸水两用的机器，即吸尘吸水机。

4. 地毯抽洗机

地毯抽洗机俗称三合一地毯抽洗机，集喷液、刷洗、吸水为一体。

5. 吹干机

吹干机常用于地毯/地面清洁后的吹干。根据地面潮湿程度的不同可调节风速（一般分为三速），促进地毯/地面的水分蒸发，加速地毯/地面的干燥。

6. 高压清洗机

高压清洗机俗称高压水枪，分冷水、热水型，主要是通过水的压力及温度对游泳池、广场、厨房及冷库等区域进行清洁，特别适合地面顽渍的处理。出水温度最高能达到100℃，工作压力最高能达到200帕左右。

7. 软面家具清洗机

软面家具清洗机俗称沙发机，其工作原理是由主机将兑制的高泡清洁剂制成泡沫，盘刷以泡沫来旋转清洗物面。

三、清洁剂的种类与用途

目前酒店使用的清洁剂大致有以下几种。

(一)酸性清洁剂(pH 值<7)

1. 盐酸(pH 值=1)

盐酸主要用于清除建筑施工时遗留下的水泥、石灰斑垢。

2. 硫酸钠(pH 值=5)

硫酸钠可与尿碱中和反应,用于清洁卫生间便器,但使用时要量少且不能常用。

3. 草酸(pH 值=2)

草酸与前两种清洁剂相比,效果更强。

客房部可少量配备上述三种酸性剂,用于计划卫生或消除尘垢,使用前必须将清洁剂稀释,不可将浓缩液直接倒在瓷器表面。

4. 马桶清洁剂(pH 值为 1—5)

马桶清洁剂主要用于清洁客厕和卫生间便器,有特殊的洗涤除臭和杀菌功效。呈酸性,但含有合成抗酸性剂,安全系数增加,要稀释后再使用。在具体操作时,必须在抽水马桶和便池内有清水的前提下倒入数滴,稍等片刻后,用刷子轻轻刷洗,再用清水冲洗。

5. 消毒剂(5<pH 值<7)

消毒剂主要呈酸性,除了作为卫生间的消毒剂外,还可用于消毒杯具,但一定要用水漂净。

(二)中性清洁剂(pH 值≈7)

1. 多功能清洁剂

多功能清洁剂是酒店用量最大的清洁剂,宜用于日常卫生清洁,但对特殊污垢作用较小。pH 值为 7—8,呈中性至弱碱性,主要含表面活性剂,可去除油垢,除不能用来洗涤地毯外,其他地方均可使用。原装均为浓缩液,使用前要根据使用说明进行稀释,再擦拭家具,便可去除家具表面霉变的污垢、油脂化妆品等,不仅很少损伤物体表面,还具有防止家具生霉的功效。

2. 地毯清洁剂

地毯清洁剂是一种专用于洗涤地毯的中性清洁剂。因所含泡沫稳定剂的剂量不同,地毯清洁剂分为高泡沫和低泡沫两种,高泡沫一般用于干洗地毯,低泡沫一般用于湿洗地毯。低泡沫地毯清洁剂如果用温水加以稀释,去污效果更好。

(三)碱性清洁剂(pH 值>7)

1. 玻璃清洁剂(pH 值为 7—10)

玻璃清洁剂通常为大桶装液体,类似多功能清洁剂,主要功效是除污斑,在使用时需装在喷壶内,先对准污迹喷一下,然后立即用干布擦拭,可光亮如新。高压的喷装,内含挥发溶剂、芳香剂等,可去除油垢,使用后留有芳香味,并会在玻璃表面留下透明保护膜,方便以后清洁工作,虽价格较高,但省时省力,效果很好。

2. 家具蜡(pH 值为 8—9)

家具蜡具有清洁和上光双重功能,形态有乳液态、喷雾态、膏状等几种。家具蜡内含蜡(填充物)、溶剂(除污垢)和硅铜(润滑、抗污),可去除动物性和植物性的油污,并在家具表面形成透明保护膜,防静电、防霉。使用时先将蜡倒一些在干布或家具表面擦拭一遍,约 15 分钟后再擦拭一遍,进行上光,两次擦拭效果好。

3. 起蜡水(pH 值为 10—14)

起蜡水的强碱性可将陈醋及脏垢浮起,从而达到去蜡功效。用于需两次打蜡的大理石和木板地面。碱性强,起蜡后一定要反复清洗地面,然后才能再次上蜡。

(四)上光剂

1. 省铜剂(擦铜水)

省铜剂通过氧化掉铜表面的铜锈而使铜制品光亮。省铜剂为糊状,只能用于纯铜制品,镀铜制品不能使用,否则会将镀层氧化掉。

2. 金属上光剂

金属上光剂用于除锈、除污、上光,含轻微磨蚀剂、脂肪酸、溶剂和水,主要用于铜制品和金属制品,如锁把、扶手、水龙头、卷纸架、浴巾杆等。

3. 地面蜡

地面蜡包括封蜡和面蜡,封蜡和面蜡又分为水基和油基两种,水基蜡主要用于大理石地面,油基蜡主要用于木板地面。蜡的形态有固态、液态、膏态三种,较常用的是膏态、液态两种。封蜡主要用于第一层底蜡,内含填充物,可堵塞地面表层的细孔,起到光滑作用,好的封蜡可以维持 2—3 年。面蜡主要是打磨上光,增加地面光洁度和反光强度,使地面更为美观。

(五)溶剂

溶剂为挥发性液体,常被用于去除油污,可让忌水的物体避免水的浸湿。

1. 地毯除渍剂

地毯除渍剂专门用于清除地毯上的特殊斑渍,适合忌水的羊毛地毯。地毯除渍剂有两种:一种专门清除果汁色斑;另一种专门清除油脂类脏斑。清洁时用毛巾(或喷罐装)在脏斑处蘸除、擦拭。发现脏斑要及时擦除,否则效果较差。

2. 药用酒精

药用酒精主要用于电话机消毒。

3. 牵尘剂(静电水)

牵尘剂用于浸泡尘拖,对免水拖地面,像大理石、木板地面进行日常清洁和维护。具体操作时,应先将尘拖头洗干净,然后用牵尘剂浸泡,待全干后再用来拖地,除尘效果非常明显。

4. 杀虫剂

喷罐装的高效灭虫剂,如"必扑""雷达"等,在对房间定时喷射后密闭片刻,可杀死蚊、蝇和蟑螂等飞虫和爬虫。服务员使用这类杀虫剂杀虫安全方便,但如果有老鼠则应请专门卫生机构,或买专门用于灭鼠的药粉由专人负责灭杀。

5. 空气清新剂

空气清新剂兼具杀菌、祛除异味、芳香空气的作用。空气清新剂品种很多,不一定都是溶剂型。空气清新剂香型种类很多,香型选择要考虑适合大众的习惯。辨别空气清新剂质量优劣的最简单的方法就是统计留香时间长短,留香时间长的为好。

第二节 客房日常清洁

案例引导　　　　布草芯片

新闻曝光一些酒店床单上有污渍,床单、浴巾没有洗过就继续使用。近日,某市首家绿色洗涤基地正式投入运营。这家基地给每一条毛巾、每一张床单都"植入"了芯片,何时启用、洗涤过几次等信息都逐一被芯片记录。除此之外,还印上二维码,住店客人扫码即可获知相关洗涤信息。

小到毛巾、大到被罩,在其边角里都缝制有一个比打火机略小的薄薄芯片,该芯片耐水、耐高温,被缝合在床单、毛巾、浴巾、被罩里后,等于让每一件酒店布草都有了唯一的电子身份证,使得"一客一换"透明化。

(资料来源:中国新闻网。)

客房是客人在酒店逗留时间最长的地方,也是其在旅途中拥有的私人空间,因而他们对客房的要求往往比较高。市场调查表明,客人选择酒店需要考虑各种要素。不同类型、不同层次的客人对这些要素的要求不尽相同或侧重点不同,但是对客房清洁卫生的要求甚高却是相同的。美国康奈尔大学酒店管理学院的学生曾花了一年的时间,调查了3万名顾客,其中60%的人把清洁、整齐作为酒店服务的"第一要求"。因此,搞好客房的清洁整理,保证客房清洁卫生、舒适典雅、用品齐全是客房部的一项重要任务。

一、客房清洁整理的准备工作

为了保证客房清洁整理的质量,提高工作效率,必须做好客房清洁整理的准备工作。

(一)签领客房钥匙

客房服务员应准时上岗。上岗前,应按酒店的规定换好工作服,整齐着装,整理好仪容仪表,然后到客房中心签到。值班经理或领班应召开班前会,对服务员的仪容仪表、精神状态进行检查,然后下达工作任务,使每位服务员明确自己的工作楼层、客房号、当日客情、房态以及特殊要求或特殊任务等。

服务员接受工作任务后,要领取客房钥匙(房卡)。客房钥匙由客房中心值班员统一收发保管,员工签字,填写钥匙收发登记表,然后尽快到达自己的工作岗位并立即进入工作状态。表9-1所示为楼层万能钥匙交接表。

表 9-1 客房部_____楼层客房万能钥匙交接表

年　　月　　日

楼层	领用时间	领用人	发放人	归还时间	归还人	接收人	备注

统计备用万能钥匙交接数量	交接时间： 白班主管： 夜班主管：		固定数		实际数	
			开门卡　　把		开门卡　　把	
			封门卡　　把		封门卡　　把	
	交接时间： 白班主管： 夜班主管：		固定数		实际数	
			开门卡　　把		开门卡　　把	
			封门卡　　把		封门卡　　把	

（二）了解分析房态，决定客房清扫程度和顺序

服务员在开始清扫整理前，须了解核实客房状态，其目的是确定房间清扫的程度和清扫顺序。这是必不可少的程序。

1. 明确房态

不同状况的房间，其清扫要求是不同的。

（1）简单清扫的房间。空房属于这一类房间，一般只需要清理房间的表面卫生和放掉水箱、水龙头等积存的陈水。

（2）彻底清扫的房间。住客房和走客房都属于此类房间。而长住房也应利用客人外出时予以彻底清扫。

2. 决定清扫顺序

客房的一般清扫顺序为：①VIP房，此类房间须在接到清扫通知的第一时间清扫，并按酒店规定的礼遇规格要求进行布置；②挂有"请清理房间"的房间；③住客房；④走客房；⑤空房。

合理安排清扫顺序，其目的在于既满足客人的特殊需求，又要优先考虑加速客房出租的周转。因此，以上清扫顺序不是一成不变的，如遇特殊情况可做灵活变动。如果在旅游旺季，客房较为紧张时，也可考虑先打扫空房、走客房，使客房能尽快重新出租。

长住房应与客人协商，定时打扫。待修房因房内有质量问题需要维修，应检查是否修好。如果尚未修好，一般不予清扫。"请勿打扰"房客人要求不受打扰，一般在客人没有取消这一要求前，客房不予打扫。但是，如果客房长时间挂着"请勿打扰"牌或亮着指示灯而超过酒店规定的时间（一般为下午 2:00），则应按规定的程序和方法进行处理。

（三）准备工作车和清洁工具

工作车是客房服务员清扫整理房间的重要工具。准备工作车，就是将其内外擦拭整理

干净,然后将干净的垃圾袋和布草袋挂在挂钩上,再把棉织品、水杯、烟灰缸、文具用品及其他各种客用消耗品备齐(准备数量为客房一天的消耗量),按规定的标准整齐摆放在车上,要求工作车完好无损。最后备齐各种清扫工具。

吸尘器是客房清扫不可缺少的清洁工具,使用前,要检查各部件是否严密,有无漏电现象,如有问题要及时修好,还要检查蓄尘袋内的灰尘是否倒掉。

工作车和清洁工具的准备工作,一般要求在头天下班前做好,但第二天进房前,还须做一次检查。

服务员在做好以上准备工作后,应再检查一次自己的仪容仪表,然后将工作车推到自己负责清扫的工作区域,停在走廊靠墙的一侧,以免影响客人行走。吸尘器也推出放好。

二、房间的清洁整理

为了保证房间的清洁整理工作能够有条不紊地进行,提高劳动效率,同时避免过多的体力消耗和意外事故的发生,客房部要指定卫生操作程序,实行标准化管理,这是客房卫生清洁管理的首要内容。

(一)走客房的清洁整理

1. 敲门进入房间

进入客房前必须敲门,得到允许后方可进入房间。敲门时要先轻轻敲三下,然后报称客房服务员,待客人允许后方可启门进入。如果三四秒钟后客房内没有回答,再轻敲三下并报名。重复三次仍没有回答时,可用钥匙慢慢地把门打开。进房后,无论客人是否在房间,都不得将门关严。如果客人在房间,要立即礼貌地向客人讲明身份,征询是否可以进房清扫。如进房后,发现客人在卫生间,或正在睡觉、正在更衣,应立即道歉,退出房间,并关好房门。须注意,敲门时不得从门缝或门视镜向内窥视,不得耳贴房门倾听。

进房清扫整理前,将"正在清扫"牌挂在门锁上。把空调开大,并关掉开着的灯,拉开窗帘。如房间有气味,要打开窗或喷洒空气清新剂。

整个清扫过程中,房门必须始终敞开。清扫一间开启一间,不得同时打开几个房间,以免客人物品被盗。

2. 清理垃圾杂物,撤走用过的客房用品

(1)将卫生间垃圾和房间垃圾、烟灰缸里的烟头倒入垃圾桶,清理纸篓,然后将烟灰缸放到卫生间内。倒烟灰缸时,要检查烟头是否熄灭,不可将烟头倒入马桶。要注意消耗品的回收和再利用,同时注意如有剃须刀等尖利物品和废电池等对环境有污染的物品应单独处理。

(2)撤出客人用过的餐具、茶杯、冷水杯等,如果房间内有免费招待的水果,要将不新鲜的水果及果皮盘一同撤走。清理住客房垃圾杂物时,若未经客人同意,不得私自将客人剩余食品、酒水饮料及其他用品撤出房间。

(3)将棉被折叠整齐,放于电视柜内或壁橱内。

(4)逐条撤下用过的床罩、枕袋、毛毯和床单,放进工作车,并放入相应数量的干净床单和枕袋。撤床单时要抖动一下以确定未夹带衣物等。床上有客人衣物时,要整理好。

3. 做床

目前,国内酒店一般采用中式做床法,主要程序如下。

(1) 拉床。屈膝下蹲,用力将床向外拉出至30—40厘米位置。

(2) 铺床单。调整床垫,将床垫拉平放正,发现有弄脏的要及时更换。

①开单。将床单齐口对着自己,拉开床单,一只手抓单尾向床尾抛出。

②抛单。站在床头中间位置,打开床单,两手分别扯住床单头两侧压线处,正面朝上,轻举两手,用力向下抛单,使中线居中,两边均匀无褶皱,单头多出床头边缘约30厘米。

③包角。包床头两角,拉紧包严成90°,然后把余出的床单掖入床垫下,到床尾包另外两角,掖入余出床单,使床单包紧、包平、无褶皱,四角饱满、挺括。

④被套。将被套上部内两角翻出,两手反握住两角与被芯顶角,用力甩动、套好;站在床尾处系好被套,被套带不外露。

(3) 铺被子。被子前端与床头对齐,被面平整,两侧均匀下垂,床尾无外露。

(4) 套枕套。将枕套抖开,开口面平铺于床面,左手指拎着开口处,右手抓住枕芯前端约1/3处,从开口处送入枕套,直至与枕套两底角吻合,然后将枕芯另外两端塞好。

(5) 放置枕头。标准间将两枕头整齐平放在床头正中,枕套口向下,四角对齐整平,拍松。枕套短开口一侧背向床头柜。大床间枕套对开口互对、背向床头柜,两对枕套交接处相距约5厘米。

(6) 推床。将床缓缓推回原位,与床头板对齐,检查整体是否美观。

4. 抹尘

(1) 从门外门铃开始抹至门框。按顺时针或逆时针方向抹,先上后下,先里后外,先湿后干,不留死角。灯泡、镜面、电视机等要用干布抹。

(2) 将物品按规定摆放整齐,抹的过程中应默记待补充的物品。

(3) 每抹一件家具、设备,就要认真检查一遍,如有损坏,应在楼层客房清扫情况工作表上做好记录。

抹尘时抹布要有分工,即房间用抹布和卫生间抹布必须分开。不得用客人"四巾"做抹布。

5. 补充客用物品

补充房间和卫生间内物品,要按照规定的位置摆放好。整理房间时,将客人的文件、杂志、书报等稍加整理,并放回原来的位置,但不得翻看。尽量不触动客人的物品,更不要随意触摸客人的照相机、计算器、笔记本和钱包之类物品。

6. 吸尘

(1) 吸尘时要由里往外吸,先吸房间,后吸卫生间。要注意行李架、写字台底、床头柜底等边角位的吸尘。

(2) 吸尘后,客房的清扫工作结束。

7. 清洗卫生间

卫生间清洁是客人最重视的,因为卫生间是否清洁美观,是否符合规定的卫生标准,直接关系到客人的身体健康,所以卫生间清洗工作是客房清扫服务的重点。

(1)进入浴室,撤出客人用过的皂头、浴液、发液瓶及其他杂物。清理纸篓。用清洁剂全面喷一次"三缸"(浴缸、洗脸盆、马桶)。

(2)用毛球刷擦洗脸盆、云石台面和浴缸,然后用花洒放水冲洗。用专用的毛刷洗刷马桶。

(3)用抹布擦洗"三缸"及镜面、浴帘。马桶要用专用抹布擦洗,注意两块盖板及底座的卫生,完后加封"已消毒"的纸条。

(4)用干布抹干净卫生间的水渍,要求除马桶水箱蓄水外,所有物体表面都应是干燥的,不锈钢器具应光亮无迹,同时默记卫生间需补充的物品。

清洗卫生间时必须注意不同项目使用不同的清洁工具、不同的清洁剂。清洁后的卫生间必须整洁、干净、干燥、无异味,无脏迹、皂迹和水迹。

8. 自查

(1)服务员应环顾房间、卫生间是否干净,家具用具是否摆放整齐,清洁用品是否遗留在房间等。检查完毕,要把空调调到合适的温度。

(2)关好总电开关,锁好门,取下"正在清扫"牌。若客人在房间,要礼貌地向客人表示歉意,然后退出房间,轻轻将房门关上。

(3)填写楼层客房清洁情况工作表(见表9-2)。

表9-2 楼层客房清洁情况工作表

楼层　　　　　　　　　　　　　　　　　　　　　　　　　　年　月　日

房号	房态	类别	时间		床单		枕套		浴缸		方巾		面巾		浴巾		地巾		清洁情况	备注
			出	入	出	入	出	入	出	入	出	入	出	入	出	入	出	入		
01																				
02																				
03																				
04																				
05																				
06																				
⋮																				
12																				
特殊情况记录		注:类别是指客房清扫、开夜床、小整理等。																		

领班签名:　　　楼层服务员签名:

(二)住客房的清洁整理

住客房的清洁整理程序基本跟走客房清洁相同,但要注意以下几点原则。

(1) 征得客人同意后方可进入房间。
(2) 不得使用客房内任何设施,如遇电话铃响不得接听客人房内电话。
(3) 客人的物品不可随意乱动、乱翻,要保持在原位。
(4) 除垃圾桶内的物品,不能扔掉其他物品。
(5) 在整理房间时,如果客人中途回房,应注意核实客人身份;房间整理完毕,应向客人问候后再离开。

同步案例　　　　重要的黄土

一位台湾客人在一家酒店住了一晚,第二天下午找到客房部经理投诉,说他在客房丢了一包黄土。这包土对他很重要,是他专程到大陆他家的祖坟上取来要带回台湾的。客人即将登机返台,黄土丢了,怎么办?客房部经理接到投诉,立即找当班服务员进行调查。服务员回想起在打扫那位客人的房间时,看到过一包黄土,以为是没用的东西,就随手扔掉了。客房部经理了解了情况后,诚挚地向客人致歉,马上带领多名员工,到垃圾堆去寻找那包黄土。客房部经理和服务员在臭气熏天的垃圾堆里一点一点扒开污物,细心查找了3个多小时终于找到,他们将这包重要的黄土归还给了台湾客人。

(资料来源:根据网络资料整理。)

阅读并思考:
1. 在客房清洁中服务员违反了哪些原则?
2. 从该案例中你受到什么启发?

(三) 空房的清洁整理

空房是客人走后,经过清扫尚未出租的房间。空房的清洁整理,主要是擦净家具、设备,检查房间用品是否齐备。空房的整理虽然较为简单,但却必须每天进行,以保持其良好的状况,随时能住进客人。具体做法如下。

(1) 仔细查看房间有无异常情况。
(2) 用干湿适宜的抹布擦拭家具、设备、门窗等(与住客房程序相同)。
(3) 卫生间马桶、地漏放水排异味,抹卫生间浮灰。
(4) 连续空着的房间,要每隔3—4天吸尘一次。
(5) 卫生间"四巾"因干燥失去柔软性,须在客人入住前更换新的。
(6) 检查房间设备情况,要看天花板、墙角有无蜘蛛网,地面有无虫类。

(四) 小整理服务

小整理服务是对住客房而言的,就是在住客外出后,客房服务员对其房间进行简单的整理,其目的就是要使客人回房后有一种清新舒适的感觉,使客房经常处于干净整洁的状态。小整理服务是充分体现酒店优质服务的一个重要方面。各酒店应根据自己的经营方针和房价的高低等实际情况,决定是否需要提供小整理服务。一般应至少对 VIP 客房和高档客房提供这项服务。具体做法如下。

(1) 拉好窗帘,整理客人午睡后的床铺。

(2) 清理桌面、烟灰缸、纸篓内和地面的垃圾杂物,注意有无未熄灭的烟头。

(3) 简单清洗整理卫生间,更换客人用过的"四巾"、杯具等。

(4) 补充房间茶叶、热水和其他用品。

（五）夜床服务

夜床服务就是对住客房进行晚间寝前整理,又称做夜床或夜间服务。夜床服务是一种高雅而亲切的服务,其作用主要如下:方便客人休息;整理干净使客人感到舒适;表示对客人的欢迎和礼遇规格。

夜床服务通常在晚上 6 点以后开始,因为这时客人大多外出用餐而不在房内,既不打扰客人,又方便服务员工作。夜床服务的基本程序如下。

(1) 敲门进入房间,敲门时报称"客房服务员"。如客人在房内,先礼貌地询问客人是否要做夜床,征得同意后方可进入。若客人不需做夜床,要向客人表示歉意,并道晚安。若房内无人,则可开门进入房间。

(2) 开灯,将空调开到适宜温度,轻轻拉上窗帘。

(3) 清理烟灰缸、废弃杂物。同时检查热水是否备妥,物品有无短缺。

(4) 做夜床(开床)。

①将床尾垫取下,折叠整齐,放于规定位置。

②将床头柜一侧的被子向外掀起,折成 45°。一室二床的房间,如住一位客人,尤其是一位女宾时,一般开内床(即靠墙壁的一张),或按客人习惯开床。不要同时开两张床。

③折松枕头并将其摆正,如有睡衣应叠好放在枕头上,同时摆好拖鞋。

④按酒店的规定在床头的枕头上放上晚安卡、小礼品等。

(5) 整理卫生间。冲洗马桶,擦洗脸盆、浴缸等,撤换 VIP 用过的毛巾、杯具等,其他客房稍做整理。

(6) 补充房间茶叶、热水和其他用品。

(7) 检查。检查房间及卫生间,查看是否有纰漏,然后将灯关掉(床头灯、廊灯除外),最后退出房间,关好门。若客人在房间,要向客人道声"打扰了,晚安",并将门轻轻关好。

(8) 填写晚间服务记录。

第三节　客房计划卫生

案例引导

一次,客房领班查房时发现 1023 房卫生间的防滑垫发黑起霉点,当即通知当班服务员小李将防滑垫取出进行清洁消毒,并在工作跟进表上登记后交台班跟进。下午下班前领班却没有再到房间复查。而小李将防滑垫取出到工作间清洗后,恰

好有电工来房间维修,小李跟进维修直至下班才完成,忘记将防滑垫放回房间。小张接小李的班后,没有认真检查工作跟进表中的房态,因此没发现1023房无防滑垫。晚上,一位女客人入住1023房,结果淋浴时跌倒受伤。客人进行投诉并索赔,理由是卫生间未按要求放置防滑垫。

(资料来源:根据网络资料整理。)

客房计划卫生,是指在日常客房清洁的基础上,拟订一个周期性清洁计划,针对客房中平时不易或不必进行清洁的项目,如通风口、排气扇、天花板、门窗玻璃、窗帘、床罩等进行彻底的清扫整理以保证客房内外环境卫生质量的一种客房卫生管理制度。

一、客房计划卫生的作用

(一)保证客房清洁卫生质量

为了保证客房达到清洁卫生质量标准,同时又不致造成人力浪费或时间的紧张,客房部必须定期对清洁卫生死角或容易忽视部位进行彻底的清扫整理。

(二)维持客房设施设备的良好状态

有些客房设施设备不需要每天都进行清扫整理,但又必须定期进行清洁保养。通过计划卫生以维护客房设施设备的良好状态,保证客房的正常运转。

二、客房计划卫生的方式

酒店客房计划卫生一般有以下三种方式。

(一)每日扫除一间客房

除日常的清扫整理外,规定每天对某一间客房或者客房的某一区域进行彻底的大扫除。例如,客房服务员负责14间客房的清扫,每天彻底大扫除一间,则14天即可完成他负责的所有客房的彻底清扫。

(二)规定每天对客房的某一部位或区域进行彻底的大扫除

也可以采取每天对几个房间的某一部位进行彻底清扫的方法,如清扫通风口、排气扇,经过若干天后,也可以全部完成大扫除。

(三)季节性大扫除或年度大扫除

这种大扫除只能在淡季进行。清扫的内容不仅包括家具,还包括对某一楼层实行封房,以便维修人员利用此时对设备进行定期的检查和维修保养。

三、客房计划卫生的组织

客房计划卫生的组织要注意以下四个方面的工作。

(一)计划卫生的安排

客房管理人员可将客房的周期性清洁卫生计划表贴在楼层工作间的告示栏,或者通过电子方式发送给员工。也可以由楼层领班在员工做房报告表上每天填写计划卫生项目,督促员工完成当天的计划卫生任务。表 9-3 所示为楼层计划卫生项目及清洁周期安排。

表 9-3 楼层计划卫生项目及清洁周期安排

每天	3 天	5 天
① 清洁地毯、墙纸污迹 ② 清洁冰箱,扫灯罩尘 ③ (空房)放水	① 地漏喷药(长住逢五) ② 用玻璃清洁剂清洁阳台、房间和卫生间镜子 ③ 用鸡毛掸清洁壁画	① 清洁卫生间抽风机(咪)机罩 ② 清洁(水洗)吸尘机真空器保护罩 ③ 清洁卫生间虹吸水箱、磨洗地面
10 天	15 天	20 天
① 空房间马桶虹吸 ② 清洁走廊出风口 ③ 清洁卫生间抽风主机网	① 清洁热水器、洗杯机 ② 冰箱除霜 ③ 清洁电话(酒精球) ④ 清洁空调出风口、百叶窗	① 清洁房间回风过滤网 ② 用擦铜水擦铜制品,如家具、烟灰筒、房间指示牌等
25 天	30 天	一季度
① 清洁制冰机 ② 清洁阳台地板和内侧喷塑面 ③ 墙纸吸尘、遮光帘吸尘	① 翻床垫 ② 抹拭消防水龙带和喷水枪及胶管 ③ 清洁被套(十二月至次年三月,每 15 天洗一次,四月至十一月一季度洗一次)	① 干洗地毯、沙发、床头板 ② 干(湿)洗毛毯 ③ 吸尘机加油(保养班负责完成)
半年	一年	
清洁窗纱、灯罩、床罩△、保护垫△	① 清洁遮光布△ ② 红木家具打蜡 ③ 湿洗地毯(②、③项由保养班负责完成)	注:有△项目由财产主管具体计划,组织财管班完成,注意与楼层主管在实际工作中协调

(二)计划卫生的检查

员工每完成一个项目或客房后即填上完成日期和本人的签名,领班根据此表逐一检查,以保证计划的落实和客房清洁卫生质量。

(三)计划卫生的安全问题

现代城市酒店以高层建筑为主,客房的计划卫生中,有不少是需要高空作业的,如通风口、玻璃窗、天花板的清洁等,因此,在做计划卫生时,一定要提醒和要求员工注意安全,并通过一系列保护措施,防止出现各种意外事故,如清扫天花板、墙角、通风口、窗帘盒或其他高处物体时,要使用脚手架;擦外窗玻璃一定要使用安全绳等。

（四）选择合适的清洁剂和清洁工具

在做计划卫生时，应该针对不同的清洁物，选用合适的清洁工具和清洁剂，以便提高工作效率，确保清洁卫生质量，防止因清洁剂和清洁工具选择使用不当，导致家具设备的损坏和员工受伤。

第四节　客房清洁卫生质量控制

案例引导

某五星级酒店的房务总监例行每周一次的客房清洁抽检，在对酒店套房清洁检查过程中，在套房的沙发缝隙中发现一台 iPad。仔细询问负责这间套房的客房服务员，发现她最近几周并未清理检查过沙发缝隙。而最近一周，这间客房已有不少于三批次客人入住。近段时间的抽检也未检查到这间客房，而且酒店也尚未有客人向酒店报失 iPad 的情况。

（资料来源：作者自行整理。）

客房卫生管理的特点是管理面积大，人员分散，时间性强，质量不易控制。而客房卫生工作又要求高质量、高标准、高效率，其管理好坏是服务质量和管理水平的综合反映。因此，客房部管理人员必须抽出大量时间，深入现场，加强督导检查，以保证客房卫生质量。

一、客房卫生质量检查的内容和标准

客房卫生质量检查主要有三个方面的内容：一是过程控制；二是进程控制；三是结果控制。

（一）过程控制

1. 进房次数

一般有全面清扫整理、午后小整理、晚间做夜床的"一天三进房制"，全面清扫整理、做夜床的"一天两进房制"，以及"一天数次进房制"三种。

2. 操作程序

通过明确的操作步骤、方法、技巧和工作用品等，以保证工作质量和工作效率。

3. 布置规格

同类客房标准一致，规格一致。

4. 费用控制

根据客房档次与房价，确定客房费用标准，以取得良好的经济效益。

(二)进程控制

1. 定额管理

如规定铺一张中式床、清扫一间住客房的时间,客房服务员每天应完成的工作量。

2. 质量标准

如客房清洁保养质量标准。

(三)结果控制

1. 感官标准

客房看起来要清洁整齐;用手擦拭要一尘不染;嗅起来要气味清新;听起来要无噪声污染,即"十无"和"六净"。

(1)"十无"。清扫后的房间要做到:四壁无灰尘、蜘蛛网;地面无杂物、纸屑、果皮;床单、被套、枕套表面无污迹和破损;卫生间清洁,无异味、毛发、水迹和皂迹;金属把手无污锈;家具无污渍;灯具无灰尘、破损;茶具、冷水具无污痕;露面整洁,无"六害"(老鼠、蚊子、苍蝇、蟑螂、臭虫、蚂蚁);房间卫生无死角。

(2)"六净"。清扫后的房间要做到:四壁净;地面净;家具净;床上净;卫生洁具净;物品净。

2. 生化标准

客房内的微生物指标不得超过规定的要求。

(1)茶水具、卫生间洗涤标准。主要包括:茶水具——每平方厘米的细菌总数不得超过5个;脸盆、浴缸、拖鞋——每平方厘米的细菌总数不得超过500个;卫生间不得检出有大肠杆菌菌群。

(2)空气卫生质量标准。主要包括:一氧化碳含量每立方米不得超过5.5毫克;二氧化碳含量不得超过0.07%;细菌总数每立方米不得超过2000个;可吸入尘每立方米不得超过0.15毫克;氧气含量应不低于21%,新风量不低于18米^3/(人·时),空气清新,无异味。

(3)采光照明标准。房间室内照明度为50—100勒克斯,楼梯楼道照明度为25勒克斯以上。

二、客房的逐级检查制度

客房的逐级检查制度主要是指对客房的清洁卫生质量检查,实行服务员自查、领班全面检查和管理人员抽查的逐级检查制度。这是确保客房清洁质量的有效方法。

(一)服务员自查

服务员每整理完一间客房,应对客房的清洁卫生状况、物品的摆放和设备的完好等做自我检查。这在服务员清扫程序中要予以规定。通过自查,可以加强员工的工作责任心和服务质量意识,以提高客房的质量合格率,同时也可以减轻领班的查房工作量。

(二)领班全面检查

服务员整理好客房并自查完毕,由楼层领班对所负责区域内的每间客房进行全面检查,并保证质量合格。领班查房是服务员自查之后的第一道关,往往也是最后一道关,是客房清洁卫生质量控制的关键。总台据此就可以确定是否将该客房向客人出租。所以领班的责任重大,必须由工作责任心强、业务熟练的员工担任。一般情况下,楼层领班应专职负责楼层客房的检查和协调工作,要加强领班的监督职能,防止检查流于形式。

通常,领班每天要检查房间的数量为100%,即对其所负责的全部房间进行普查,并填写楼层客房每日检查表。但有的酒店领班负责的工作区域较大,工作量较重,则每天至少应检查90%的房间,一般可以对住客房和优秀员工所负责的房间进行抽查。表9-4所示为客房检查的项目、内容和标准。

表9-4 客房检查的项目、内容和标准

项	目	内容和标准
卧室	门	是否擦洗干净,把手上有无污迹; 门转动是否灵活,有无吱呀声; 房间号码是否清楚,窥镜、安全链是否好用、安全; 门锁后是否挂有"请勿打扰"(或"请速打扫")牌; 门后磁吸是否起作用
	壁柜	有无灰尘,衣架及衣架杆是否有积尘; 门轨有无损坏,柜门是否好开; 衣架、衣刷、鞋刷以及洗衣袋、洗衣清单是否配备齐全; 柜内的自动开关、电灯是否正常
	天花板	有无蜘蛛网; 有无裂纹和小水泡(如有,说明天花板漏水,应及时报修)
	墙壁	墙纸有无不洁或脱落之处; 墙上挂的画是否摆正,有无灰尘
	窗户	窗框、窗台有无灰尘,窗玻璃是否已擦干净; 窗帘有无破损,是否干净,窗帘轨、钩是否完好
	灯	天花板灯、台灯及壁灯等灯具有无落灰; 开关是否完好
	空调	运转是否正常; 开关上有无污迹
	床	床铺得是否匀称、平展; 床罩、床单、毛毯、枕套、床头板及床架是否干净; 床脚是否稳固
	床头柜	有无灰尘; 音响、灯以及电视等的开关是否正常; 叫醒钟是否准时,电话机是否正常、干净; 台面上是否放置禁止在床上吸烟的卡片

续表

项目		内容和标准
卧室	茶几	茶几是否擦净,烟灰缸是否清洁; 火柴、茶叶是否配备齐全,茶杯是否干净、足数; 冷热水是否备好
	写字台	桌椅及沙发各部位有无灰尘,抽屉内外是否干净; 文件夹内的欢迎词、征求意见表、酒店简介、疏散图、明信片、信封、信纸、圆珠笔等是否配备齐全; 电话号码簿以及电视节目单等是否按规定放置
	电视机	荧光屏、外壳及电视机架是否干净; 音响是否良好,图像是否清晰、稳定
	电冰箱	内外是否干净,工作是否正常; 饮料是否按规定配齐,是否已备好饮料签单及开瓶器
	行李架	是否干净、稳固
	垃圾桶	垃圾是否处理,桶内外是否已清洗干净
	地毯	是否干净,有无污迹或破损
卫生间	门	门锁是否清洁、正常
	灯	天花板灯、镜灯有无落灰; 开关、插头是否灵用,有无损坏
	地板	是否清洁,有无打蜡
	墙壁	瓷砖是否干净,有无破损
	浴缸	缸内是否擦洗干净,有无污迹或毛发; 冷、热水龙头及浴缸放水用塞子是否正常(由服务员检查)
	沐浴帘	是否干净,有无异味; 杆、钩是否好用
	毛巾架	是否牢固、干净
	抽水马桶	有无消毒、有无封条、有无异味; 马桶盖、坐圈及桶内外是否刷洗干净
	垃圾桶	垃圾是否处理,桶内外是否已清洗干净
	洗面池	内、外侧有无污迹、水珠
	化妆台	台面有无落灰,镜面有无污迹或水珠
	排风口	是否干净
	用品配备	手巾、脸巾、脚巾、洗澡巾、香皂、卫生纸、卫生帽、浴帽、牙刷、牙膏、漱口杯、刀片盒等卫生用品是否配备齐全,并按规定位置放置

以上是房间检查时的内容和项目。对于楼层领班而言,一定要严格检查制度,把好卫生工作的最后一关,卫生不合格的客房要重做,对此,不能心慈手软。

领班查房时如发现问题,要及时记录并加以解决。对不合格的项目,应开出返工单,令服务员返工,直到达到质量标准。对于业务尚不熟悉的服务员,领班查房时要给予帮助和指导,这种检查实际是一种岗位培训。

(三)管理人员抽查

管理人员抽查主要指主管抽查和经理抽查。在设置主管职位的酒店中,客房主管是客房清洁卫生服务的主要指挥者,加强服务现场的督导和检查,是其主要职责之一。主管抽查客房的数量,一般为领班查房数的10%以上。主管检查的重点是每间VIP房,抽查长住房、OK房、住客房和计划卫生的大清扫房。还要检查维修房,促使其尽快投入使用。主管查房也是对领班的一种监督和考查。

客房部经理每天要拿出一定时间到楼层巡视,抽查客房的清洁卫生质量,特别要注意对VIP房的检查。通过巡视抽查掌握员工的工作状况,了解客人的意见,不断改进管理方法。同时,客房部经理还应定期协同其他有关部门经理对客房内的设施进行检查,确保客房部正常运转。另外,酒店总经理也要定期或不定期地亲自抽查客房,或派值班经理代表自己进行抽查,以控制客房的服务质量。

三、发挥客人的监督作用

客房卫生质量的好坏,最终取决于客人的满意程度。所以做好客房清洁卫生管理工作,要发挥客人的监督作用,满足客人需求,重视客人的意见和反映,有针对性地改进工作。其主要做法有以下几种。

(一)拜访客人

客房部管理人员要经常地拜访住店客人,了解客人的需求,征求客人的意见和建议,及时发现客房服务中存在的问题,以便进一步制定和修改客房清洁卫生工作的标准和计划,不断提高服务水准。

(二)客房设置客人意见表

客房部在客房放置客人意见表,以征询客人对客房卫生、客房服务以及整个酒店的主要服务项目的意见。意见表的设计应简单易填,要统一编号,及时汇总,以此作为考核服务员工作好坏的依据。

(三)邀请第三方检查

酒店聘请店外专家、同行、住店客人,通过明察暗访的形式,检查客房的清洁卫生质量乃至整个酒店的服务质量。这种检查看问题比较专业、客观,能发现一些酒店自身不易觉察的问题,有利于找到问题的症结。

第五节 公共区域清洁保养

案例引导

疫情防控期间,深圳一隔离酒店积极采用科技防疫解决方案,测温、消毒、递送等多种智能机器人齐同上阵。当隔离客人抵达酒店,守候在大堂的智能机器人不仅会迎宾,还能同时为多人测温,检查、提醒客人正确佩戴口罩。客人入住后,消毒机器人随即"出动",自主消杀,让大堂保持"无毒"状态。在走廊、电梯等隐匿众多病菌的高危场所,紫外线消毒机器人充分发挥作用。除了定时定点自主完成消杀任务外,工作人员还可以通过远程操控进行消杀。紫外线消毒机器人采用大功率快速 UV-C 消毒,10 分钟可杀灭 40 平方米空间内 99.99% 的病菌,且无二次污染物产生。隔离客人入住期间,递送机器人则为客人提供干净安全的生活物资。

为避免与客人接触的机器人成为传播源,智能机器人在完成工作任务后,必须进入紫外线消毒仓进行快速消毒。此外,酒店工作人员经防护衣物脱摘区严格执行脱摘程序后进入清洁区,消毒机器人会定时进入脱摘区进行消毒,净化房间里的空气环境,防止交叉感染。

(资料来源:深圳新闻网。)

除了客房清洁卫生工作以外,客房部还要负责酒店所有公共区域的清洁卫生工作。公共区域清洁卫生工作的好坏,常常是客人评价一家酒店服务质量的一个重要因素,特别是公共卫生间,是反映酒店卫生状况的一面镜子,也是酒店专家重点巡查的地方。"要了解一家酒店的卫生状况和档次,看它的公共卫生间就行了。"这是常常挂在酒店专家嘴边的一句话。

酒店公共区域的清洁卫生工作通常由客房部的公共区域班组负责,为了保持公共区域的清洁卫生,员工要对所辖的公共区域进行数次反复清洁,以保证为客人提供一个整洁、美观、舒适的酒店环境。

一、公共区域的范围

酒店公共区域(Public Area,简称 PA),凡是酒店内公众共享的活动区域都可以称为公共区域。

酒店公共区域分为酒店外部公共区域和酒店内部公共区域两个部分。酒店外部公共区域包括广场、停车场、花园、前后门、外墙、车道等。酒店内部公共区域分为前台区域和后台区域,前台区域是客人活动的场所,主要包括酒店前厅、公共卫生间、餐厅、宴会厅、舞厅、会议室、楼梯、走廊等。后台区域是酒店员工工作和生活的地方,主要包括员工电梯和通道、更衣室、员工食堂、员工休息娱乐室、倒班宿舍等。

二、公共区域清洁卫生的特点

与客房清洁卫生相比,公共区域(主要是客用公共区域)的清洁卫生有其自身的特点。

(一)客流量大,对酒店声誉影响大

公共区域是人流交汇、活动频繁的地方。汇集在酒店公共区域的大量客人中,有的是住客或前来投宿的,有的是前来就餐、开会、娱乐的,有的是前来购物或参观游览的,他们往往停留在公共区域,将其作为衡量整个酒店的标准,他们对酒店的第一印象往往是从这里获得的。因此,公共区域是酒店的门面,是酒店规格档次的标志。公共区域的服务人员被誉为酒店的"化妆师""美容师"。公共区域清洁卫生管理工作的好坏,直接关系到酒店在客人心目中的形象。

(二)范围广大,项目繁杂琐碎

公共区域清洁卫生的范围涉及酒店的每一个角落,从餐厅到大厅,从公共场所到综合服务设施、内庭花园、门前三包区域,是酒店中管理范围最广的部分。其卫生项目包括地面、墙面、天花板、门窗、灯具、公共卫生间等的清洁,以及除虫防害,绿化布置等,十分繁杂。服务人员既排白班,又排夜班,而且工作地点分散,清洁卫生质量不易控制。由于项目多,各区域各卫生项目的清洁方法和要求不同,而这些区域又大都是客人交汇集结的场所,客流量大,不易清洁和保持卫生。因此,要求每个服务人员具有较高的质量意识和工作自觉性,管理人员要加强巡视和督导,以保证公共区域卫生的质量。

(三)工作条件差,但专业性、技术性要求强

公共区域清洁卫生工作比较繁重,劳动条件和环境比较差。比如负责停车场和酒店周边卫生的服务人员,无论是烈日炎炎,还是数九寒天,都在室外作业,还要尽心尽力、尽职尽责。同时,这些工作又具有较强的专业性和技术性,因为工作中所接触的设备、工具、材料及清洁剂种类繁多,不是一般人能够胜任的。这就要求管理人员根据员工队伍的实际情况,既要加强管理,又要关心爱护他们,尽量改善工作条件。要重视对他们的技术培训并合理安排他们。

三、公共区域清洁卫生的业务范围

公共区域清洁卫生的业务范围,是根据酒店的规模、档次和其他实际情况而定的,一般主要包括以下几个方面。

(1) 负责大厅、门前、花园、客用电梯及酒店周围清洁工作。
(2) 负责餐厅、咖啡厅、宴会厅及舞厅等场所的清洁保养工作。
(3) 负责酒店所有公共卫生间清洁卫生。
(4) 负责行政办公区域、员工通道、员工更衣室等员工使用区域的清洁卫生。
(5) 负责酒店所有下水道、排水排污等管道系统和垃圾房的清洁整理工作。
(6) 负责酒店卫生防疫工作,定期喷洒消毒,杜绝"四害"。
(7) 负责酒店的绿化布置和苗木的养护繁殖工作。

四、公共区域主要部位的清洁卫生

酒店公共区域管辖范围大,不同地点的清洁卫生,由于所处的位置不同、功能不同、设备材料不同,其任务和要求也就不完全相同。下面简要介绍主要部位的清洁卫生任务和要求。

(一)大厅

大厅是酒店一天24小时使用的场所,是酒店中客流量最大、最繁忙的地方,需要进行连续不断的清洁保养,使大厅始终保持清洁美观,给客人留下美好的印象。大厅清洁的主要任务有以下几个方面。

1. 推尘和抹尘

大厅的大理石地面,在客人活动频繁的白天,需不断地进行推尘工作。遇到雨雪天,要在门中放上存伞架,并在大门内铺上踏垫和小地毯,同时要在入口处不停地擦洗地面的泥尘和水迹。每天夜间12时以后打薄蜡一次,并用磨光机磨光,使之光亮如镜。大厅内有地毯处每天要吸尘3—4次,每周清洗一次。

服务人员必须不断地巡视大厅各处,对大厅的柱面、墙面、台面、栏杆、座椅、沙发、玻璃门、指示牌等,要不间断地擦拭,使各处达到光亮、无浮尘、无水迹、无手印的标准。定时给家具上蜡并擦拭铜器。

2. 倒烟灰缸

大厅休息处要随时清理、更换烟灰缸,保证烟灰缸内不能积两个以上的烟头。替换烟灰缸时,必须用托盘将干净的烟灰缸盛着,先用干净的烟灰缸将有烟头的烟灰缸盖上并一起拿掉,放到托盘里,然后将另一个干净的烟灰缸换上。

3. 整理座位

将客人使用过的沙发、茶几、桌椅及桌上的台灯等物品随时整理归位。如有垃圾、果皮、纸屑等立即清理。

(二)公共卫生间

公共卫生间的卫生情况是客人最重视的,如果有异味或不整洁,会给客人留下很不好的印象。所以酒店必须保证公共卫生间清洁卫生,设备完好,用品齐全。

公共卫生间的清洁工作可分为一般性清洁工作和全面清洗工作两部分。一般性清洁工作主要包括:及时做好卫生间的清洗消毒工作,使其干净、无异味;将卫生间的香水、香皂、小方巾、鲜花等摆放整齐,并及时补充更换;擦亮不锈钢或电镀器具,使之光亮、无水点、无污迹;热情为客人递送香皂、小毛巾,定时喷洒香水。

全面清洗工作主要包括洗刷地面并打蜡、清除水箱水垢、洗刷墙壁等。为了不影响客人使用卫生间,此项工作通常安排在夜间或白天客人较少时进行。

(三)电梯

酒店的电梯有客用电梯、员工用梯、行李电梯及货运电梯等多种,其中尤以客用电梯的清洁最为重要,因为客用电梯客人使用最频繁,卫生质量要求很高。

客用电梯的厢壁、镜面、按钮、电话机、栏杆及地面等需要经常清洁和保养,电梯内的烟头、纸屑、杂物等,要随时清理干净。电梯的地毯特别容易脏,一般可采取每天更换星期地毯的方法来保持其干净。

(四)酒店周围环境

本书所说的周围环境是指酒店外、属酒店负责的区域、地段以及酒店周围。对于酒店负责的区域、地段及周围必须每天多次清扫,并定期进行水洗,以保持酒店周围的环境优美,给客人及社会公众留以整洁、美好的印象。

(五)垃圾处理

酒店内的所有垃圾,包括定期从垃圾管道里清除的垃圾,都要集中到垃圾房,然后统一处理。要经常对垃圾喷洒药物,然后装进垃圾桶加盖,以便杀死害虫和细菌,并定时将垃圾运往垃圾处理场。必须保持垃圾房的清洁卫生,垃圾桶要摆放整齐,保证地面无遗留垃圾,尽量减少异味。

五、公共区域清洁卫生的质量控制

(一)定岗划片,包干负责

公共区域清洁卫生管辖范围广,工作繁杂琐碎,需要实行定岗划片,包干负责的办法,才能有利于管理和保证卫生质量。例如,可将服务员划分成若干个小组,如前厅及门前组、办公室及楼道组、花园组等,每组可根据实际需要将服务人员定岗,使每一员工每天需要完成的工作相对固定,每人都有明确的责任范围,各负其责。定岗划片,要做到无遗漏、不交叉。

(二)制定计划卫生制度

为了保证卫生质量的稳定性,控制成本,合理地调配人力和物力,必须对公共区域的某些大的清洁保养工作,采用以计划为主的管理办法,制定计划卫生制度。如公共区域的墙面、高处玻璃、各种灯具、窗帘的清洁,以及地毯洗涤、地面打蜡等,不能每天清洁的,需要像客房计划卫生一样,制订一份详细的切实可行的卫生计划,循环清洁。清扫项目、间隔时间、人员安排等要在计划中落实,在正常情况下按计划执行。交通密度大和卫生不易控制的公共场所卫生清洁工作,必要时应统一调配人力,进行定期突击,以确保整个酒店的清新环境。

(三)加强巡视检查

公共区域管理人员要加强巡视,检查卫生质量,了解员工工作状态,及时发现问题并整改,并填好检查记录。客房部经理也要对公共区域卫生进行定期或不定期的检查或抽查。

 本章小结

清洁卫生是客房部工作的主要内容,向客人提供清洁卫生的客房,是客房管理的重要任务。正确选购、使用、管理清洁用具和清洁剂,有助于降低酒店经营成本,提高工作效率,实现经营目标;客房部员工必须按照酒店清洁卫生的程序与要求,完成客房清洁卫生工作,提供合格的客房产品;客房部提供计划卫生制度的制定,采取定期循环的方式,对重点和局部区域进行定期清洁保养,以营造清洁、舒适、美观的客房环境;公共区域是酒店的门面,代表了酒店的形象,也是酒店档次和管理水平的体现,做好公共区域的卫生清洁工作,有着重要的意义。

第九章
客房清洁卫生管理

关键概念

清洁剂　客房清洁保养　计划卫生　公共区域　客房清洁卫生管理　夜床服务

复习思考题

1. 复习题

（1）酒店常用的清洁剂主要有哪些？

（2）常见的待清扫客房状态有哪些？客房清扫的顺序是怎样的？

（3）走客房、住客房的清扫程序和要求是什么？

（4）如何控制客房清洁卫生质量？

（5）何为公共区域？其业务范围有哪些？

（6）如何确定客房部计划卫生项目？

2. 思考题

调查一家高星级酒店，了解其客房清洁卫生管理状况，并评价管理上的特点和不足。

◇ 案例分析

隐形眼镜不见了

◇ 实训操练

按照相应流程和标准，进行中式铺床、卫生间清洁、客房清洁等实操项目的练习。

◇ 进一步阅读推荐

1. 中华人民共和国国家健康卫生委员会，《公共场所卫生管理规范》。

2. 郑治伟，金子瑜，王浩旭. 酒店客房部外包人员的相关问题研究［J］. 旅游纵览（下半月），2020(10):22-23.

3. 杨勇. 酒店客房业务外包风险及其防范［J］. 企业改革与管理，2021(5):219-221.

4. 陈静，王玮. 高星级酒店再陷"清洁门"，症结何在？［N］. 中国旅游报，2018-01-11(A01).

第十章

客房对客服务

学习目标

了解客房对客服务的组织模式,理解不同模式的特点;了解客房对客服务的项目,掌握主要对客服务的流程和标准;理解客房服务质量的构成要素,掌握提高客房对客服务质量的途径,理解客房优质服务、个性化服务的内涵及特点,能根据不同的客人类型提供个性化的对客服务。

第一节 客房对客服务组织模式

案例引导

"是房务中心吗?你们那儿有果盘吗?请你们送两个果盘来,我是6012房客人。"房务中心的小文接到电话后立即答应道:"请稍等,马上送来。"

小文打电话到水果房请服务员提供两份果盘,服务员问:"果盘通常有五款,分别为158元、88元、58元、38元、10元,客人要的是哪一款?"这可把小文问住了,因为刚才小文压根儿就没问要哪一款的。"这样吧,就选58元的,做好后请你们送到客人房间。"小文回答道。

水果房服务员端着两份已做好的果盘敲开了6012房房门,出来迎接服务员的是一位戴眼镜的中年男性客人。他一看面前的果盘,立即皱紧眉头,掠过一丝诧异的眼神,随即笑道:"彼果盘非此果盘也。你们搞错啦,我要的只是空果盘,我要送给隔壁房间的领导。你们怎么不问清楚就送水果来了?"说完便哈哈大笑。水果房的服务员也觉得有点尴尬,不由自主地也笑了,然后说:"对不起,是我们搞错了。您要的两个空果盘,我们马上送来。"说完只好将两份水果端走了。

(资料来源:职业餐饮网。)

酒店客房服务模式是一个比较老的话题,它实际上说的就是酒店客房的宏观运营方式。由于各种类型的酒店设施设备配备不尽相同,因此,在客房服务模式的选择上,也各有各的做法。早期的酒店管理专家总结出,楼层服务台模式和客房服务中心模式是常见的客房服务模式。但随着酒店类型的增多,酒店个性化的不断加强,又有一种的客房服务模式应运而生,即前台直管模式。由于各种模式的侧重点不同,所以在岗位安排、人员配备等的具体做法上也有所不同。

一、楼层服务台模式

(一)基本含义

酒店客房区域内,在各楼层靠近电梯口或楼梯口的位置设置的为住客提供服务的服务台即为楼层服务台(见图10-1)。它发挥着前厅部总服务台驻楼面办事处的职能,24小时设专职服务员值台,服务台后面设有供客房服务员使用的工作间。楼面服务台受客房部经理和楼面主管的直接领导,同时在业务上受总服务台的指挥。从某种意义上来说,它相当于酒店前厅驻楼面的办事机构。从整个酒店的宏观管理上来看,楼层服务台成了酒店其他部门与客房之间相互沟通的桥梁。

图10-1 楼层服务台

(二)主要职能

楼层服务台有如下基本职能:楼层服务台为本楼层的住客提供日常服务,如开房、客房清扫、访客登记、钥匙保管与发放等;楼层服务台是客房部与酒店其他部门的联络中心,如工程部的客房维修与保养、采购部的物品采购与配给、餐饮部的客房送餐等;楼层服务台是本楼层的安全管理机构,楼层服务台安排服务人员24小时值班,可以大大降低酒店安全事故的发生概率。此外,楼层服务台还是楼层客人安全信息的传达中心。

(三)经营特点

楼层服务台的优点主要有三点。①具有亲切感。这是楼层服务台最突出的优点。楼层

服务台的设置易于楼层值台人员与客人的感情交流,使客人产生宾至如归的感觉。②保证安全和方便。由于每个楼层服务台均有服务人员值班,因此能及时发现、汇报、处理楼层中的不安全因素;同时,客人一旦有疑难问题需要帮助,一出客房门就能找到服务员,极为方便,使客人更放心。③有利于客房销售。楼层服务台的设置有利于酒店客房部及时准确地了解酒店客房的房态及运营情况,为前厅管理工作提供及时准确的信息参照。

但是,楼层服务台模式逐渐在现代高星级酒店中淘汰,究其主要原因,楼层服务台有诸多的缺陷。①劳动力成本较高。由于楼层服务台均为 24 小时值班,要随时保证有人在岗,因此仅值台一个岗位就占用了大量人力,给酒店带来较高的劳动力成本。在劳动力成本日益昂贵的今天,许多酒店淘汰这种服务模式的最主要原因即在于此。②管理点分散,服务质量较难控制。分布在每个楼层的服务台势必造成管理幅度的加大,每个服务台上的服务员的素质水平多少又有些差异,一旦某个服务员出现失误,将会直接影响整个酒店的声誉。③易使部分客人产生被"监视"的感觉。生活在现代社会的人们,尤其是一些西方客人对自身的各种权利非常重视,特别是个人的隐私权,因此,出入酒店的客人更希望有一种自由、宽松的入住环境。再加上有些酒店的值台服务员对客人的服务水平缺乏灵活性和艺术性,语言、表情、举止过于机械化、程序化,容易使客人产生不快,甚至感觉出入客房区域受到了"监视"。

二、客房服务中心模式

(一) 基本含义

客房服务中心是现代酒店客房管理的主导,是酒店客房管理的神经中枢。它一般设置在酒店员工更衣室与员工电梯之间的隐蔽处,主要通过电话的形式为酒店的住客提供周到的服务。一般情况下,客房服务中心员工应该具有同时接听两个以上电话的能力,大型酒店可以采用小型交换机来保证信息运量。在客房员工管理方面,一般酒店都会建立一个寻呼系统,以保证客房部员工信息沟通顺畅。

此外,现代酒店在建立客房服务中心时,通常注意了消毒间、工作间、物品存储间的合理性。没有设置楼层服务台的酒店一般在每个楼层都会设有工作间,工作间主要是楼层服务员工作和休整的区域,它的设置一般较为隐蔽,但也需要让客人很容易找到。

(二) 主要职能

客房服务中心的主要职能是对酒店客房进行统一化、综合化和全面化管理。一般情况下,凡是与酒店客房部有关的工作信息,都会在第一时间先传达到客房服务中心,然后经过客房服务中心的工作人员的初步处理再具体传达给其他工作人员,这种方式可以提高工作效率。客房服务中心的设置,使其成为和酒店其他后台部门类似的封闭式的管理部门(即不直接面对住客),这对工作人员的素质提出了较高的要求。工作人员要时刻关注房态、做好各类物品的登记与发放、制作住房报表、及时处理客人要求、安排清扫工作等。

(三) 经营特点

与楼层服务台模式相比,客房服务中心模式具有明显的优点。①降低劳动力成本。采用客房服务中心模式大大减少了人员编制，降低了劳动力成本，这在劳动力成本日益提高的今天尤其重要。②保证客房的安静和私密。从对客服务的角度来看，客房服务中心最突出的优点就是给客人营造了一个自由、宽松的入住环境；同时，使客房楼面经常保持安静，减少了对客人的过多干扰。③统一调控对客服务工作，提高劳动效率。从客房管理工作的角度来看，采用客房服务中心模式加强了对客服务工作的统一指挥性，提高了工作效率，强化了服务人员的时效观念。服务信息传递渠道畅通，人力、物力得到合理分配，有利于形成专业化的客房管理队伍。

客房服务中心模式同样也存在一些不足。①服务的及时性有所降低。由于楼层不设专职服务员，不提供面对面的对客服务，给客人的亲切感较弱，弱化了服务的直接性和及时性。②无法及时发现安全隐患。楼层的一些不安全因素无法及时发现和处理，在某种程度上影响了住客的安全。③对硬件设施的要求较高。由于客房服务中心仅在酒店某个楼层开设，同时又要求其运力较强，这对客房服务中心的硬件设施提出了较高的要求。客房服务中心一般需要设置移动呼叫系统，还需要在楼层安装监控设备，以保证酒店楼道的安全，这样一次性投入的成本是比较大的。

三、前台直管模式

（一）基本含义

前台直管模式是基于现代酒店发展的类型增多而出现的一种新的客房服务模式。目前，我国城市酒店有一个重要的趋势，以往那种旧式的招待所、家庭旅馆、旅社等小型社会宾馆开始逐渐向特色商务酒店方向发展，应该是继星级酒店、经济型酒店之后的又一新方向。这种家庭式的商务酒店一般不大，客房数量在60间左右，价格在100元左右，房间设施遵循经济型酒店的做法，但突出了商务性。它们往往由原有的招待所和旅社转型而来，也有针对具体市场而新开设的门店。这种类型的商务酒店由于客房数量较少，往往采取的客房服务模式是前台直管模式，即沿袭旧式的招待所、旅社的做法，将客房直接划归前台管理，不设楼层服务台，也不设置客房服务中心，而是在前台班组中设客房服务和清扫小组来对客房直接进行管理。

（二）主要职能

前台直管模式的主要职能与前述两种客房服务模式在职能方面差异不大，主要也是对客房进行基本的管理，为客人提供日常周到的服务。主要职能包括钥匙分发、安排客房清扫、保障客房安全、物品管理与分发、信息统计等。

（三）经营特点

前台直管模式的最大优点就是节省了人力成本，将客房纳入前台管理系统中，保证了前台管理与客房管理的统一性，避免了重房等问题的发生。但是，前台直管模式应该慎用，主要是缺陷比较明显，即在对客服务方面不能够做到面对面和及时性，同时也存在较大的安全隐患，住客在客房区域发生问题不能够及时发现。前台直管模式是小型酒店的一种特别的客房管理模式。

第二节 客房对客服务内容

案例引导

有位客人入住某酒店,要求送洗客衣,当服务员在为其熨烫衬衫时,发现有一粒衬衫的纽扣掉了。因为是件名牌衬衫,所有的纽扣都有图案并与衬衫的颜色相匹配。酒店洗衣房未配有此物。在征求客人意见时,客人很豪爽地说:"不碍事。"虽然客人表示"不碍事",也并没有要求酒店做什么,但是洗衣房的员工却利用下班时间,在市场上寻找着同样款式与颜色的纽扣。在找了数十家的专卖店后,终于买到了同样的纽扣。当将清洗的衣服送还客人时,客人惊讶地发现衣服已很整齐地挂在衣柜内,包括那排完整的纽扣。他马上致电房务经理,连声称赞,说真的有种回家的感觉。

(资料来源:根据网络资料整理。)

客房部作为酒店运营管理的一个重要部门,其主要的工作任务是为客人提供一个舒适、安静、优雅、安全的住宿环境,并针对客人的习惯和特点做好细致、便捷、周到、热诚的对客服务。客房部对客服务项目包括客人抵店时的客房服务工作、客人住店期间的客房服务工作以及客人离店时的客房服务工作三大部分。

一、客人抵店时的客房服务工作

客人抵店时的客房服务工作包括客人抵店前和到达酒店时的各项工作,做好客人抵店时的各项服务工作,能在客人心中树立良好的酒店形象。

(一)客人抵店前的准备工作

酒店客房在接待客人进店前,做好客人抵店前的准备工作,是其他环节工作得以顺利进行的基础。客人抵店前的准备工作程序与标准见表10-1。

表10-1 客人抵店前的准备工作程序与标准

程 序	标 准
了解客情	客人抵店前,要根据总台传来的接待通知单,详细地了解本楼层客人的情况,如客人抵离时间、人数、国籍、身份、宗教信仰和风俗习惯、接待单位、特殊要求等
布置、整理房间	(1) 根据掌握的客情,按接待规格和标准针对性地布置和整理客房 (2) 布置房间时要尊重客人的宗教信仰或风俗习惯 (3) 仔细检查客房的设施、设备是否完好,在客人抵达之前,要调节好房间的温度 (4) 如果客人晚间到达,须提前做好开夜床服务

续表

程　序	标　准
准备迎接客人	(1) 服务员做好上述工作后,根据客人的类别和酒店的服务规程,决定并实施迎接方式 (2) 提前准备好托盘、茶水、香巾,整理仪容仪表 (3) 调整好心情,准备客人的到来

（二）客人到达时的迎接工作

大多数客人经过长途旅行,急于想到安静的房间休息,因此,做好此项工作要求服务员热情有礼,善于把握时机,服务迅速。

下面以楼层服务台模式为例进行客人到达时的迎接程序与标准介绍,具体见表10-2。

表10-2　客人到达时的迎接程序与标准

程　序	标　准
电梯迎宾	(1) 客人走出电梯,服务员应微笑问候 (2) 无行李员引领时,服务员应问清房号,请客人出示房卡,视需要帮助客人提拿行李并引领入房
引领进房	(1) 为客人引路应走在客人的侧前方,距离客人2—3步,引导客人前行 (2) 转弯或上下楼梯时要及时侧转身体,面向客人,同时伸手示意行进的方向 (3) 到达房间门口时应严格按照进房程序打开房门,礼让客人先进房
介绍服务	(1) 进房后应征询客人意见摆放行李,并视情况简明扼要地介绍客房设施设备的使用方法及酒店特殊的服务项目 (2) 礼貌询问客人是否需要其他服务
值班记录	服务员回到服务台或工作间后,要填好值班日志

二、客人住店期间的客房服务工作

客人住店期间的客房服务工作是客房优质服务的主要内容。其目的主要是满足客人的生活、工作需要,为客人提供一个舒适、快捷、便利的环境。

（一）洗衣服务

洗衣服务分干洗、湿洗、熨烫三种。时间上分普洗和快洗。普通洗衣服务一般为上午交洗,晚上送回;下午交洗,次日送回。快洗一般不超过4小时,但要收取加急费。

客人将要洗的衣物和填好的洗衣单放进洗衣袋。洗衣单必须由客人填写,如客人要求服务员代填,代填后的洗衣单须由客人过目并签名。为了避免麻烦,洗衣单上应注明在洗涤过程中出现某些问题时的处理方法。鉴于很多客人待洗衣物的价值远远超过洗涤费的10倍,如果衣服损坏或丢失,按洗涤费的10倍进行赔偿远不能弥补客人的损失,有些酒店开始推出"保价洗涤收费方式",即按客人对其所送洗衣物保价额的一定比例收取洗涤费。

客房服务员一般在早上 10:30 以前，检查自己当日将整理的房间，查看有无送洗的客衣，以便收取。收到客人送洗的衣物后，首先要核对洗衣单上的项目，如客人的姓名及房号、收洗日期及时间、送洗的数量及种类、送洗单上客人的特别要求等。其次要检查送洗衣物，如衣物口袋内是否留有物品、纽扣有无脱落、衣物有无污点、破损或褪色现象等，若有此类情形，务必请客人在洗衣单上注明并签字。最后，填写收洗客衣登记表。

洗烫好的衣物，可以由洗衣房收发员或客房服务员依客人所选择的衣物送回方式（折叠与吊挂）送进客房。若为折叠的方式，送回的衣物应用塑料袋或篮子装好，放在床上。若为衣架吊挂的衣物，则挂进衣柜内，并将衣柜门打开，使客人回来一看便知。对于有"请勿打扰"标志的客房，可将洗衣通知单从门缝塞进房内，通知客人衣物已洗烫好，并请客人在洗衣账单上签字。

（二）小酒吧服务

房间小酒吧是一项方便客人的服务设施，按规定的品种和数量配备硬酒、软饮料以及果仁、巧克力等佐酒食品。通常软饮料放置于冰箱内，硬酒摆放于酒吧柜内。柜面上放有酒单及配套的酒杯、调酒棒、开瓶器等用品。酒单上列出了各项酒水食品的储存品种、数量、单价及小酒吧的管理说明，客房服务员在每次进入客房开展相关服务工作时，都会对小酒吧和冰箱内酒水饮料及小食品进行清点，记录客人消费的情况，及时按标准配额补齐酒水食品并做好记录。请客人食用后如实填写并签名。

每日全部楼层的饮料消耗账目由夜班服务员完成。夜间 0:00 时，夜班服务员从前台收银处取回当天所有饮料账目的回单，与早、晚领班填写的饮料消耗表核对，并按楼层分类装订。若回单与消耗表相符，则将此数据登记在饮料消耗总账簿上；若有疑问则另做记录，交由秘书核对，楼层主管负责查清原因。

每周日，由领班对楼层饮料柜进行盘点，做出一周饮料消耗表，交由楼层主管核对。每月底由服务员对房内小酒吧，领班对楼层饮料柜内的饮料、食品等进行检查，发现有接近商品保存期限的，立即与仓库更换。

（三）托婴服务

托婴服务是应住客要求帮助因事外出的住客照看婴幼儿童的一种有偿服务。长期住宿和度假型酒店都特别设有保育员，但大多数酒店并不配备专职人员从事此项服务，保育员一般是由店内员工临时担任。

托婴服务责任重大，除对保育员有严格的要求外，要求此项服务的客人还须提前 3 小时与客房服务中心联系，并填写托婴服务申请表（见表 10-3），以便了解小孩的特点及小孩家长的要求，并告知客人有关酒店的收费标准及注意事项。托婴服务一般以 3 小时为收费起点，3 小时按规定标准收费，超过 3 小时的，按小时增收费用。

保育员一般上岗前 15 分钟由当值主管陪同前往客房，向客人介绍。在看护小孩时务必小心谨慎，要注意小孩的安全及饮食起居，不得把小孩带离规定的地方，不得随便给小孩东西吃。照看工作完成后，一定要通知当值主管。

表 10-3　托婴服务申请表

客人姓名：＿＿＿＿　房号：＿＿＿＿　抵店日期：＿＿＿＿　婴儿年龄：＿＿＿＿
尊敬的客人： 应您的要求，我们安排了托婴服务，具体时间为由＿＿＿＿时＿＿＿＿分至＿＿＿＿时＿＿＿＿分 请您在所需要的项目上打"√"。 　　早餐　　　　　是　　　　否 　　午餐　　　　　是　　　　否 　　晚餐　　　　　是　　　　否 托婴服务的最初 3 小时，按＿＿＿＿＿＿＿＿＿＿收费。 所有费用都在前台收银处直接结算，酒店将不承担因看护疏忽造成的事故而引起的任何赔偿。 申请人愿意接受以上全部条款。 经理签名：　　　　　　　　　　　　　　　　　客人签名： 注：一式三联，客人一联，前台收银一联，客房部留存一联。

（四）物品租借服务

客房内提供的物品只能满足客人的基本需要，因一些特殊原因，客人可能会要求租借一些其他物品，如熨斗、熨衣架、婴儿床等。客房部应备有这些物品，并在服务指南中明示，满足客人的特殊需求。

租借物品应请客人在租借物品登记表上签名，登记表上要注明有关租借物品的注意事项。服务员在交接班时，应将租借物品服务情况列为交接班的内容。注意收回租借物品，对于过了租借时间仍未归还的物品，服务员应主动询问，但要注意表达方式。如客人因使用不当而造成损坏，应根据物品的损坏程度进行赔偿。

（五）擦鞋服务

为了给客人提供更为周到的服务，一些酒店免费为客人提供人工擦鞋服务。客房内均配有鞋篮，客人只需将要擦的鞋放进鞋篮，电话通知或晚间放在客房门口，由服务员取回工作间擦拭。

在擦拭皮鞋之前，应用纸条写好房号放入鞋内。在地面铺上废报纸，备好鞋油及擦鞋工具，分辨清楚鞋油的颜色并规范擦鞋。尽量在客人回来之前把鞋放于房间适当的位置。对于电话要求的客人，要及时提供服务。切忌在服务台附近帮客人擦皮鞋。

（六）访客接待服务

酒店客房楼层区域属于客人住宿私密区域，一般仅对住店客人开放。很多酒店在此区域设置了门禁系统，乘坐电梯上达客房楼层需扫描有效房卡方能启动电梯相应楼层按键。在这种情况下，若有访客，一般需客人自行下楼迎接；若恰遇客人不在酒店时访客到访，一般应请访客在酒店大堂等公共区域等候。同时，楼层服务人员也应提高警惕，对进入本楼层的非住客，要及时询问，多加留意，必要时礼貌请离客房区域，以防止不法分子混入酒店伺机作案。

(七) 会议服务

酒店楼层一般都设有不同数量、不同形式、不同大小的会议室,并同时提供会议设施及相应的服务,以满足客人召开各种类型会议的需求。楼层所举办的会议类型一般为小型会议、会谈、会见以及签字仪式等。

1. 会场布置

了解会议要求、会议负责人和会议签单人及相关信息,以便回答客人的询问(如与会务组、住房、用餐、娱乐安排等有关的问题)。将会议室打扫干净,并检查设施设备情况。对会议室进行布置,并随时与会议负责人联系,征求对方的意见及临时要求。

2. 会场服务

(1) 开会前半小时,服务员应在布置完毕的会议桌上摆好茶具、饮料及文具,是否放置烟灰缸应征求会务组的意见。

(2) 客人到达后,服务员要主动问候并为客人倒水沏茶。是否送小方巾则根据会议组织者要求、会议档次或到会者人数而定。

(3) 服务员在会议中间定期续水或补充饮料,更换烟灰缸。注意更茶续水动作要轻快,且不宜过于频繁。

(4) 如是重要会谈,服务员应尽量少进出打扰。若属保密会议,客人表示不需要服务时,也要在会场外留人值班。

(5) 如是签字仪式,当签字双方到达会场时,首先要为签字人员拉椅让座。仪式开始后,两名服务员要手托放有香槟酒杯的托盘站在距签字桌2米远处。签字结束双方握手交换文本时,服务员迅速上前撤走椅子,让酒祝贺。一定要注意掌握好撤椅和让酒的时机。

(6) 开会时,楼层应保持安静。同时,服务员应配合保安人员做好安全服务工作。

(7) 会议结束后,服务员应做好告别时的服务工作,如为客人开门、按电梯、致告别语等。客人离开后,要迅速检查现场,收拾物品,做好清洁卫生工作。

(八) 加床服务

如有客人要求在房间加床,客房服务员应礼貌地请客人到前台办理有关手续,不可随意答应客人的要求,更不能私自向客人提供加床服务。服务员接到前台有关提供加床服务的通知后,应将所需物品送至客房。同时,还应按规范将床铺好,并将其他增加的用品摆放好。完成加床服务后应立即做好记录。

(九) 客房设备报修服务

服务员在清扫、整理、检查房间时,如发现设施设备损坏或运行不正常,须将维修项目、房号及报修时间填写在工作单上,速报客房服务中心。客房服务中心接到报修通知后,应填写报修单送交工程部。报修单一式四联,第一联由工程部办公室留底备查;第二联由工程部办公室填签收单时间,盖部门专用章交回客房服务中心存查;第三联为维修人员领料凭证;第四联为维修人员进房维修所持有。维修后由客房服务员填写维修完成时间、确认维修结果并签字,报客房服务中心盖章后送回工程部办公室。

维修人员进房维修,要有客房服务员在场。维修期间,房门应打开。维修的设施设备如不属正常损坏,应填写事故单。无法维修时,由工程部经理和客房部经理签字更换。房间不能在短时间内修理完毕,由工程部证明,客房部填写房间暂停使用通知单报前厅部做维修房处理,待维修好后,再通知前厅部出租。

(十)私人管家服务

为了满足酒店部分高档客源的需求,有些高档酒店挑选一批形象佳、业务工作能力强、综合素质高的员工,担任管家服务员。当客人需要私人管家服务时,可以从中挑选合适的服务员为自己服务。

私人管家服务又叫贴身侍从服务,所担当的角色既是服务员又是私人秘书,对客人的一切需求给予24小时关注。私人管家服务包括客房整理、订送餐服务、代订飞机及车船票、安排车辆接送、商务文秘服务、导游服务、翻译服务等项目。客人还可以根据自己的需要定制管家服务项目及所需服务的时间,酒店将根据客人定制的服务项目多少及服务时间长短收取不同的额外服务费。

三、客人离店时的客房服务工作

客人离店时的客房服务工作是客房对客服务的最后一个环节,这一环节做得好,就能加深客人对酒店的良好印象,使其高兴而来,满意而归。

知识链接:
管家

(一)离店前的准备工作

服务员要掌握客人离店的准确时间;检查委托代办事项;核对客人在楼层的消费账单。

(二)送别客人

如在楼层过道遇到离店客人,服务员要征询客人意见后协助搬运行李,将客人送到电梯口,代为按下电梯按钮并以敬语向客人道别,待电梯门关后方可离开。

(三)善后工作

1. 及时检查客房内物品

待客人离开楼层或接到前台查房指令后,服务员要迅速进房检查。如有遗留物品,要立即通知前台转交客人。如发现小酒吧的食品饮料有耗损、客房设备用品有损坏和丢失,要立即通知前台,核实后,请客人付账或赔偿。

2. 认真处理客人遗留事项

有些客人因急事提前离开酒店,会委托服务员代替处理一些遗留事项,如收发信件、转达留言、转寄物品等,服务员一定要认真地为客人办理。

3. 做好房态记录

做好客人离房记录,组织人员整理清洁房间,并将更新后的房态及时告知前厅部。

4. 客人遗留物品的处理

(1)员工在酒店范围内的任何地方捡到遗失物品,都必须尽快交到保安部或客房服务中心。特别是客房部的员工在处理客人遗留的文件、资料时应特别慎重,凡没被放进垃圾桶的都被视为遗留物品,不可将其随意扔掉。

(2) 收到捡获物品后，客房服务中心须填写遗留物品登记表，登记表一式两份，一份交捡获者，一份连同遗留物品一起放入透明塑料袋内封口存放。之后，遗留物品要记录在遗留物品登记簿上，填写日期、捡获地点、物品名称、捡获人姓名及所属部门等详细情况。

(3) 遗留物品存放时，要将贵重物品和一般物品分开存放。贵重物品交客房部经理保存，一般物品由服务中心按月分类锁进储存柜内。

(4) 贵重物品由客房部经理通过入住登记表了解客人联系方式通知客人认领。客人认领时，须重复一次报失物品的特征、遗失地点，由客房部核准后如数交还客人，并请客人在登记簿上签名。国外有些酒店主张，除非客人前来认领或写信函、打电话寻找遗失物品，一般不通知物主或邮寄物品。主要理由有两个方面：一是客人不前来认领的物品是扔掉的物品；二是为了替客人住店情况保密。

(5) 贵重物品保存期为半年，一般物品保存期限为3个月。如无人认领，由客房部经理上报有关部门处理。按照国际惯例，一般的遗留物品应归物品的捡获者，但整瓶的酒须上交酒店供餐饮部门使用，开封过的酒应抛弃，贵重物品和现金须上交酒店。国外一些酒店在找不到失主的情况下，将贵重物品拍卖并将所得捐给慈善机构。

(6) 捡到物品不上交或索取不当得利的员工，一律按酒店管理制度严肃处理，对触犯刑法的行为，交由司法机关处理。

第三节　客房对客服务质量

案例引导

"嘿，Siri，让房间凉快一点。"

"嘿，Siri，开下灯。"

"嘿，Siri，播放我的睡觉音乐。"

这周开始，如果你去喜达屋旗下的雅乐轩酒店（Aloft Hotel）位于波士顿和圣克拉拉的两间分店——Aloft Boston Seaport 和 Aloft Santa Clara，你就可以这样让 Siri 做事了。

雅乐轩将恒温器、音响系统和照明系统集成一个系统，称之为"世界上第一个语音激活的客房"。在这些客房里都有一个酒店提供的 iPad，其中会有 Aloft 的 App，用来控制房间的各个部分，也会有界面引导客人让 Siri 记住自己的声音，之后客人就可以躺在床上控制酒店房间的各个设备了，也可以让 Siri 推荐附近景点、餐厅等等。在客人离店之后 Siri 就会自动复位，将历史记录删除。

雅乐轩的全球品牌经理 Eric Marlo 说这还只是他们的试验版本，在2.0版本中客人可以用自己的 iPhone 而非酒店提供的 iPad 来控制房间功能，还会在之后去适配安卓手机。3.0版本就更高级了，可以设置不同偏好，比如工作出差和度假两种不同的行为模式，客人预设好之后，用 App 打开房间的蓝牙激活锁，瞬间自动激活设定。Marlo 说:"它真的会变成非常日常的东西。随着科技发展,我们会逐渐实现它"。

(案例来源:环球旅讯,有删减。)

在市场竞争条件下,酒店经营成败的关键在于服务质量。客房服务是酒店服务的重要组成部分,其质量高低直接影响酒店服务质量和客房出租率。要加强客房服务质量管理,提高客房的服务质量水平,必须认识客房服务质量及其管理内容。

一、客房对客服务质量的构成

服务质量(Service Quality)是指以设备或产品为依托的劳务适合和满足宾客物质和精神需求的程度。适合和满足的程度越高,服务质量就越好。客房服务质量是由以下三个方面的内容构成的。

(一)客房设备设施用品质量

客房设备设施用品质量主要包括客房家具、电器、卫生间设备、防火防盗设施、客房备用品和客房供应品的质量。这些是客房服务提供的物质基础,其舒适完好程度如何,直接影响整个客房服务的质量。

(二)客房环境质量

客房环境质量主要是指客房设施设备的布局和装饰美化、客房的采光、照明、通风、温湿度的适宜程度等。良好的客房环境能让客人感到舒适惬意,产生美的享受。

(三)劳务质量

劳务质量是客房部一线服务人员对客人提供的服务本身的质量。它包括服务态度、服务语言、服务的礼节礼貌、服务方法、服务技能技巧、服务效率等。

在这三个方面中,客房设备设施用品质量和客房环境质量是有形的,劳务质量是无形的,却又是服务质量的最终表现形式。二者的有机结合,便构成了客房服务质量。客房管理的目的,就是促使客房服务质量得到全面提高,满足客人物质需求和精神需求,从而创造经济效益和社会效益。

二、提高客房对客服务质量的途径

(一)培养员工的服务意识

服务意识是员工应该具备的基本素质之一,同时也是提高服务质量的根本保证。而我国很多的酒店员工往往欠缺服务意识,从而导致服务质量上不去,遭到客人的投诉。就客房部而言,很多工作是有规律可循的,可以由该部门的管理者根据这些规律制定服务程序和操作规程来保证服务质量,但有一些问题是随情况而变化的,要求服务员必须有相应的服务意识,才能将工作做好。

(二)强化训练服务员的服务技能

服务技能和操作规程是提高客房服务质量和工作效率的重要保障,因此,客房服务员必

须熟练掌握。客房部可以通过强化训练、组织竞赛等多种手段来提高客房服务员的服务技能,如中式铺床竞赛、房间整理竞赛、房务中心电话服务竞赛、VIP服务竞赛及处理客人投诉竞赛等。

(三) 为客人提供个性化的服务

规范化的服务是从客人共性的角度出发来进行制定的,提供规范化的服务是保证客房服务质量的基本要求,但不应仅仅满足于为客人提供这一类的服务,应该认识到,每一位客人都是不同的,都有自己的个性与特色,必须为其提供相应的个性化服务,才能使客人对客房部的服务有更高的满意度。

(四) 搞好与酒店其他部门的合作与协调

要提高客房服务质量,还必须做好与酒店其他部门的合作与协调,特别是前厅部、工程部、餐饮部、保安部等部门。客房部与这些部门的联系密切,客房部的对客服务工作必须得到上述部门的理解和支持。同时,客房部也必须理解和支持上述部门的工作,加强与这些部门的信息沟通。

(五) 征求客人对服务质量的意见

客人是客房服务的直接消费者,最能发现客房服务中的缺陷,因此对服务质量也最有发言权,要提高客房服务质量,征求客人意见是一个十分重要的途径。征求客人意见可以有多种途径,较常用的做法有两种:①设置客人意见表,为了及时征求客人对于客房部各项服务的意见,可在客房设置意见表,而且应落到实处,注意对其进行管理;②直接向客人征求意见,客房部经理可以定期或是不定期地拜访客人,了解客人的需求,从而及时发现客房服务中存在的问题,进一步制订和修改有关的计划。这样做一方面可以加强与客人的交流,增进双方的了解与信任;另一方面也能发现自身的不足,加以改进,从而提高客人对客房服务的满意度。

三、客房优质服务

(一) 优质服务的含义

所谓优质服务就是最大限度地满足客人的正当需求。在我国酒店业发展的初期,我们曾把标准化服务作为优质服务的标志。但是随着酒店业的发展和客人需求的不断变化,仅仅提供标准化的服务是不能使不同的客人完全满意的。因为客人的需求变幻莫测,而标准化的服务只能满足大多数客人表面的基本需求,不能满足客人更深层次的特别需求。因此,客房优质服务必须是站在客人的角度,以客人之需而随机应变,在标准化服务的基础上提供的有针对性的、超常的、个性化的服务,以达到或超过不同住宿客人的期望。优质服务的公式是"标准化服务+个性化服务"。

(二) 个性化服务的特点

个性化服务起源于海外发达国家,称之为 Personalized Service 或 Individualized Service。由于住客来自不同的国家和地区,其民族、宗教、风俗习惯方面存在较大差异,又有年龄、性别、文化教养、职业、消费水平等区别,仅靠规范服务不可能满足客人的所有要求。而酒店是以出售服务为特征的经营性企业,按这一行业的宗旨和信条,客人的要求永远是对的(违反法律的除外),酒店必须千方百计满足客人的各种需求,包括那些偶然的、特殊的需求,让客人满意,使他们成为回头客。

个性化服务就是以客人为本,并根据客人层次及需求上的差异,对不同客人采取不同的服务方式。这就要求服务人员要有强烈的服务意识去主动接近客人,了解客人,设身处地地察觉客人的心理,从而有针对性地提供服务。

个性化服务虽然因客人要求不同,服务员提供服务的方式、方法和手段也千差万别,但寻根究底,仍具有以下特点:一是要求有更为主动的服务;二是要求有更为灵活的服务;三是要求有更为细致的服务;四是要求有超常服务;五是要求有更强的感情投入。

(三)客人类型和服务方法

酒店的客人来自世界各地,由于他们的身份地位、宗教信仰、文化修养、兴趣爱好、生活习惯、社会背景等各不相同,因此对酒店的服务有不同的要求。了解他们的需求特点,采取个性化的服务是客房管理者和服务人员提高对客服务的前提。

1. 商务旅游型

商务客人是一个高消费的群体。他们的需求是对客房设施设备和服务的要求较高,生活上要舒适,工作上要方便,尤其是通信设施齐全,保证客房安全。商务客人非常重视保持良好的个人形象,因此在服务方面首先要求有24小时的洗熨衣物服务,对美容服务也比较重视。商务客人讲究饮食,还有部分客人喜欢在客房用餐。对酒店娱乐健身等项目也有兴趣。随着女性商务客人的增多,女性对客房的要求更加被关注。商务客人一般有较高的文化修养,公务又繁忙,对服务方式、服务效率都很讲究,并希望得到更多的尊重。

服务方法:推荐豪华客房,选派素质高、外语好、业务精的服务员为商务客人服务,以高质高效为第一要求;为客房增添办公设备,改善办公条件;对立国家的客人或商业竞争对手不要安排在同一楼层。客人的需求要尽快满足,有邮件要立即送进房间。许多高档酒店为商务客人开设了商务行政楼层,集中管理,提供有针对性的服务,很受客人欢迎。

2. 蜜月旅游型

旅行度蜜月的人越来越多,这类客人常有"一辈子就这一次,得好好风光一回"的想法,所以花钱大方,图个舒服、顺心、吉利。

服务方法:安排安静、明亮的大床房,如有预订,应有所准备。如贴红喜字,摆放鲜花。多介绍当地的旅游景点、风味餐馆和旅游商店,方便客人游玩和购物。这类客人白天多外出,客房清扫等服务要抓紧搞好,客人回来后要少进房打扰。

3. 修学旅游型

修学旅游是以增进技艺、增长知识为目的,以青少年学生为主体的旅游方式。

服务方法:在生活起居方面要多给予关心照顾,遇事多提醒,态度要亲切和蔼。提供服务时要迅速,讲话单刀直入,问清要求后立即去做,讲求效率。可以多向他们介绍图书馆、文物古迹和自然旅游景观。

4. 旅游疗养型

有些客人有慢性病,会借旅游机会看病或疗养。这类客人在酒店逗留时间长,活动有规律,喜欢安静,对优美恬静的自然风光、医疗处所和民间偏方有兴趣。对住房要求特殊,如房间小而舒适、光线足、安静、起居方便等。

服务方法:尽量安排位置僻静的单人房,服务周到、细心,尽快摸清客人的生活规律。客房保持清洁状态,经常做小整理,使客人心情舒畅。客人休息时不要打扰,保持楼道安静。多介绍食疗保健知识,推荐适合客人口味的饮食,或请餐厅为客人提供特殊饮食,也要为房内用餐提供方便。

5. 长住型

在酒店入住超过一个月的客人称为长住客,如公司、商社或常驻机构长期包租客房作为办事机构,员工长住办公,也有的是外国公司雇员携家属长期居住。这类客人对客房最需要的是"家"的感觉,期望得到亲切、方便、舒适的服务。

服务方法:长住客工作紧张,服务员要给予理解关照。清理房间要尽量安排在客人非办公时,清扫时要特别注意客人的文件物品,不要翻看挪动,开窗换气时不要让风吹散。茶具、饮料、擦手巾、记事便笺等用品要专门配备,按客人要求及时送上。长住客在房内安放办公设备和生活设施的要求应尽量满足,但服务员在日常服务中要注意检查安全隐患,及时汇报领导和提醒客人。

本章小结

客房对客服务工作是客房部的重要工作内容,客房对客服务质量在一定程度上反映了整个酒店的服务质量。本章分析了楼层服务台模式、客房服务中心模式及前台直管模式三种客房对客服务组织模式的内涵及特点;介绍了客人抵店时、客人住店期间以及客人离店时的客房服务工作内容及流程;剖析了客房服务质量的构成要素及提高策略,分析了客房优质服务的内涵、个性化的特点,并总结了针对不同客人类型的个性化服务方式。

关键概念

楼层服务台模式　客房服务中心模式　前台直管模式　私人管家服务
个性化服务

复习思考题

1. 复习题

(1) 楼层服务台模式的优缺点有哪些?

(2) 客房服务中心模式的优缺点有哪些?

（3）为客人提供洗衣服务应注意哪些问题？

（4）做好访客接待服务应注意哪些问题？

（5）提高客房服务质量的途径有哪些？

2. 思考题

个性化服务需要为客人提供更为主动的服务，即行动在客人开口之前甚至是想到之前。请思考如何发现或挖掘客人的需求？

◇ 案例分析

个性化服务

◇ 实训操练

收集客房个性化服务案例，制作服务手册，与同学进行分享交流。

◇ 进一步阅读推荐

1. 李彬,孙怡.酒店服务质量管理：理论、实践与案例[M].北京：旅游教育出版社，2017.

2. 李雯.酒店客房部精细化管理与标准化服务[M].北京：人民邮电出版社，2016.

第十一章

客房设备用品管理

学习目标

通过本章学习,了解客房设备用品管理的意义;理解客房设备用品选择与维护发展的环保与绿色理念;掌握客房设备的选择与合理配备需求;掌握客房设备使用保养方法和更新改造趋势;掌握客房用品和客房布草控制管理方法。

第一节 客房设备管理

案例引导 中端酒店:小资情结与成本控制平衡木

(1) 2020年8月3日晚,成都市某酒店起火。成都消防官方微博发布消息称,该酒店13楼一杂物间发生火灾,过火面积约十多平方米,燃烧物质为床单、纸料,无人员伤亡。

(2) 2016年10月8日,国庆长假结束后的第一个工作日,杭州某派出所接到辖区某星级酒店报警:酒店内两个房间接连被盗,损失近10万元。接警后,民警立刻赶到现场勘察,据了解,丢失贵重物品的客人都是外地游客,前一天晚上睡觉时,他们把手表、项链等贵重物品放在房间的桌子上,但第二天醒来后,发现没了踪影。

(3) 2019年7月底,张某到青岛旅游,入住某连锁商务酒店,早上洗完澡后从淋浴间出来时,不小心滑倒摔在马桶上。经医生诊断,张某为创伤性右肱骨粉碎性骨折,需要住院8天并进行手术。

(资料来源:根据网络资料整理。)

一、客房设备的分类

客房设备属于酒店的固定资产,主要包括家具、电器、卫生设备、安全装置及一些配套设施等。

（一）家具

客房内主要应配有床、床头柜、写字台、靠背椅、沙发、躺椅、电视机柜、行李架、衣柜等家具。

（二）电器

客房内配备的电器主要有照明灯具、电视机、空调、电冰箱、音响、电话等。一些高档客房还配有自动熨斗等,以方便客人。

（三）卫生设备

客房卫生设备主要有浴缸、淋浴器、马桶、洗脸台、毛巾架、镜子、垃圾桶,高档客房卫生间内还配有净身器等。

（四）安全装置

为了保证客人的安全,客房内必须配备安全装置,如消防报警装置有烟感器、温感器及自动喷淋,其他安全装置有窥镜和防盗链、消防防毒面罩和手电筒、标明客人现在的位置及安全通道的方向等的安全疏散指示图。高档客房还配有小型保险箱。

二、客房设备的选择标准

客房设备的选择是客房设备管理的第一个环节,也是至关重要的一个环节。客房设备的资金额占总资金额中的绝大多数,对后续的维护保养和房间产品销售具有重要影响。选购经济合理、适合酒店档次的最优设备,有利于提高工作效率和服务质量,满足客人的需求。每个酒店要根据自身的特点,确定客房设备的选择标准,在选择时需要综合考虑以下几个因素。

（一）具有实用性

客房设备要符合客人使用的需求,所有的配置必须具有实用性。能够充分满足客人的实际需要,坚固耐用,使用方便,能使客人享受其使用过程。

（二）方便维修保养

客房设备本身的材料构造和布置安装要方便维护和保养。无论客房设备质量多么高,多么坚固耐用,都会有维修保养的过程,因此在配备客房设备的时候必须考虑到这一需求。

（三）利于节能和环保

节能和环保是配备客房设备需要考虑的重要因素。酒店设备的选择要考虑节能效果,即选择那些能源利用率高、消耗量低的客房设备。随着人们节能和环保意识的增强,科学技术水平的提高,酒店在配置客房设备的时候,应优先选择这类产品,一方面减少消耗,降低成本,另一方面对保护环境做出贡献,符合时代需求。

（四）具有安全性

安全是酒店客人的基本要求，在配备客房设备时必须考虑安全因素，如家具是否牢固、是否阻燃，电器是否有安全保护装置，浴缸是否防滑等。所有客房设备都必须有较高的安全系数，并配有防止事故发生的各种装置。此外，在布置安装时都要采取相应的预防性措施，商家提供售后服务也是设备安全的重要保证。

> **同步案例　　房客沐浴被钢化玻璃门炸伤　　法院判酒店赔偿客人**
>
> 陕西某酒店的客人刘女士去卫生间洗澡，她轻轻推了一下浴室的玻璃门，整个门突然炸裂了，刘女士身上多处被玻璃碎片划伤。卫生间浴室内外的地面上散落着大量玻璃碎片，玻璃大门已完全碎裂，只剩门把手。事发后刘女士要求酒店方除了支付医药费和修复费外，再支付误工费。
>
> 律师提醒，《民法典》第一千一百九十八条规定：宾馆、商场、银行、车站、机场、体育场馆、娱乐场所等经营场所、公共场所的经营者、管理者或者群众性活动的组织者，未尽到安全保障义务，造成他人损害的，应当承担侵权责任。酒店方需向客人承担侵权赔偿责任，比如，赔礼道歉、赔偿客人经济损失（医疗费、交通费、误工费、护理费、精神损失费等）。如果玻璃门本身质量存在问题致使玻璃门炸裂的，在质保期内，玻璃门厂家及销售方需承担赔偿责任，酒店方及客人均有权向玻璃门厂家及销售方索赔。如果是因客人操作不当导致玻璃门炸裂的，客人存在过错，同时，酒店方未尽到提醒义务的，比如，未在玻璃门上张贴玻璃门开关使用方法的，则根据客人与酒店方各自的过错程度划分责任。如果酒店方尽到了提醒义务，只是因客人操作不当导致玻璃门炸裂的，则由客人承担责任，酒店方不需担责。
>
> （资料来源：腾讯网。）

（五）兼具特色性和配套协调性

没有特色的产品就没有生命力。客房设备的配置就是客房产品特色的一个重要体现，酒店在配置客房设备时，要有新理念、新思维，敢于突破传统，有别于常规和他人的做法，形成自己的特色。同时，客房设备的配置必须有配套协调性。客房设备的风格必须和客房相配套、协调，另外，设备之间也要相互配套协调，从而保持设备的一致性和外观的协调性。

三、客房设备的使用

客房设备的使用，主要涉及员工与客人两个方面。在员工使用方面，客房部首先要培养客房服务员爱护设备的自觉性和责任心，按规程对客房设备进行日常的检查与维护保养，发生故障及时和有关部门联系进行修理；其次要加强对员工的技术培训，提高他们的操作技术水平，使他们懂得客房部设备的用途、性能、使用方法及保养方法。在客人使用方面，由于客房的设备是以租借形式供客人使用的，存在一些用法不明确或具有必须遵循安全使用步骤的设备,必须在醒目位置做好安全操作流程说明提醒,并且客房服务员在引领客人进房时,也须按照服务规程介绍客房设备的性能和使用方法。

四、客房设备的保养

(一)客房家具的保养

合理使用和妥善保养家具设备能够保证客房处于正常完好的状态,延长客房家具设备的使用寿命,是客房家具设备管理的基本要求和措施。客房主要家具设备保养的基本措施如下。

1. 床

(1) 床架。

保持床架的牢固稳定,注意检查床架各部件是否完好安全,有无破损,受力或推拉时有无摇晃和响声,特别是要注意床脚的固定完好,一旦出现脱落和破损,不仅不易于推拉,还损坏地面,应及时报修和更换;床架同其他木质家具一样,需要注意防潮、防蛀、防水、防热,应注意经常保持清洁光亮,如果是靠卫生间的床,应注意与墙保持一定距离,既可防潮,又便于操作。

(2) 床垫。

首先要注意保持床垫的清洁卫生。可采用吸尘器清除床垫上的灰尘,若发现床垫四周尚有积灰,可及时用小扫帚清除,而如果发现床垫上有污渍,要及时清除,并选择合适的软刷和清洁剂进行擦洗,防止水和清洁剂渗透到床垫里,可在床垫上加铺一层吸水性好、易于洗涤的褥垫,避免床垫遭受污染,方便换洗。

其次注意防止床垫的损坏变形。定期翻转,调换床垫摆放方向,可使各部分受力均匀,避免出现局部凹凸变形等现象;时常检查床垫的面料有无破损,滚边有无破损,弹簧有无松动或脱落,发现问题及时报修,对于能够修复的软件要及时修复,不能修复的要及时更换,否则会影响客人的睡眠质量;注意床垫防潮措施,保持室内干燥,经常让床垫通风透气,不要人为地将水或其他液体弄到床垫上。

2. 沙发

可以在沙发易脏部位放置坐垫,起到保护和美化的作用;经常对沙发吸尘,并定期对沙发面料进行洗涤,以保持其清洁;如果发现沙发面层有污点时,及时用清洁剂去除;经常翻转沙发坐垫,以保证其受力均匀,防止沙发面层的磨损。

3. 木质家具

由于木材本身具有易变形、易腐蚀、易燃等特点,所以应根据其特性注意加以保养、防潮、防热、防虫蛀、防摩擦损伤。

木质家具受潮后容易变形、开胶和脱漆,因此木质家具要避免在潮湿的环境中使用,做好防潮措施。房内要注意经常通风换气,不要把受潮的物品(如毛巾、衣服等)搭放在木质家具上。在清扫时,见到水迹要及时擦干,擦拭家具时不能用带水的抹布擦洗,若沾上难以擦拭的污垢,可用抹布蘸少许酒店多功能清洁剂,用湿润的抹布去除,然后用软质的干布轻轻擦拭,保持家具的光洁度。

木质家具过度受热后容易收缩开裂,因此摆放时要避免暴晒和烘烤,避免阳光直射,远离暖气片等热源。

木质家具容易滋生蛀虫,要参照除虫灭害的要求和办法进行处理,放些对人体无害的防虫香或喷洒防虫剂等,防止虫蛀。

木质家具定期打蜡上光可以起到隔热防潮、防渗透、防止失去光泽、保持清洁明亮、清除轻微擦伤、降低灰尘附着力等作用,需要使用专用的家具蜡涂擦家具。

(二) 客房主要电器的保养

对于电器使用来说,安全是头等大事,必须定期对其进行实际检查,即插上电源进行试用。电器的保养,不仅要对电气主体进行保养和维修,而且要经常查看线路和电源,如电线是否剥皮、插座是否松动、试用时是否漏电等。发现问题应立即维修或更换,保证电器随时处于完好状态,在没有修理好之前千万不可让客人使用。

1. 电视机

电视机的安装、使用、保养和故障检修,必须严格按照说明书的有关规定和要求进行。电视机应安放在通风良好的地方,切勿置于高温、潮湿、灰尘多的地方,一般应避免阳光直射到屏幕上,减少地磁对彩色显像管的影响。电视机长期不使用时应定期通电一段时间,以去除机体内的湿气,夏季应每月通电一次,时间为两小时以上;冬季则每三个月通电一次,时间在三小时以上。电视机的清洁应用柔软的干布擦拭,若要使用清洁剂,应用中性清洗剂,切勿使用稀释或挥发性汽油、香蕉水等强烈溶剂,以免失去外表光泽。如果遇到发现图像或声音不清等故障时,可对照说明书检查排除,若无法处理,应立即打电话通知工程部维修人员。

2. 电冰箱

客房常用的电冰箱大多为单门电冰箱,容积较小,以冷藏为主,主要用于冷藏少量饮料和食品。电冰箱要放在通风的地方,以保证散热。冰箱顶部严禁放置其他电器和物品。要保持冰箱清洁,以防异味产生,内部附件可用浸有温水或中性清洁剂的软布擦洗,但塑料件绝对不可接触开水及酸、苯、石油等有机溶剂,否则会使塑料体老化、变形;箱体外表则可用柔软干布蘸上中性清洁剂擦拭,再用干布擦净。电冰箱的蒸发器表面结有一定厚度(约5毫米)的冰霜时,应及时除霜,否则影响制冷效果。如果电冰箱长期不使用,则应拔下电源插头,切断电源,取出饮料食品,并清洁干净。

3. 空调

酒店常用的空调有两大类,即中央空调系统和房间空调器。这里主要介绍房间空调器的保养。保养时,停止机组运转,并拔下电源插头,用温水将柔软的布沾湿,拧干后擦拭脏污的地方。清洁时注意切勿用开水、稀释剂、腐蚀性粉末或强烈溶剂来清洗滤尘网;切勿用水冲洗机组,否则将造成漏电和电击。在空调使用时期,检查空调遥控器的电池电量,而空气滤尘网至少每两周清扫一次,否则滤尘网堵塞,既影响运转效果,又浪费电力;若室内尘埃多,应每周清扫一次。在空调停止使用时,取出空调遥控器电池,防止漏液损坏电路板,并拔下空调电源插头,但要注意定期启动运转,以排出机械内的湿气,避免发霉和产生气味。

(三) 卫生间洁具的保养

注意卫生间防潮,坚持经常清洁,要用专门的清洁剂来保洁,不可用去污粉等粗糙的物品擦拭,因为去污粉不仅容易把洁具光泽擦掉,而且对下水管道畅通有很大的影响。对洁具的配件一定要用干抹布擦,以保持光泽,注意不要用腐蚀性强的液体擦拭。即使客房长期不使用,也要定时进行马桶冲水、洗脸池放水等,防止水垢和浊气沉积。

(四)安全装置的保养

注意每天检查客房内配备的安全装置,如房内窥镜和防盗链是否完好,消防防毒面罩是否在有效期范围内,手电筒和保险箱的电池电量是否充足,标明客人现在的位置及安全通道的方向等的安全疏散指示图是否模糊或掉落等。

五、客房设备的管理

客房设备品类繁多,价值相差悬殊,大多是供客人消费的物质消费品,由于采用出租的形式,客人在消费过程中其使用价值不断耗损,客房员工则负责加工整理、维修保养,使其不断恢复使用价值,造成了客房设备用品管理的复杂性。客房部为此有必要采用科学的管理方法,正确掌握设备使用、调动、保养、维修和更新改造等状况,对本部门的设备情况有清晰的了解并对设备做好管理工作。

(一)对客房设备进行登记造册

客房的设施设备购进后,首先要给主要机器和设备建立库存卡片,登记建档,应包含物品名称、型号与序号、制造商、供应商、购买日期、价格、规格特征、修理方法、保修信息及本地维修点等信息,同时将该设备的所有附件、备件也进行登记并注明该设备、附件及备件的正确工作区域或储存区。通过清单可确定储备的机器与设备的种类和数量,以便对客房部设备的监督使用和控制管理。

(二)建立客房设备的保养维修档案

客房设备在使用过程中发生维修、损坏等情况,都应在维修档案上做好登记,记录相关信息:设备送修日期、具体问题、维修者姓名、修理情况、更换的部件、修理费用及该物品已停止使用的时间等。这些记录有助于确定向维修代表交代设备存在的问题,而客房部经理也可根据这些记录,估算维修费用及机器与设备因维修而造成的停工期,还可以给后续客房设备更新改造提供相应的资料依据。表11-1所示为设备保养登记表。

表11-1 设备保养登记表

设备名称		设备序号		
序号	日期	保养内容	保养单位	保养确认

(三) 建立定期检查设备制度

应定期对所有客房设备进行检验,了解客房设备的运行现状,并做好相关记录,及时改善和解决设备问题,确保客房设备处于良好的状态,保留登记客房设备的历次维修记录,以供后期查阅。客房部使用的所有设备和实物库存品,每季度应进行一次清点。清点时,应查看库存品档案与卡片,并核实所有物件的准确存放地点,特别是变更摆放位置和外送维修的物品。清点所有的附件与设备,并将结果记在相应的库存品卡上。

(四) 设立专人管理,保证设备仓储的安全

客房设备的存放,要设立专人负责管理。设备闲置时,应将其妥善存放并关门上锁。不允许将客房部的设备带出酒店。设备借给其他部门使用时,客房部经理应做详细记录,并对借出设备进行跟踪,确保得以归还。

(五) 客房设备的更新改造

为了保证酒店的规格和档次,保持并扩大对客源的影响力,满足客人不断变化的需求,酒店要制订客房设备的更新改造计划,并根据市场情况,对一些设备进行强制性淘汰。客房部虽然不是客房设备更新改造工作的直接承担者,但须参与此项工作,根据市场情况及客人需求提出有关设想和建议。

1. 客房设备的常规修整

客房设备的常规修整一般每年至少进行一次,以保持客房的基本标准,如电器及设备的全面保养、家具的维修上漆等。

2. 部分更新

客房使用 5 年左右,即应对部分设备进行更新,如更换地毯、灯具等。由于酒店业竞争日趋激烈,客人需求不断变化,酒店客房设备更新的期限有越来越短的趋势,有些酒店几乎年年都在部分更新。

3. 全面更新

客房设备的全面更新往往 8—10 年进行一次,主要项目包括家具的更新,照明灯具、镜子的更新,地毯的更新,卫生间设备的更新(包括洁具、灯具等)。

客房设备更新尤其是全面更新改造前,酒店一定要做广泛的市场调研,了解国内外同行业的情况,根据酒店自身的经济实力,既不能贪大求全,又要有一定的远见性、超前性;要合理调整客房设备,注意增添一些方便客人使用的新功能、新科技设备;要有新观念、新思维,敢于突破传统习惯,形成自己的特色。

第二节 客房用品管理

案例引导

2019 年 7 月 1 日起,《上海市生活垃圾管理条例》开始施行。上海市内酒店不再主动提供一次性替代消耗品,包括一次性牙刷、梳子、浴擦、剃须刀、指甲锉、鞋擦

等"六小件",以促进绿色消费和资源再利用。

静安某酒店总经理介绍,酒店已不再在客房内放置"六小件",而是根据每位客人的具体要求免费提供所需一次性用品,客人可在前台领取或由工作人员送至客房;同时,酒店新增可循环使用的旅行套装用品销售服务。"上海推行的相关措施可以说是走在全国前列的。"该酒店经理表示。

上海市文化和旅游局介绍,酒店在遵循行业标准的前提下,可根据自身及客源情况增加不主动提供的用品品种;上海也将适时更新旅游住宿业"不主动提供一次性用品目录"。

携程某平台总经理介绍,全国酒店业客房数量为1300万—1500万间,不主动提供一次性用品,对垃圾减量化有重要意义。

某酒店业务管理部总监介绍,公司旗下位于上海的酒店有近120家,除了在上述酒店严格落实不主动提供"六小件"举措外,公司也倡导分布在全国其他城市的更多门店通过线上线下互动,向更多客人推广绿色消费理念。

(资料来源:根据网络资料整理。)

客房用品是为方便客人使用而设计配置的,这类物品数量大,品种多,消耗快,难以掌握和控制。为了在确保客人的需要的同时,降低消耗成本,应加强对客房用品的管理。

一、客房用品的种类

(一) 按消耗的形式划分

按消耗的形式客房用品可划分为一次性消耗品和多次性消耗品。

1. 一次性消耗品

一次性消耗品是指客人一次性消耗使用,或用作馈赠客人而供给的用品。此类物品价格相对较低、易于消耗,所以,也有人称为客用低值易耗品,如火柴、茶叶、信封、信笺、肥皂、卫生纸、浴液、牙具、针线包、便笺纸等。

2. 多次性消耗品

多次性消耗品是指可连续多次供客人使用,正常情况下短期内不会损坏或消耗,但不能让客人带走,价值补偿在一个时期内逐渐完成的客用品,如玻璃器皿、瓷器、水瓶、文具、浴衣等。

(二) 按供应的形式划分

按供应的形式客房用品可划分为客房供应品、客房备用品和客人租借品。

(1) 客房供应品,即一次性消耗品。

(2) 客房备用品,即放在客房内,不允许带走的多次性消耗品。

(3) 客人租借品,放在服务中心,供客人临时需要而借用的客房用品,如吹风机、熨衣板等。

二、客房用品的配置

不同档次的酒店所提供的客房用品是有差别的,客房用品的消耗也不相同。鉴于客房用品种类繁多,在配置时应遵循以下几项原则和要求。

(一)宾客至上

客房用品是为方便住店客人生活而提供的,因此首先必须具有实用性,其配置必须能满足客人日常起居生活的需要,充分体现宾客至上的原则,真正做到实用、美观、方便。

(二)效益为本

在满足客人实际需要的前提下,客房用品的配置要以效益为本。客房用品消耗量大,在保证质量的前提下尽量控制好价格,以降低成本费用,考虑投入与产出的关系,尽可能选择价廉物美的产品,保证价格的合理度。

(三)符合标准

客房用品的质量及配备的数量应与客房的规格档次相适应,客房用品要具有观赏性,要体现酒店的档次,与客房的装饰相协调,能使客人产生舒适、悦目的感觉。星级酒店必须按照我国行业标准要求配备客房用品。

(四)利于环保

客房日用品品种众多,使用的频率较高,消耗量大,而且大部分一次性用品的成分都是塑料及其他化学物质,在自然界中降解速度非常缓慢,会对环境造成很大污染。环境保护已经成了全人类的共同任务,酒店应尽可能选用有利于环保和可再次利用的客用物品。如配置固定的可添加液体肥皂的容器,将容器分别安装在洗脸台上方和浴缸上方墙面,客人用多少按压多少,既方便了客人,又减少了浪费。

三、客房用品的消耗定额管理

(一)一次性消耗品的消耗定额制定

一次性消耗品消耗定额的制定方法,是以单房配备量为基础,确定每天需要量,然后根据预测的年平均出租率来制定年度消耗定额。计算公式为

$$A = b \times x \times f \times 365$$

其中:A 表示每项日用品的年度消耗定额;b 表示每间客房每天配备额;x 表示酒店客房总数;f 表示预测的年平均出租率。

例 11-1 某酒店有客房 300 间,年平均出租率为 80%,牙膏、圆珠笔的单间客房每天配备额分别为 2 支、1 支。求该酒店牙膏、圆珠笔的年度消耗定额。

根据上述公式计算得:

牙膏的年度消耗定额 $A = b \times x \times f \times 365 = 2 \times 300 \times 80\% \times 365 = 17.52$(万支)

圆珠笔的年度消耗定额 $A = b \times x \times f \times 365 = 1 \times 300 \times 80\% \times 365 = 8.76$(万支)

(二)多次性消耗品的消耗定额制定

多次性消耗品的消耗定额的计算公式为

$$A = b \times x \times f \times r$$

其中：A 表示每项日用品的年度消耗定额；b 表示每间客房每天配备额；x 表示酒店客房总数；f 表示预测的年平均出租率；r 表示用品损耗率。

例 11-2 某酒店有客房 300 间，床单单房配备 2 套（每套 4 张）。预计客房平均出租率为 70%。在更新周期内，床单的年度损耗率为 35%，求其年度消耗定额。

根据上述公式计算得：

床单的年度消耗定额 $A = b \times x \times f \times r = 2 \times 300 \times 70\% \times 35\% = 147$（套）

四、客房用品的消耗控制

（一）客房用品的发放控制

首先，客房部应该根据酒店的实际运营情况制定客房部库房储存标准、楼层工作间储备标准、工作车配备标准和客房配备标准，明确客房用品的储备情况。中心库房根据客房日用量的消耗发放情况和仓库最高库存量定期填写客房用品的申购单，经主管和经理批准，交采购部门办理，从采购部门领取物品。

其次，应严格控制客房用品的发放情况。根据楼层小库房的配备量、楼层的消耗量明确周期和时间，在发放日之前应该将本楼层库房的消耗及现存情况统计出来，按楼层工作间储备标准填好客房用品申领表（见表 11-2），报领班审批，凭申领单到中心库房领取或由中心库房物品领发人员发送到各楼层，请领班验收。然后将楼层工作间的客房用品按照标准，配备给楼层的各个工作车直至客房。其中所有发放环节都必须保证客房用品存放到位，不出现错放、漏放等情况。

表 11-2 客房用品申领表

楼层：　　　　　　　　　　　　　　　　　　　　　日期：

	事　项	要求	供应		事　项	要求	供应
1	信纸			14	针线包		
2	信封			15	火柴		
3	航空信封			16	浴帽		
4	电传/电报表格			17	洗发水		
5	介绍册/价目表			18	沐浴液		
6	明信片			19	护发素		
7	洗水单（洗衣）			20	香皂（18 g）		
8	干洗及熨衣单			21	香皂（50 g）		
9	房间酒水单			22	面纸		
10	早餐门卡			23	服务指南		
11	客房餐牌			24	"请勿打扰"及"请速打扫"牌		
12	便笺			25	服务意见书		
13	清洁牌			26	文具夹		

续表

事项		要求	供应	事项		要求	供应
27	行李贴			32	牙刷套		
28	圆珠笔			33	拖鞋		
29	厕纸卷			34	鞋拔		
30	化妆棉球			⋮	⋮		
31	剃须刀						
申领者：				发放者：			

（二）客房用品的使用控制

1. 制定客房用品的消耗标准

虽然客房用品是每天按客房物品的配备标准进行配置的，但是并不是所有的用品都在当天消耗掉，可能有部分用品没有消耗或没有完全消耗。所以在实际工作中，客房部管理人员要注意观察和检查，根据客房用品消耗情况的统计资料，掌握各种客房用品的消耗标准。客房用品消耗标准可按下列公式计算：

单项日用品消耗标准＝客房出租间天数×每间客房配备数×平均消耗率

例如，某酒店客房的咖啡，每间客房每天配备 4 包，统计分析表明平均每间客房每天的消耗量为 2 包，即平均消耗率为 50％。如果某一楼层本月客房出租 319 间天，则该楼层本月咖啡消耗应为 319×4×50％＝638（包）。

2. 每日统计，定期分析

客房服务人员每天按规定数量和品种为客房配备和添补客房用品，并在服务员工作表上做好登记。楼层领班则负责本楼层的客房用品的管理，每天汇总本楼层消耗客房用品的数量表，填写主要客房用品的耗用统计表，并向客房部汇报。而设立客房部中心库房的酒店，可由中心库房的物品领发员或客房服务中心对客房楼层的客用品耗费的总量进行控制，负责统计各楼层每日、每周和每月的客用品使用损耗量。结合客房出租率及上月情况，制作每月的客用品消耗分析对照表。表 11-3 所示为楼层每日消耗用品汇总表。

表 11-3 楼层每日消耗用品汇总表

统计人： 日期：

用品	楼层													总数
	3F	4F	5F	6F	7F	8F	9F	10F	11F	12F	13F	14F	15F	16F	
圆珠笔															
便笺笔															
针线包															
擦鞋纸															
意见书															
明信片															

续表

用品	楼层														总数
	3F	4F	5F	6F	7F	8F	9F	10F	11F	12F	13F	14F	15F	16F	
礼品袋															
洗衣袋															
⋮															

客房部根据每日统计资料，定期（通常是一个月）对各楼层客房用品消耗进行汇总，并以经过整理汇总的统计资料为基础，对客房用品的消耗情况进行分析：根据每日耗量汇总表制作月度各楼层耗量汇总表；结合住客率及上月情况，制作每月客用品消耗分析对照表；结合年初预算情况，制作月度预算对照表；根据控制前后对照，确定间天平均消耗额。通过这些分析研究，不断总结经验，摸索管理规律，提高管理水平，降低成本消耗，保证客房经营活动的顺利进行，提高酒店经济效益。

（三）客房用品的流失控制

1. 建立客用品领班责任制

各种物资用品的使用主要是在楼层进行的，所以楼层领班是管好、用好客房用品，掌握定额标准的关键。各楼层应配备专人负责楼层物资用品的领用、保管、发放、汇总以及分析的工作。

2. 控制日常客用品消耗量

客房用品的流失主要是员工造成的。比如有些员工在清洁整理房间时图省事，将一些客人未使用过的消耗品当垃圾扔掉，因此，领班应做好员工的思想工作，通过现场指挥和督导，减少客用品的浪费和损坏。同时，还要为员工创造不需要使用客房用品的必要条件。

（四）客房用品的再利用

客房用品品种繁多，使用频率高，且消耗量大。如果能够合理地再利用这些客房用品，就能够有效降低消耗，控制成本费用，从而减轻酒店负担，提高经济效益，并为环保事业做出相应的贡献，对酒店乃至全人类的生存和发展都有着非常重要的意义。所以客房部应该采取多种多样的措施和方法设法做好降低消耗和环境保护工作，尤其是要大力推行"3R"的做法，这种做法是目前比较流行且很有实效的做法。

1. 减量（Reduce）

减量主要在于减少客房客用物品的配置和更换。减少配置指在不影响服务质量的前提下，适当减少一些客用物品的品种、数量，对于一些客人不常用的物品，不作为正常供应品在客房内配置，如果客人需要，可以临时提供。一些物品的数量也可以减少，如在一些通常由单人租用的双人间里，只配备一套客用消耗物品，个别用品如浴液、洗发液等的量，只需够一次使用即可。减少更换主要针对客房里的一些布草，尤其是卫生间的毛巾等，当然也针对相当部分的客房用品，例如酒店里的牙刷、拖鞋等。现在很多酒店在双住的客房里放置两把有明显区别的牙刷，两双有明显区别的拖鞋等，因为这些用品一般不会一次就用坏，以往人们总是担心相互混淆而丢弃,经过这样处理,就可能避免过去的那种浪费。很多酒店都会在相应的物品摆放位置放置告示用于提示和解释。一方面提示客人将想要更换的物品放在指定的位置,另一方面解释这种做法的原因和目的,即环保。这种尊重客人的意愿,为了双方共同利益而减少物品更换的做法,在大多数酒店里都是可行的。

2. 复用(Reuse)

客房可以再利用的物品很多,所以首先要注重回收。服务员在日常工作中一定要注重对那些虽被使用过,但仍有再利用价值的物品的回收。客房服务员打扫房间时可以回收报纸、杂志、酒瓶、饮料罐、剩余的卷纸、用过的沐浴液和洗发液等,有些物品的包装材料和容器等也可以回收。其次对这些回收的物品进行合理利用。凡是具有再利用价值的物品回收后要合理利用,这样既可以减少物品消耗,又可避免简单地将其作为垃圾处理而造成环境污染,如牙刷、牙膏、沐浴液、洗发液等可以用于清洁保养工作,报纸、杂志、矿泉水瓶等可以卖给废品收购站。

3. 再生(Recycle)

客房的一些物品,如果在材料和设计上做些调整,可以进行循环往复的使用。如洗衣袋,以前很多酒店客房里使用的洗衣袋都是塑料袋,为一次性消耗品,用过即弃,不仅浪费,而且污染环境。现在很多酒店都用布袋作为洗衣袋,不仅材料本身能够有效降解,且设计和制作比较考究,经久耐用。如信纸、信封、便签可采用再生纸,书写用笔也可采用再生材料,既减少成本费用,又对环保做出贡献,同时还有助于改变酒店的环境形象,获得客人的认可,起到一定的宣传作用。

第三节 客房布草管理

案例引导

广西某酒店在每间客房都会放置环保提示卡片,呼吁客人参与到环保实践中来,提醒房间内放置的牙刷、梳子、拖鞋、浴帽等客用品,可多次使用,减少消耗量。虽然对毛巾、被套、床单、浴衣等客用棉织品会按照标准做到一客一换,但会提示客人尽量重复使用房内的布草,从而减少洗涤次数,如对2天以上不换洗布草的客人,会额外赠送洗衣服务。

(资料来源:搜狐新闻网。)

布草是客房日常的营运和工作中必需的物品之一。布草的管理及控制对客房部的每一位管理者来说非常重要,因为布草管理的好与坏、严与松、有序和混乱不仅直接影响客房的产品质量,而且会影响酒店客房的服务质量、整体形象和经济效益。因此,酒店要重视并做好客房布草的管理工作。

一、客房布草的种类

根据布草的用途,客房布草可以分为以下三大类。

(一)床上布草

客房床上布草可分为实用和装饰用两部分。实用布草,是确保客人睡眠休息所需,具体包括床单、枕套、毛毯或被褥、床褥。装饰用布草,主要用途是美化房间、保护寝具,以及使房间保持整洁,具体包括床罩、床上靠垫(不是必备物品)、床裙。

(二)卫生间布草

卫生间布草的基本作用是满足客人的洗浴所需,具体包括浴巾、面巾、小方巾、地巾、浴袍、浴帘。

(三)遮光及装饰用布草

这类布草主要是指房内遮光窗帘、纱窗帘、帷幔等,主要功效是遮光、减缓阳光的照射强度、保护隐私、装饰美化房间、隔音隔热,还可弥补窗户在设计施工中的不足。

二、客房布草的选择标准

布草,不仅是供客人使用的一种日常生活必需品,能够满足客人切身体验感,也是酒店客房装饰布置的重要物品,对调节室内气氛、提升格调起着很大的作用。配备经济上合理、舒适度高、适合房间格调的布草,有利于满足客人的需求。每个酒店要根据自身客房设计的特点,确定客房布草的选择标准,在选择时需要遵循以下原则。

(一)方便使用

布草的使用频率很高,设计式样应考虑到方便客人使用,不宜烦琐。有些布草的设计过于唯美,而忽略了客人使用的便利性。例如,一些酒店设计的窗帘装饰效果很好,但客人想打开窗帘欣赏外面的景色,却无从下手,绳索拉启设计和工艺质量太差,影响了使用效果。

(二)方便操作

布草每天都在被使用,因此也就需要不断地更换。服务员清扫房间的大量工作是换床单、枕套,铺床罩。就床罩而言,定型床罩比较方便服务员操作,能提高服务员的工作效率。

(三)与客房整体风格相一致

色彩、图案丰富是布草的特点,形状变化万千是布草的特色,客房设计的点睛之处也是布草。因此,布草的设计要配合家具设备的整体效果,而不能格格不入。例如,中国明清风格的客房不宜用化纤织物,而宜用天然纤维织物;不宜用现代流行色和图案,而宜结合明清时期的特色,充分体现出明清风格。

(四)突显个性

客房布草样式的变化可谓日新月异,不仅酒店与酒店之间已很少雷同,即使同一酒店也可能是每层一种风格、每间一个样式。多元化的设计融入酒店布草,使之变幻出风格各异的客房装饰,这是现代酒店客房布草设计的主流。如若采用淡棕黄缎面印花面料,为一间极具民族特色的客房设计一款床罩,尾端两侧下垂部分做两个很大的中式盘扣,并将类似的设计用于窗帘、沙发,甚至纸巾盒罩等处,便完完全全是一间让人流连忘返的中式客房了。

(五)制作工艺考究

好的布草质量和设计,可为高质量的成品打下良好的基础,但若缝制粗糙,不仅影响美观,还会影响使用寿命。制作工艺考究具体表现为对卷边和接缝的要求。各类布草的卷边要宽窄均匀,针脚线要等距离且有一定的密度。所有的接缝必须牢固,接缝处留足接缝边料;有色彩图案的织物,接缝要注意花形图案的完整,以看不出接缝为佳;一些拐角边沿难度较大的缝制,必要时采用手工缝制以保证质量;卷边和接缝还应使用牢度强的聚酯纤维线。

三、客房布草的消耗定额管理

客房布草的消耗定额管理是布草管理工作中的一个重要问题,定额不合理、布草过多或过少都会影响客房正常的经营活动,将会出现少了不够用、多了又烦恼的情况。因此,确定客房布草的消耗数量定额是布草科学管理、控制客房费用的重要措施之一。

(一)确定单房配备量与总量标准

酒店由于档次和洗涤设施条件不同,布草的配备数量也有所差异,所以各酒店需要根据自身的档次、资金情况,以及维护正常的布草运转所必需的数量来确定单房配备量和总量标准。整个客房部的布草储备量应按照客房出租率为100%的需求量进行配备,一般情况下,床单、枕套、毛巾等,通常所需更换洗涤的纺织品配置量为3～4套;毛毯、被褥、枕芯的配置量为1.5套;窗帘、床罩的配置量为1.1套。配备完成后,通常只有到了更新周期才陆续补充和新购。

(二)确定年度消耗定额

客房布草的消耗定额计算公式为

$$A = b \times x \times f \times r$$

其中:A 表示每项日用品的年度消耗定额;b 表示每张床位每天配备额;x 表示酒店床位总数;f 表示预测的年平均出租率;r 表示用品的损耗率。

例 11-3 某酒店有客房 400 间,床单单房配备 3 套(每套 4 张)。预计客房平均出租率为 75%。在更新周期内,床单的年度损耗率为 35%,求其年度消耗定额。

根据上述公式计算得

床单的年度消耗定额 = $b \times x \times f \times r$ = $3 \times 400 \times 75\% \times 35\%$ = 315(套)

四、客房布草的控制管理

布草能否按要求供应和使用,能否满足运转的需要,能否将浪费和流失减少到最低限度,关键在于严格控制。

(一)布草存放定点定量

由于布草是分散在各处的,为了便于使用和盘点,存放必须定点定量。根据各类布草的配置定额标准进行存放,建立相应的存放档案,统一规定中心布草房、楼层布草间、工作车上放置的具体位置、种类、数量及摆放的方法,各种部件摆放位置和格式等,使员工有章可循,尽量减少差错和流失。在平时的工作中,只要检查核对即可知道规格种类齐全程度,数量的多少,有无差错,这样既可提高工作效率,又可加强工作人员的责任心。

(二)严格布草领发手续

布草的领发手续主要涉及以下三个方面。

1. 先洗先出

为了使布草有一定的保养时间,布草的收发应遵循先洗先出的原则,避免即洗即用。

2. 等量交换

领用数量要保证送洗多少脏布草就换洗多少干净布草,所以送洗的数量应填表列明,洗衣房收到并予以复算后签字认可,申领者方可去中心布草房领到相同品种和数量的干净布件。如果申领者要求超额领用,应填写借物申请并经有关人员批准。如果中心布草房发放布草有短缺,也应开出欠单,作为以后补领的依据。要做好发放记录,所有部门、班组或人员领用或更换布草时都要填写申领单或换洗单,账物要相符,手续要清楚。

3. 保证质量

在保证进出的布草数量正确的同时,要把好质量关。在每天清点布草的过程中,凡是有污点或破损的布草都要及时送还重洗或作废处理,以保证布草的质量。

(三)建立布草报废和再利用制度

对于破损或有无法清除的污迹,使用年限已到,经由酒店统一调换新品种、新规格的布草应定期分批进行报废。建立严格的布草报废制度,核对审批手续一般由中心布草房主管核对并填写布草报废记录单(见表11-4),洗衣房主管审批。对可再利用的布草,可以改制成其他用品。

表11-4 布草报废记录单

品名:　　　　　规格:　　　　　申报人:　　　　　批准人:

报废原因	数量	处理意见
无法去污迹		
无法缝补		
年限已到		
其他		
合计		年　　月　　日

(四)杜绝布草的不正当使用

布草的不正当使用,会对布草造成严重污损,从而造成浪费。最常见的就是员工将布草当作抹布使用或私自使用客用毛巾,其次是客人对布草使用不当,如有的客人用布草擦鞋等。因此,客房部必须严格禁止员工对布草的不正当使用,对不正当使用布草的员工要严肃处理,同时采用为员工提供充足、好用的清洁抹布等措施。另外,如果发现客人不正当使用布草也要及时进行劝告,提前做好相关温馨提示。

(五)定期盘点与统计分析

酒店需要定期对布草进行盘点和分析,了解布草的使用、消耗和储存等情况,统计情况与定额标准进行比较,分析各类布草的损耗情况并分析原因,以利于采取相应的措施。盘点布草时需提前通知相关人员盘点的日期和时间,小盘点时主管人员应在场,大盘点(如年终盘点)须会同财务部进行,在算出需要补充的数量后,可制订采购计划。采购计划中除有采购品种和数量外,还应提出详细的质量要求和价格要求,以免购进价高质次的布草。表 11-5 所示为客房布草盘点统计表。

知识链接:
卫生乱象

表 11-5 客房布草盘点统计表

品名	额定数	客房		楼层		洗衣房		中心布草房		盘点总数	报废数	补充数	差额总数	备注
		定额	实盘	定额	实盘	定额	实盘	定额	实盘					
大床单														
小床单														
大毛毯														
小毛毯														
大床罩														
小床罩														
大保护垫														
小保护垫														
厚窗帘														
纱帘														
浴巾														
手巾														
面巾														
地巾														
浴帘														

本章小结

客房的设备用品是酒店为客人提供客房服务的物质条件和物质基础,同时也是客房员工从事客房商品生产的物质与技术保证。本章对客房的设备、用品和布草管理进行了基本的介绍。客房设备管理方面主要阐述了客房设备的类别及其选择标准,明确客房设备使用注意事项和保养方法,以及客房设备的具体管理措施。客房用品管理方面主要介绍了不同客房用品的种类及其配备原则,如何做好客房用品消耗的定额管理以及对客房用品消耗控制的一系列措施。客房布草管理方面主要涉及了根据布草用途的分类方式以及客房布草的选择标准,如何做好客房布草消耗的定额管理并采取严格管理控制的有效措施。

第十一章 客房设备用品管理

关键概念

客房设备　客房用品　客房布草　定额管理　使用与消耗控制

复习思考题

1. 复习题

(1) 客房主要的设备用品有哪些？
(2) 如何保养木质家具？
(3) 在选择客房设备时要综合考虑哪几个主要因素？
(4) 如何做好客房用品的消耗控制？
(5) 怎样才能做好客房布草的控制工作？

2. 思考题

低碳旅游、低碳酒店观念盛行，很多酒店都取消了客房一次性用品的供应，要求客人自备。

(1) 试分析酒店一次性用品在使用与管理过程中的利与弊。
(2) 酒店撤出"六小件"后，应如何加强客房日用品的管理，以满足客人的生活所需？

◇ 案例分析

为什么台灯插头被拔掉

◇ 实训操练

实地参观一家本地酒店的客房，对该酒店客房设备用品使用不当的地方提出整改意见。

◇ 进一步阅读推荐

1. 绿色饭店（GB/T 21084—2007）
2. 《住宿业服务质量规范》

第十二章

客房安全管理

学习目标

熟悉客房安全管理的基本含义,了解客房安全管理设施的配备,掌握客房防盗和防火的工作概况;注意客房可能发生的突发事件的特征,学会防范潜在的灾难和面对突发事件应采取的措施以及保证客房和客人的安全。

第一节 客房安全管理概述

案例引导

(1) 2001年8月16日,萧山某家宾馆16楼的楼道里弥漫起了白烟,白烟不断地从1609房间的门缝冒出来。由于楼层服务员发现及时,酒店处理得当,火势得到了控制,没有造成人员伤亡。事后经消防部门调查认定,火灾是1609房间的客人在离开房间时将没有灭尽的烟头丢入垃圾桶而引发的。

(2) 2004年4月10日凌晨,忙碌了一天的潘先生回到酒店,因过于疲劳随手便关上了房门,将公文包放在床头柜上后倒在床上便睡着了。次日中午11时潘先生醒来发现门居然开着,潘先生心里一惊,朝床头柜一看,发现黑色公文包不见了,包内有人民币2.4万元、港币3万元及银行存折、证件等物,潘先生立即报了警。

(3) 2008年8月28日17:00左右,2624房客人杨女士在卫生间不慎摔倒,服务员接到通知后,同医务人员一起进入房间探望,所幸客人无大碍。经查:卫生间洗脸台下的下水管滴水,客人洗脸时,踩在积水处,不慎摔倒。

(资料来源:根据网络资料整理。)

酒店是人员密集的场所，客人多，员工也多。一旦发生安全事故，将造成重大恶劣的影响，甚至会上升到国际关系层面。因此，安全是酒店业发展的首要基础，也是酒店客人的基本需求。

一、客房安全的概念

客房安全是指在客房所涉及的范围内，所有人、财、物的安全及客房部创造的没有危险、不受任何威胁的生理、心理的安全环境。

客房安全所保护的对象包括在客房控制的范围内的所有人员及所有财产。所有人员不仅是在酒店合法登记入住的客人，而且包括合法在客房部工作的全体员工，以及合法在客房内的其他人员。所有财产不仅是指住店客人的财物，而且包括客房部员工的财物以及隶属于客房部的财产和财物。客房部创造的没有危险、不受任何威胁的生理、心理的安全环境是指客房内不存在导致客人及员工的人身和财物以及客房财产遭受侵害的潜在因素，确保客人和酒店员工的心理安全。心理安全是指客人入住后对环境、设施和服务的信任感。客房要保证客人和员工心情平稳，在消费或工作时能保持一种轻松、平和的心境，没有对潜在危险的担忧。有时虽然客人的人身和财产并未受到伤害和损失，但客人却感到有不安全的威胁，比如设备安装不牢固、电器有漏电现象、楼层有闲杂人员等，存在一种恐慌心理。此外，还要确保客人的隐私安全。客人一旦入住，就拥有了客房的使用权，客房是客人的私人空间，任何人未经允许，不能擅自进入。客房部的员工有责任保护客人的隐私。有些客人不愿将自己的情况告诉别人，员工就应为客人保密，不能轻易将他的住店资料告诉外来人员，让客人在心理上获得安全感。这是一种无形安全。

二、客房安全管理的特点

客房安全管理工作内容繁杂、持久性强且需要一定的专业知识，其特点可以归纳为以下几个方面的内容。

（一）存在较多不安全因素

酒店大多数为高层建筑，设备与结构复杂，用火、用电、用油、用气量大，易燃易爆危险品多，潜在不安全因素相对较多。

（二）安全管理责任重大

酒店承担着保障客人人身、财产以及心理安全的责任。客人住店期间发生安全事故，不仅使客人蒙受损失，而且影响酒店声誉，甚至要承担法律责任。客房是客人在酒店中停留时间最长的区域，所以酒店必须加强各项防范措施，对客房安全要高标准、严要求。

（三）依赖于员工的安全意识

客房部的员工除重视本身的安全卫生条件外，对客房常见多发的安全事故如盗窃、火灾等必须具备高度安全意识。由于客人居住的时间短、流动性高，随时可能有突发事件出现，酒店员工必须提高警觉性，维护公共安全。

（四）与各部门的联系紧密

客人入住客房期间，所需服务依赖于酒店所有相关业务部门的紧密配合，相互协作。因此,在安全管理的问题上,也需要各部门的通力协作。安全部、工程部首当其冲,前厅部、餐饮部、康乐部等也对客房安全产生影响。因此,客房部要与上述部门保持密切联系,共同维护客房安全。

三、酒店客房安全管理的要素

(一)完善设施设备,做好安全管理工作

"工欲善其事,必先利其器",在客房安全管理中,人员是决定性的因素,这是毫无疑问的。但使用先进的设备工具,能提高工作效率,更好地满足客人的安全需求。首先,客房设施设备不仅要符合酒店的档次,其安全性能也要有保证。客房部要配合工程部做好客房设施设备的日常维护和保养工作,发现问题及时解决,有效杜绝由于设施设备的原因而导致的安全隐患。其次,完善客房安全设施。为防止意外,客房部必须建立完善的安全设施应急系统,包括装备必需的消防系统、闭路电视监控系统、各种报警器材及客房安全装置等,而且客房部必须保证各种安全设施始终处于正常、功能完好状态。

(二)制定安全管理制度,规范操作程序

科学完善的制度是维护客房安全的重要保证。根据客房安全服务的内容,在加强制度建设时必须做好以下两个方面的工作。

第一,建立健全的涉及客房安全的各种规章制度,做好应对紧急状况的预案。由于服务制度是客房服务工作的依据,因此,在制定服务制度时一定要以客人为本,认真考察和检测服务工作的每个环节是否会导致客人的不安全感,确保客房服务工作满足客人对安全的期望。根据酒店客房的实际情况,建立消防事件应急预案、防范台风工作预案、治安事件应急预案、突发医疗事件处理预案等,并通过模拟演练,加强员工培训。

第二,规范员工操作程序。管理制度制定只是形式上的,员工在具体操作中是否严格按照制度执行,恰恰是能否避免安全事故发生的关键。例如,客房的"DND"处理程序,文字上的表述每个员工都很清楚,但在实际操作中,往往贪图方便,见到房间打"DND"嫌麻烦,就完全不理会也不交班,导致客人在房间出现意外。此类事件在很多酒店都发生过,归根结底,都是规范落实不到位造成的。因此,客房部必须强化员工的制度观念,并深入研究各种控制手段来保证制度得以实施。比如,通过科学的监督来保证,员工在做房时严格按照清洁服务规程对客房实施清洁消毒,防止各种疾病传播,确保客人的健康;在接待服务工作中认真执行访客制度,禁止无关人员进入楼层;客房部工作钥匙的管理和使用人员必须严格执行钥匙管理制度,防患于未然。

第三,建立安全管理巡查制度。为确保客房安全,要建立安全巡查制度,包括保安员例行巡查、客房各级管理人员日常巡查、中夜班员工和领班的巡查、大堂副理的夜间巡查。通过各级人员的不断巡查,及时发现异常情况及消防安全隐患,杜绝安全事故的发生。管理人员还应加强走动管理,加强巡视,认真检查安全规章制度的落实情况和安全隐患情况,了解员工的工作状态,及时发现问题并督促纠正。对在客房区域发生的任何异常情况,都要及时汇报、处理,巡查内容包括是否有陌生人在楼层停留、房间是否有异响、房间是否有争吵声等。

(三)落实安全培训,提高员工的安全意识和应急能力

没有受过专业训练的员工对安全管理工作的认识不尽一致,而且客房部的员工由于岗位分工和受教育程度的不同,考虑问题的角度不同,对安全管理工作重要性的认识也有高低之分。因此,安全培训是每一位员工的必修课。

(四)关注客人的心理安全

从客人的角度出发,安全需要包括生命财产安全和心理安全两个层次。当前的很多酒店都非常重视对客人生命财产的保护,但客人心理层次的安全需求却常常被忽视。心理学家认为,人们外出到一个陌生的地方,常常会产生一种紧张情绪。实际上,这就是人们对新环境的陌生而导致的一种不安全感。问题在于酒店员工对自己所处环境非常熟悉,而常常不能理解客人的这种心态,因此,很容易忽视客人对心理安全的需要,所以,客房管理者应加强对一线员工的培训,使全体员工能够站在客人的立场去理解客人。每当客人抵达时,员工应热情地欢迎他们,待他们似亲人和朋友,展现真情实意,尽可能为其提供帮助和惊喜,努力为客人营造一个温馨、安全的家外之家。

(五)加强对客人的安全引导,提高客人的安全意识

在酒店发生的各类安全事件中,有很多案发原因与客人安全意识薄弱有关,如不将贵重物品存放在前台,而是随便放在客房内,令犯罪分子有可乘之机;让陌生异性进房,结果是引狼入室。在维护客人和酒店安全时,客人也有责任。比如,为防止意外,每间客房门后都贴有一张安全疏散指示图,目的是指示客人在火灾等紧急情况下顺利逃生。但在正常情况下,许多客人对这张图并不太在意,而一旦遭遇危险,酒店采用的应急措施首先是断电,此时,这张图事实上已经失去了它原有的意义。目前国际上一些著名的酒店集团已经开始采用液晶显示的安全图,以确保客人在任何紧急情况下安全逃生。总之,对客人的安全引导应包括帮助客人提高安全意识,明示他们的安全防范义务,告知他们在一旦发生意外时如何寻求保护和安全逃生。

(六)客房安全管理还需要其他部门的密切配合

客房安全管理工作不能仅靠一个部门来完成,还需要其他部门的密切配合,如保安部、工程部、采购部等。保安部负责酒店的安全保卫工作,可以通过闭路监控时刻关注楼层出现的异常情况,做应急处理;工程部配合做好各类设施检修和维修工作;采购部则为完善设备提供后勤保障。客房安全管理工作只有在各部门的密切配合下才能做得更好,为客人提供一个安全、舒适的居住环境。

做好客房安全工作,应有务实和"不求闻达"的实干精神。许多安全工作是"只干不说"或者"干后再说"的,而不是流于形式、浮于表面的制度制定和一般性号召。安全工作只有"第一",没有"第二",一旦出了安全事故,前功尽弃。因此,客房安全工作必须有兢兢业业、如履薄冰的态度才能做好。客房安全是衡量一家酒店服务质量的重要方面,客房部的全体员工要切实做好安全管理方面的工作,提高安全意识,努力杜绝任何可能造成安全隐患的因素。

四、客房安全设备

客房配备现代化、多样化、科技含量高的安全设备能有效地预防部分安全事故的发生,提高客人住店的安全系数,最大限度地保证客人以及酒店的安全。

(一)电视监控系统

电视监控系统是酒店现代化管理的重要手段之一,可以实时监督酒店各区域的情况,实现提高酒店安全系数、优化安全服务、预防安全事故的目标。电视监控系统由监控探头、监视器、电视屏幕操作机台、录像等部分组成。它是酒店主要的安全装置,除了安装在酒店大厅及公共场所之外,通常也作为客房部主要的安全装置。在楼层过道安装监控探头,对不法分子是一种威慑。如果有形迹可疑者,监视器可以跟踪监视。此外,客房发生失窃事件,可以通过重放录像带寻觅线索。楼层过道的监控探头一般采用中、长焦镜头。客用电梯空间小且又是封闭的,一旦出现紧急意外事件,受害人难以求援,安装监控探头便于对电梯内发生的可疑现象进行跟踪和取证,一般采用视野宽阔的广角镜头。

(二)自动报警系统

自动报警系统是由各种类型的报警器连接而成的安全网络系统,主要设置在酒店财务部、收银台以及消防通道等区域,用于防盗、防火、防爆报警。酒店常用的报警器主要有微波报警器、红外线报警器、超声波报警器等远程报警系统以及声控报警器、微动式报警器、磁控式报警器等。

(三)消防监控系统

客房的消防监控系统一般由报警器、灭火器材以及配套防火设施组成。

1. 报警器

(1)烟感报警器。当室内烟雾达到一定浓度时,烟感器便会自动报警,有利于及时发现火情。

(2)热感报警器(温感报警器)。当室内温度上升到热感器的动作温度时,热感器的弹片便自动脱落形成回路,引起报警。

(3)手动报警器。手动报警器一般安装在每层楼的入口处,有楼层服务台的酒店则设在服务台附近的墙面上。当有人发现附近有火灾时,可以立即打开玻璃压盖或打碎玻璃使触点弹出报警。另外,还有一种手压报警器,只要按下这种报警器的按钮,即可报警。客房发生火灾时还有一种有效的报警方法,即电话报警,通过电话可以较准确地把着火的区域及火势情况报告给相关部门。

2. 灭火器材

(1)泡沫灭火器。

泡沫灭火器的灭火原理是灭火时能喷射出大量二氧化碳及泡沫,它们能黏附在可燃物上,使可燃物与空气隔绝以达到灭火的目的,通常分为手提式泡沫灭火器、推车式泡沫灭火器和空气式泡沫灭火器。

(2)酸碱灭火器。

利用灭火器内两种灭火剂混合后喷出的水溶液灭火,适用于扑救竹、木、棉、毛、草、纸等一般可燃物质的初起火灾,但不宜用于扑救油类、忌水和忌酸物质及带电设备的火灾。

(3)干粉灭火器。

干粉灭火器是以二氧化碳气体或氮气气体作动力,将筒内的干粉喷出灭火的。主要用于扑救石油、有机溶剂等易燃液体、可燃气体和电器的初期火灾。

(4) 二氧化碳灭火器。

二氧化碳灭火剂价格低廉,获取、制备容易,其主要依靠隔绝空气和部分冷却作用灭火。二氧化碳灭火器主要用于扑救贵重设备、档案资料、仪器仪表、600伏以下电气设备及油类的初起火灾。

3. 配套防火设施设备

(1) 在客房区域内还应配置完整的防火设施设备,包括地毯、家具、床罩、墙面、灯罩、窗帘、房门等,应尽可能选择具有阻燃性能的材料制作。

(2) 安全通道出口处不准堆放任何物品,不准关闭、上锁,应保证通道畅通。

(3) 确保电梯口、走廊、过道等公共场所有足够的照明亮度;安全出口24小时都必须有照明指示灯;楼道内应有安全防火灯及疏散指示标志。

(四)通信联络系统

通信联络系统是指以酒店的安全监控中心为指挥枢纽,通过电话、传呼机、对讲机等器材而形成的联系网络。该网络能使各类安全事件在最短的时间内得到处理,避免事态的扩大。

(五)钥匙系统

周密的钥匙系统是酒店最基本的安全设备。目前,我国三星级以上的酒店已普遍使用磁卡门锁。磁卡门锁系统是一种高新技术产品,用计算机控制设定,保密性好,也便于管理和使用。磁卡门锁系统包括磁卡发行机和管理软件,可用设置卡、管理卡、楼层服务卡、住客卡、退房卡等对客房进行多层次管理。总台可任意设置磁卡的有效期,全面掌握酒店的客流情况;客人也只有在规定的时间内使用磁卡才有效。磁卡门锁可单独使用,也可以联网使用。单独使用的只具有开门的单一功能,而联网型的磁卡锁,可由总台计算机控制每个门锁,磁卡的软件可与酒店管理系统配套,住房卡可以一卡多用,在酒店内进行多种消费,退房时统一结算。联网型磁卡锁无疑是一种更先进、更科学的酒店管理工具。它既可大大降低员工的劳动强度,又能提高酒店的现代化管理水平。

(六)房间的安全设施

为了保证住店客人的安全,客房内所有电器及家具设备应确保安全。在采购时就要考虑设备的安全性能,不能贪图便宜购买假冒伪劣产品。房门、地毯、窗帘、床罩、家具等应具有阻燃性,浴缸要有防滑措施,侧墙上拉手要安装牢固,最好装高、低两个,以备客人淋浴和盆浴时使用。客房部要与工程部配合,定期检修客房设施设备。客房部各级管理人员和员工要结合日常工作,细心检查设备的完好性,发现问题及时报修。

(七)客房逃生设备

为了在发生火灾、地震等灾害时,能更好地疏散客人,酒店客房内在房门后都设有安全疏散指示图。越来越多的酒店还在客房明显位置,如衣柜、写字台等地方为客人配备手电筒、自救呼吸器(俗称防毒面具)等逃生器材及其使用说明。高层客房还应为客人配备逃生绳等逃生设备。

同步案例　　　　扫码入住

近日,有消费者反映某酒店集团旗下部分酒店要求住客用微信扫码办理入住,实际上却将住客变成酒店"会员"。在此过程中,住客的身份证、家庭地址、生日、银行账户等隐私信息均可能被留存,该集团因此被质疑有过度索取住客信息之嫌。消费者张先生反映,其入住该酒店集团旗下酒店时,被前台要求进行扫码登记操作,扫码之后自动成为会员。但使用房间WiFi时,手续十分烦琐,需要登记手机号及身份证信息。

扫码入住、人脸识别、语音管家……层出不穷的新技术为人们的旅途带来了便捷,提升了效率,也优化了体验。有了这些科技,客人不需要等待漫长的时间办理入住,仅靠入住时的一次刷脸,就可以"一脸走天下",享受酒店内的所有服务;到了客房,可以用语音唤起智能管家,开关灯和送餐都能"一句到位"。但同时,新技术的应用,意味着客人需要分享更多的个人信息。要方便还是要隐私?人们需要从中找到平衡点。数据告诉我们,在更好的体验面前,大多数人都不会选择拒绝。毕竟,以不多的个人信息交换不少的方便,何乐而不为呢?在大数据算法下,我们往往会更容易接触到感兴趣的产品信息,也大大节约了时间。

但对于酒店而言,酒店当前最需要完成的是对信息安全的保障及信任框架的建立。

(资料来源:根据网络资料整理。)

第二节　防火与防盗

案例引导　　　　防火与防盗案例

(1) 2018年8月25日凌晨,黑龙江某温泉休闲酒店发生火灾,共造成20人死亡,20多人受伤。火灾发生时,正好有一个90余人的老年旅行团入住这里。浓烟不断地涌进房间,老人们慌乱地从床上爬起来,却发现迟迟找不到出口。此前消防部门对该温泉休闲酒店的检查多次结果均为不合格。同时,记者发现了一份针对该酒店的执法情况汇报,其中显示,该酒店在报警系统、疏散标志以及灭火系统等多个方面,均被发现存在隐患。

(2) 陈某是一家酒店的值班经理,3月15日,他和财务人员发生口角后辞职。离开时,他将大部分物品交还给了酒店,唯独留下一张房卡,这张卡可以开启酒店所有的客房,是酒店备用的。陈某没有上交,酒店也不知道。4月23日晚上,酒店发生盗窃案件,两间客房的两台数码相机以及 3000 多元现金被偷走。酒店工作人员发现,房门没有被撬挖的痕迹,调取监控一看,居然是离职的陈某干的。半个月前,酒店还发生两起客房被盗案件,作案手法相同,工作人员怀疑也是陈某所为。

(资料来源:根据网络资料整理。)

一、防火

现代化的酒店具有多功能的特点,集客房、娱乐厅、餐厅、厨房、写字楼于一体,还设有各种物资的仓库、锅炉房、配电房、维修间等附属设施。由于酒店多数是高层建筑,不仅存在一定的火灾危险性,而且在发生火灾时,容易造成严重的人员伤亡事故。加之,客房一般设在高层,因此客房的消防工作更不可忽视。

(一)客房常见的火灾原因

(1)客人醉酒后玩火或吸烟引起火灾。

(2)客人躺在床上吸烟不慎引燃被褥。

(3)客人在房间焚烧文件引起火灾。

(4)客人将易燃易爆物品带入客房引起火灾。

(5)客人在房间内使用电饭煲、电炉、电熨斗等加热设备不当或未断电引起火灾。

(6)长住客违反酒店规定,无限度增加用电设备,使电线超负荷发生短路起火。

(7)客房内灯泡与灯罩距离过近或灯泡超出规定瓦数产生高温引起火灾。

(8)客房内冰箱、电视机等电器使用时间过长,导致元件发热或电路发生老化,造成短路起火。

(9)不按安全操作规程作业,在客房内粉刷涂料、油漆或动用明火作业而没有防火措施。

(10)客房阳台上堆放易燃物品,燃放烟花时,引燃阳台物品引起火灾。

(11)服务员清洁房间时,未将没熄灭的烟头倒入垃圾袋或吸入吸尘袋。

(12)工作人员在布草间、工作间吸烟引起火灾。

(二)客房火灾防范基本措施

1. 把好手续关,从源头上消除先天性火灾隐患

《中华人民共和国消防法》第十条、第十二条相关内容为宾馆、酒店等公众聚集场所消防审核、验收及开业前消防安全检查手续的督促办理提供了法律依据。作为消防部门,应对宾馆、酒店等公众聚集场所加强监督检查力度,督促单位办理办全消防手续;在手续办理过程中,不枉不纵,严格按照规范要求,落实消防安全,从源头上把好安全关,切实消除选址不合理、防火间距不足、安全通道不畅等先天性问题。

2. 把好制度关,规范酒店、客房消防安全管理

《机关、团体、企业、事业单位消防安全管理规定》(中华人民共和国公安部第61号令)第四条、第五条和第八条分别就实际生活中存在的法人单位、非法人单位及租赁、承包等不同

经营主体的消防安全责任主体进行了明确。作为单位经营者,应严格认真按照要求,自觉加强自我管理,通过消防安全组织网络的建立健全,消防安全管理制度的建立,防火巡查、防火检查等扎实有效的工作的开展,及时查改单位用火、用电、用气及其他方面存在的火灾隐患,切实将单位消防安全工作落到实处。

3. 把好培训关,切实提高客房工作人员火灾自防自救能力

酒店的法人或负责人及消防安全管理人员,应自觉参加消防部门每年统一组织的消防安全重点单位培训及公众聚集场所消防安全培训等集中培训。客房部应经常组织从业人员进行消防安全知识的学习,对本部门火灾危险性了然于胸,懂得预防火灾的基本措施,懂得火灾扑救的基本方法,会报警、会使用灭火器材,会扑救初起火灾。通过经常性的消防安全宣传、教育、培训,切实提高客房工作人员及住店客人的火灾自防自救能力,所有人员能自觉遵守消防安全制度,能进行防火检查,能及时发现和消除火灾隐患,不违规动火,不违规使用电器,从而形成"人人懂消防,事事讲消防,处处重安全"的消防自主管理新局面。

4. 把好应急关,防患于未然

客房部应结合本部门的特点,加强夜间值班、巡查和应急力量,配备必要的抢险自救工具,高层客房还应配备楼层救生器材,并用醒目的标志标明其用途和使用方法;消防值班人员应熟练掌握消防自动设施及灭火器材的原理和使用,及时维修、保养和更换,使灭火器材及系统始终保持完好有效,发现火灾在及时报警的同时,迅速组织人员施救;还应制定灭火和应急疏散预案,经常组织全体工作人员开展演练,加强对保安人员和义务消防队员的消防业务技能培训,做到训练有素,处置初起火灾得心应手,做到火灾发生时镇定自若、忙而不乱。

(三)客房发生火情的处理

1. 火情警报

任何人在客房发现异味、烟雾、不正常热度等火险,都有责任及时报告酒店。发现火情的第一人要第一时间就近拨通酒店消防值班室电话(客人可拨打前台、客房服务中心等电话),向消防值班人员报告,并说明失火地点、火势大小、着火物质、本人姓名、所在部门等情况。如有可能应先灭火,然后报消防控制中心,并保护好现场。如火情不允许,应立即打破墙上的报警装置报警,同时拿上就近区域的轻便灭火器进行自救灭火。发现火情时不能轻易高喊"着火了",以免造成紧张气氛,产生次生伤害。如果火势较大,必须迅速报告酒店总指挥决定。

2. 火情确认

(1)消防控制中心接到报警,应立即通知客房部经理携带万能钥匙赶到现场,同时行政经理带领保安员携带对讲机赶到现场,确认火情是否存在,同时应携带灭火器,做好灭火准备。

(2)确认火情应注意,不要草率开门,如温度正常可开门后查看;如温度较高,可确认内有火情。此时如房间内有客人,应先设法救人;如没有人,应做好灭火准备后再开门扑救。开门时不要将脸正对开门处。

(3) 火情通报。

消防控制中心立即通知总机,告知火情确认,然后再由总机通知各相关负责人。保安部经理带领保安员携带对讲机、应急灯赶到现场协助指挥人员工作。

需要注意的是,不可随意按响报警器以免造成酒店客人的恐慌,视火情大小及保安部的指令方可确定是否按响报警器。如果火势较大要先按响离自己最近的报警器,并用最近的灭火器阻止火势蔓延。然后通知客房服务中心做好准备,接到保安部撤离指令时向各个区域及时传达。

(4) 客房部接到火警后的处置办法。

①客房服务中心文员。

接到火警时客房服务中心文员要及时向所涉及区域的全体人员通告火情,要和酒店前台及时核对房态了解住客情况并逐一进行撤离通知,所有房间必须通知至少两遍,以确保客人百分之百被通知到;随时做好准备回答客人的询问电话。

②客房服务员。

客房服务员要分组分工开展工作。

各区域第一疏散组人员要第一时间组织客人进行撤离,在撤离过程中要不断地敲各个房间的门并大声提醒客人不要惊慌,有秩序地跟随自己疏散到楼外安全地点集合。用语:"我是客房疏散员,请跟随我撤离,请您捂住口鼻,弯腰靠右前行!"

第二疏散组人员要带万能钥匙分楼层对每楼层各房间、电梯内及洗手间进行检查,确保无客人后,将此房门打开表明此房间已无客人。特别是电梯内如发现有人被困要立即联系保安部人员马上进行解救,同时等候在电梯前进行劝导。用语:"请问还有没有人在?""请不要惊慌,我们马上救您出去!"

灭火组成员在发现火灾时要按照扑灭初期火灾的方法自行组织灭火,如就近使用灭火器进行灭火或使用打湿的棉织品进行灭火等。但在灭火前注意要佩戴好防毒面具和做好自我保护;同时要将着火区域就近的防火门进行关闭,以防止火势蔓延。

(四) 疏散方法及注意事项

(1) 火灾情况下切记:千万不能乘坐电梯疏散,疏散的唯一途径是消防楼梯。

(2) 疏散组人员在疏散时要明确地、不断大声重复地告知客人安全地带的位置和就近的消防通道的位置,提醒客人佩戴好防毒面具或用打湿的毛巾捂住口鼻,所有人员靠右侧墙壁在疏散组人员的带领下前行,切不可乘坐电梯或跳窗逃生。

(3) 如发现房间内有被困的客人,首先要报告保安或消防员,然后应想办法告知其将窗户打开通风,并用棉织品将门缝全部塞住防止烟雾进入,同时拿鲜艳的衣物等在窗边不停地摇动等候救援。

(4) 一般情况下,要使用最近的楼梯疏散。当某楼梯被烟雾封住时,应尽可能使用其他楼梯疏散。

(5) 疏散时必须将着火相邻的上下两层先进行疏散。

(6) 进入疏散楼梯后,要沿着楼梯往下走,不要因为下面的烟雾大,而试图往上走,如确实无法通行则就近寻找避火点进行躲避等待救援。

(7) 如果走廊里充满烟雾,要注意寻找紧急的指示灯,朝着指示灯的方向走,千万不能搞错了方向。

（8）当直立行走困难时，应弯腰前进或跪在地上爬行，因为在空间底部保留着一部分新鲜的空气。

（9）各楼的第一层有直接通到楼外的安全门，要记住到一层后应该要往楼外走，不要再沿楼梯走到地下室。

（10）疏散到楼外后，请到酒店室外空地集合，不要随便离开。

（11）酒店员工自身要保持镇定，非必要不得使用酒店电话，以免干扰指挥灭火和疏散通知。

（五）疏散后的工作

（1）进行人员集结，清点部门人员有无缺少。

（2）迅速组织所属人员撤离现场。

（3）根据酒店安排进行清洁整理。

（4）协助清点酒店及住客财产。

（5）根据酒店安排安置好撤离出来的客人。

（六）实施中的注意事项

（1）所有工作人员在遇到火灾时均要保持冷静。

（2）在报告火情时一定要如实报告，切不可夸大或隐瞒。

（3）各区域管理人员必须在现场处理各种事宜，并要坚守到最后撤离。

（4）所有员工在处理火情时首先要做好自我保护，佩戴好防毒面具，切不可鲁莽行事。

（5）客房部在实施疏散计划时，要将客人按顺序排列，从消防楼梯疏散，要防止不知火情危险的客人再回到他们的房间，疏散中不能停留、堵塞通道。

（6）疏散组人员要负责检查疏散情况，检查内容包括床上、卫生间是否留有未听到疏散通知的客人，是否留有行动不便的老人，主要出入口是否打开等。

二、防盗

酒店是游客、商人居住、停留的场所，因此，也就成了社会上一些不法分子盗窃的主要场地。所以酒店防盗工作是服务工作中的重要一环。酒店需要制定一定的酒店防盗工作管理办法，以保障客人的权益。而酒店的客房是失窃事件发生最多的地方，所以，客房部一定要严格执行各项安全规定，防止失窃案件的发生。

（一）酒店被盗的类型

1. 社会上的不法分子混入酒店客房作案

犯罪分子在酒店作案时，所采取的方法是多种多样的。有的是冒充酒店的客人，到楼层服务台骗取服务员信任，名正言顺地得到房间钥匙进行作案。还有的是趁楼层服务台无人，盗窃房间钥匙进行作案。也有的是同酒店客人拉关系，以会客的身份到客人房间进行作案。

2. 客人中的一些不良分子进行作案

一些社会不良分子为了方便实施偷盗，会对自己的身份进行伪装。按照酒店入住的各项手续缴纳房费、办理入住，成为酒店客人。然后，利用自己客人的身份，降低酒店服务员、保安员及其他客人的警惕性,从而方便其在酒店内、客房楼层进行踩点,实施作案。

3. 内部员工利用工作之便进行作案

酒店业是劳动密集型行业,从业人员众多,这当中也不可避免地会有一些鸡鸣狗盗之徒。这些人看到客人携带的贵重物品或遇到有机可乘之际,就可能伸出不法之手,盗取客人和酒店的财物。

(二)酒店客房防盗的措施

酒店客房部应加强内部员工政治思想教育,使他们提高思想觉悟,增强工作责任心,为确保客人和酒店的安全做出努力。

(1)迎宾岗(服务台)值班人员,必须坚守岗位,掌握客人出入情况,并掌握客人特征,熟记客人国籍、姓名、性别。非住店人员不得无故进入楼层。

(2)服务员对住客情况要保密,不向外泄露,防止盗窃者了解客人情况后进行盗窃活动,发现可疑情况,要立即报告。

(3)来访者要到客房会见住客,须经服务员传达,得到被访者允许后方能进入。如果客人不在房间,来访者不得进入客房,服务台工作人员一定要坚守岗位,管理好万能钥匙。

(4)房间清洁服务员要严格执行清扫表格登记制度(进出时间)。做房间卫生时,要清扫一间开一间房门(门要开着),严禁把房间门全部打开。服务员离开房间后,要马上锁门,不给盗窃者可乘之机。如果在清洁房间时有非本房间住客进入,要严防他们从房间拿走任何物品。

同步案例

一天早上 8 时 30 分,某星级酒店客房服务员正在做房。两名男子嘱咐客房服务员给 1303 房加两条浴巾,但两人并未进房,而是嘱咐后即告知服务员他们要去餐厅用早餐了,然后从服务员身边擦身而过。服务员则遵照其指示,到 1303 房为其增配两条浴巾,并顺手将床上零乱的东西进行清理,此时这两位男子又忽然返回,看见服务员正在清理,赶忙对服务员说:"不用麻烦你了,我们自己整理就行了。"这时候,服务员看他们已在收拾他们的物品了,就暂时退出。这两个男子 3 分钟后从房间走出。刚离去不到一会儿,又来了两位男子,他们持房卡进入房间后,即发现房间被盗。原来前两个人是小偷,后两位才是真正的客人。

这是一种相对高智商的犯罪,他们是利用服务员心理上的不设防(因为增配浴巾,是一个合理的要求,且客人并不进房,故无须防范),在心理上先入为主,一时使服务员失去判断力,以为对方是客人,从而制造可乘之机。

犯罪分子相当熟悉和了解酒店的运作流程,他们知道,如果他们直接要求服务员为其打开房门,服务员势必要求他们出示房卡,并会询问他们的姓名,以便和总台核对。故而,他们采用这种方式进入房间,使服务员失去判别的警惕性,从而达到偷盗的目的。

服务员对于一般的犯罪行为都较为警惕,但如果犯罪分子利用服务员的服务

意识,采用一些常规的行为,服务员就很难判别了。酒店平时应该注意对服务员进行相关的培训,遇到此类情况,服务员应该礼貌地请客人出示证件,不能自己想当然地认为他们就是客人。

阅读并思考:

盗窃分子的手法可谓层出不穷,你觉得楼层服务人员在哪些方面还应加强防范?

(5) 加强酒店员工思想教育,防止极少数不法分子内盗。在工作时,要互相监督,酒店维修人员进入住客房间,应有严格的登记手续,服务员应陪同维修人员一同进出。

(6) 加强钥匙管理。现在大多数酒店客房使用的都是电子门卡,但也有少数酒店还在使用传统的钥匙门锁。对于使用传统门锁的客房,客人领取客房钥匙要登记,客人拿走钥匙须将钥匙登记证留在服务台,交回钥匙时可将登记证取走。禁止客人将房门钥匙放在门锁上,如服务员发现后,应将钥匙送给客人,如房间没有客人,将钥匙送交主管并进行登记。

服务员做卫生时,要将钥匙(或万能钥匙卡)随身携带,不可将其放在卫生本上或放在门锁上,以防丢失。服务台钥匙箱、柜或可锁的抽屉一律设在隐蔽处,客人留在服务台的钥匙一律放入其内。服务员非正常工作需要,不得擅自使用客房钥匙。

收发钥匙的业务无论设在总服务台或楼层服务台,都要有专人管理,领取钥匙要登记,服务台(总台)换班要有交接手续。发现钥匙丢失后,就立即向上级报告,迅速采取防范措施,并及时到前台取消丢失电子钥匙卡功能,对传统门锁钥匙丢失要在24小时之内将锁进行更换。

(7) 客人离店后,服务员应及时检查房间,发现客人遗失物品及时登记、上交;违法物品等要及时交给有关部门。

(8) 严守国家机密,知道的不说,不该知道的不问,住客通知单、客人名卡要保管好,不随便和客人闲聊与服务无关的问题。

(9) 严格遵守法律法规,做到防腐拒变。酒店客人的财物被盗后,客人直接通知公安局有关部门,即报案。客人未向公安局报案,而向本酒店反映丢失情况,即报失。无论是报案还是报失,酒店的管理者、服务员都应该帮助客人(或公安局)调查失窃原因,积极反映有关情况,尽快解决客人(或公安局)提出的问题,把自己职责内的工作做好。

(三) 盗窃报失后的应急措施

(1) 客人向值班服务员(或值班经理、领班、主管)报失财物后,应马上向上级领导汇报情况,并由领班或主管及时向客人了解情况。

问清客人丢失物品的名称、特征;客人丢失物品的时间;丢失前,什么时间最后一次看到此物;客人在丢失物品前,财物放在什么地方;客人在丢失物品前,去过哪些地方;客人(同哪些人在一起待过)在房间会客情况;客人丢了多少钱(是一部分钱还是全部金钱);客人在丢失前是否买过什么物品。

(2) 问清情况后,安慰客人不要着急,并再仔细查找,征求报案,如果客人只是要求酒店帮助查找,我们也应及时把情况汇报领导,听取领导的处理意见;如果客人要求立即报案,我们也应给客人提供方便,让客人自己到公安机关(或打电话)报案。

(3) 失窃后的注意事项。

①客人报失(或报案)后,服务员只能听取客人反映的情况,不做任何结论或说一些否定语言,以免为之后的调查工作增加困难。

②客人报失(或报案)后,服务员不能再到客人房间去寻找,以免给后续的现场勘查带来麻烦或产生不必要的后果。

③客人报失(或报案)后,服务员应采取积极协助的态度,及时向领导或公安局有关部门反映情况。

第三节 客房其他安全事故的处理

案例引导　　　　　　　**应急预案**

2020年11月14日,成都某宾馆服务人员在入住的境外宾客中发现了无症状感染者,宾馆迅速启动应急预案,采取了相应防疫措施。

宾馆立即上报所属的集团公司。按照成都市疫情防控领导小组紧急会议精神,15日凌晨,宾馆配合成都市卫健委、疾控中心等部门,迅速将密切接触人员安排到定点隔离酒店进行医学观察,并连夜对住店客人和在馆员工开展核酸检测,对各功能区域进行全面专业消杀、滚动消毒。同时,宾馆紧急启用备用布草,增加垃圾分拣工作,保证生活垃圾及时处理和酒店环境干净卫生。一系列举措使暂时滞留在宾馆内的客人情绪稳定,秩序良好。

与此同时,宾馆按照相关要求,迅速统计11月9日以来出入宾馆办公大楼的访客和员工信息,即刻调整工作方式,要求非一线员工从16日起暂时居家办公,自觉配合所在街道、社区开展信息登记及防疫检测等工作。鉴于全体客人核酸检测结果均为阴性,16日14:00起,经批准,宾馆入住客人开始分批次办理退房,至当晚20:00,全体客人离开酒店。

(资料来源:中国旅游新闻网。)

客人入住酒店客房期间,还有可能发生其他突发事故,处理好这些事故对提高客人满意度、维护酒店声誉至关重要。

一、客人意外受伤、生病、突然死亡处理

(一) 处理客人意外受伤

(1) 接到报告,值班经理及在店人员立即前往现场,安抚客人,并了解客人的伤势与受伤原因。

(2) 根据受伤具体情况,可建议受伤客人前往医院做进一步检查。

(3) 如伤势严重,在经过客人同意的情况下,安排专人陪同受伤客人去医院治疗,并立即将事件向上级管理人员汇报,随时与在医院的陪同人员保持联系,掌握客人伤情的最新情况。

(4) 在客人治疗期间,应及时探望和慰问客人。

(5) 为受伤客人提供必要的客用品与饮食。

(6) 如客人受伤是酒店的责任,应立即报告上级管理人员并采取保密措施,根据受伤程度,酒店将与当事人协商酌情给予一定的赔偿。如不能达成一致,分歧较大,部门管理人员必须向酒店领导汇报以采取进一步措施,防止事态扩大。

(7) 详细、如实记录整个事件的发生和处理过程,填写事故报告,呈报酒店公关部备案。

(二)处理客人突发疾病及传染病

(1) 客人一般病症:接到客人提出就诊要求,首先询问客人身份和病情,并向上级管理人员汇报情况。

(2) 客人提出去医院就诊要求,帮助客人与医院联络,协助就诊。

(3) 客人病情严重:接到报告5分钟内值班经理到达现场查看病情,征得客人同意后,拨电话向急救中心呼救,并指派员工护送患病客人前往医院。

(4) 为避免惊动其他客人,可控制电梯,或从酒店边门将患病客人送往医院。

(5) 患病客人在医院治疗期间,客房部相关管理人员应代表酒店进行探望和慰问。

(6) 随时与医院保持联系,及时向部门经理汇报患病客人病情。事毕记录就医情况的过程和结果,呈报有关主管领导。

(7) 如得知客人患有传染病,则:

①在注意保密工作的前提下,应立即与医院联系。

②避免员工靠近,由专人在客房门口看管患病客人。

③劝阻患病客人进入酒店任何公共场所,直到医院人员到达。

④外派人员监管医院车辆的入口及指定相关通道。

⑤与有关方面联系采取对患病客人出入过的所有场所进行消毒工作。整个过程应避免惊扰其他客人而损害酒店声誉及酒店正常营业。

⑥所有与患病客人接触的人员到有关医疗单位体检。

⑦事后妥善处理患病客人有关入住酒店事宜。

(三)处理客人死亡

(1) 接到客人死亡报告,酒店应做好以下工作。

①客房部经理立即赶往现场,同时第一时间报告酒店保卫部和酒店总经理。

②保护好现场。

③寻找第一发现死亡的证人和报告人,做好陈述笔录,同时报告公安部门、上级领导。

④注意保密,以不惊扰其他住店客人。

(2) 公安人员到达现场后,酒店应做好以下工作。

①向公安人员汇报发现客人死亡的经过,提供证人证词。

②了解现场勘察情况和死亡性质。
③提供尸体移离酒店的最佳路线,由酒店专人陪同并控制,避免不利影响。
④经公安部门同意后,通知客房部清扫现场。
⑤妥善处理善后事宜。
(3)事毕详细记录事件处理的全过程,填写事故报告存档,并呈报酒店领导及公关部门备案,外界询问由指定人员统一作答。

同步案例

4月26日,张某从乐山来到成都,于次日凌晨2点10分入住了成都某酒店1614号房间,4月29日下午5点35分被发现死亡。后经相关部门鉴定,排除了刑事案件的可能。事发后,张某父母与酒店方就酒店方面是否存在过错的问题产生了较大争议。

张某父母认为,根据该地区派出所出具的死亡证明,确认张某的死亡时间是在4月27日,而酒店是在住店客人死亡51.5小时后才发现的。因此,基于酒店服务合同,张某的父母认为酒店在经营活动中存在严重的过错,没有尽到应有的人身关怀和每天按时查房以及打扫的义务,对客人极不负责,因此对张某的死亡负有不可推卸的责任。他们请求法院判令酒店赔偿死亡赔偿金、殡仪费、火化费、交通费及误工费共81512.1元。

酒店方则称,在此次事件中,他们并没有过错,不应承担任何责任。酒店负责人表示,张某确实是4月27日凌晨来开房,至4月27日中午。张某4月27日下午1点30分左右再次回到酒店要求续房,且未明确续住天数。第二天,服务员来到张某所住房间门口例行查房时,看到门口"请勿打扰"的指示灯亮着,按酒店规定,服务员不得强行进入房间。直到4月29日中午过后,张某交给酒店的预付款已全部用完,服务员才向酒店有关部门申请强行退房,打开房门后,服务员看到了张某的尸体,便立刻报案。该负责人称,自始至终他们都未收到张某的求救信号,发现死亡后也立即报案,尽到了所有该尽的责任与义务。更重要的是,警方排除了张某被他杀的可能,虽然张某父母没有对尸体进行尸检就送去火化,但可以肯定的是张某的死亡是由于其自身原因,与外人无关,他们不存在过错。

(案例来源:根据网络资料整理。)

阅读并思考:

1. 在张某入住、续住、住宿期间,从酒店经营管理者的角度来看,酒店的做法是否完全符合服务与管理规范?

2. 你认为酒店方对张某的死应承担责任吗?为什么?

二、自然灾害的应急处理

当酒店受到水灾、雷击、暴风、地震等严重自然灾害事故的侵袭时。

（1）自然灾害事故发生后，保安部应马上确认受灾范围，组织各部门值班人员对部门辖区内的受灾情况进行清查。

（2）保安部通知总经理及时赶到现场，指挥各部门消除灾害。防止因自然灾害引发重大安全事故。各部门应对辖区内的电、气、油进行清查，防止出现泄漏引发火灾，发现存在隐患时应通知工程部立即关闭，严防自然灾害事故引发火灾。一旦出现火警，立即按火警紧急操作流程处理。因灾害事故导致设施、设备严重受损时，若存在安全隐患，如幕墙或顶棚玻璃坠落、屋顶水池漏水等，应立即对可能出现安全事故的地面区域进行封锁，工程部安排紧急抢修，排除二次灾害隐患。

（3）大门车道雨棚、大堂雨棚下禁止车辆、行人通行。

（4）对损毁的救灾设施设备等应组织工程人员紧急抢修。

（5）出现紧急情况，若需疏散人员，由指挥人员确定疏散路线并组织疏散。

（6）事故报告：各部门在受灾清查、处理结束后，把情况汇总到酒店。

三、酒店遭受暴恐袭击的处理

（一）酒店发生爆炸袭击的处理

（1）保持镇静，尽快组织客人撤离现场，注意避免进入餐厅等存有易燃易爆物品的危险地点。

（2）对受伤客人展开医疗救治。

（3）迅速报警，客观详细地向警方描述事件发生、发展的经过。

（4）按照警方和有关人员的示意和指挥及时撤离现场，如果现实条件不允许，就应原地卧倒，等待救援。

（5）注意观察现场可疑人、可疑物，协助警方调查。

（二）在酒店遇到枪击的处理

（1）组织客人快速掩蔽。要快速趴下或蹲下，隐蔽于桌子、沙发、吧台、立柱等的下面或后面。在室内听到外面枪击声，不要出来观看，及时躲避在沙发或床侧面，不要躲避在门后或衣橱内。

（2）及时报警。拨打110或拨打酒店报警电话报警。

（3）酒店保卫部按酒店防暴恐应急预案展开处理。

（4）在保证安全的情况下，检查受伤客人及员工伤情，自救互救。

（5）事后协助。向警方提供现场信息，协助警方调查。

（三）在酒店遇到持械砍杀的处理

（1）招呼客人快速跑开。看到有人手持刀斧砍杀时，不要停留观看，丢弃携带物品，迅速跑开，远离手持刀斧的人。

（2）迅速躲避。酒店员工熟悉酒店情况，应积极组织客人利用身边的建筑物、树木、车体、围栏、柜台等物体进行阻挡躲避砍杀,与其拉开距离。

(3)奋力反抗(自卫)。在无法跑开或者躲避时,联合他人,利用随身携带物品(如手提包、衣服、雨伞等)和随手能够拿到的物品(如木棍、拖把、椅子、砖块、石头和灭火器等)进行奋力反抗(自卫)。

(4)及时报警。拨打110报警:什么时间、什么地点、有多少人以及歹徒的基本体貌特征。

(5)自救互救。到达安全区后,及时检查是否受伤,发现受伤,及时实施自救互救。

(6)事后协助。积极向警察提供现场情况,协助警察调查。

四、住客违法行为的处理

(1)保安部指派专人现场查看,确属违法行为要及时制止,同时请示保安部经理。

(2)保安员做好调查工作后,确定是否构成违法行为。

①向服务员了解情况,并做好记录。

②询问客人时要与服务部门经理及服务主管联系,相互配合,以恰当的语气询问,避免发生误会。

③证据不足要继续调查了解。

(3)属轻微违法事件,可先由服务员出面进行劝阻和制止,劝阻无效后保安部指派专人在服务员的配合下进行劝阻和制止,经多次劝阻无效,由值班经理及保安经理批交有关治安管理部门处理。服务员和保安部要采用适当方式,尽量避免在酒店发生较大的冲突。

(4)待有关治安管理部门到达后,将事件交由并协助其进行调查处理。

五、酒店网络安全管理

酒店网络作为开放型网络,结构的特殊性和应用的多样性使得酒店网络存在着许多特有的网络安全隐患。为了保证酒店的服务质量,现有的酒店网络已经使用了各种安全防护设备,如硬件防火墙、管理型交换机,有的酒店还配以相应的计费系统等。

现有酒店的网络安全管理及保障措施主要涉及以下几个方面。

(1)采用传统硬件防火墙或是普通宽带路由器,抵御外网攻击和进行网络访问控制。采用传统的硬件防火墙设备,设置内外网出入口安全控制,并实现内网所有计算机的共享上网,硬件防火墙具有较高效率的外网攻击防御效果,但是对于内网的网络攻击控制和以太网协议漏洞攻击却束手无策。

(2)进行VLAN(虚拟局域网)划分,不同组段IP管理,使酒店网络管理清晰。对酒店不同部门(财务、总经理、弱电等)、商住的公司进行不同网段的IP分组和VLAN划分,实现网络结构的清晰和各部门间的互访控制。虽然各VLAN间不会有攻击和病毒的传播,但是,单独VLAN网络攻击和传播没有控制,单独VLAN对整体网络的攻击没有控制,导致各个VLAN形成了单独的攻击源,成为严重的网络安全漏洞。

(3)采用VPN(虚拟专用网络)设备方便连锁酒店之间的网络数据的安全传输。连锁酒店进行数据互访的信息传递通过VPN隧道进行,由于VPN依托于互联网的稳定状况,没有稳定可靠的互联网平台,VPN就像是没有轨道的列车,达不到信息共享的效果。

（4）提供电影服务器等附加服务，为酒店客人提供增值服务。内部的附加服务越多，对内网的管理要求越高，如何让客人使用网络时就了解到如此多的高附加值服务，单凭纸制说明是不够的。

（5）使用多种网络设备管理软件进行网络设备的简易化管理。各种交换机的管理软件、防火墙的管理软件、客房门卡、收银系统需要进行安全管理和保护，使得酒店数据化、信息化的安全管理有保障。

（6）满足公安监控，安装相应的安检和访问监控设备和软件。部分酒店采用了公安监控管理，以控制流动人员的网络使用和控制，这样的设备对网络结构以及相关功能又有着一定的要求。

现有酒店的网络方案和安全管理模式仍存在较大的安全隐患，这主要是因为酒店网络使用者均为移动用户，个人电子设备安全差异大，网络访问差异大，很容易导致内网 ARP（地址解析协议）、DDoS（分布式拒绝服务攻击）等遭到攻击，不但客人受影响，酒店内的常驻公司受影响，酒店自身的网络安全也受到威胁。现有酒店管理控制应从网络连接、IP 划分、攻击防护、增值服务、各种管理软件、数据加密、传输安全等方面不断提高软硬件水平，加强网络管理人员业务能力的培养。

本章小结

客房安全是指在客房所涉及的范围内，所有人、财、物的安全及客房部创造的没有危险、不受任何威胁的生理、心理的安全环境。本章介绍了客房安全管理存在不安全因素多、安全管理责任重大、依赖员工的安全意识和与各部门联系紧密的特点；酒店客房安全管理的要素和安全设备；对酒店客房发生概率较高且危害较大的火灾和盗窃安全的管理及事故的处理进行了详细说明；同时就客人遭遇意外事故、酒店遭遇自然灾害、客人违法，以及目前社会可能出现的暴恐袭击、网络安全等管理与事件处理进行了探讨。

关键概念

客房安全　安全管理巡查制度

复习思考题

1. 复习题

（1）客房安全的内涵是什么？

（2）客房安全管理有哪些特点？

（3）酒店客房安全管理的要素有哪些？

（4）酒店客房应该配备哪些主要的安全设施设备？

（5）客房发生火灾的主要原因是什么？一旦发生火灾该如何处理？

（6）作为酒店客房从业人员应该具备怎样的防盗意识？

2. 思考题

酒店作为开放性的场所，客流量大，酒店从业人员应该具备怎样的安全意识？酒店的管理人员应该制定怎样的制度与规范来保障酒店的安全或使酒店在遭遇安全事故时将损失降到最低？

◇ 案例分析

酒店安全案例

◇ 实训操练

1. 联系学校消防部门，组织开展酒店客房消防模拟演练。

2. 学生分组开展角色扮演，模拟酒店客房各类安全事故发生后的处理，做到尽可能将事故损失降到最低。

3. 以酒店客房管理人员的身份，制定客房遭遇火灾、盗窃、客人伤害、自然灾害、暴恐袭击的应急预案各一份。

◇ 进一步阅读推荐

1. 郑向敏. 酒店安全控制与管理[M]. 2版. 重庆：重庆大学出版社，2013.

2. 孙爱民，印伟. 酒店安全管理实务[M]. 南京：南京大学出版社，2020.

Bibliography 参考文献

[1] 《旅游饭店星级的划分与评定释义》编写组.旅游饭店星级的划分与评定释义[M].北京:中国旅游出版社,2010.
[2] 周志宏,陈江.前厅客房服务与管理[M].长沙:中南大学出版社,2005.
[3] 徐文苑,严金明.饭店前厅管理与服务[M].北京:北京交通大学出版社,2004.
[4] 何丽芳.酒店服务与管理案例分析[M].广州:广东经济出版社,2005.
[5] 唐飞,袁敏,邹亮.前厅与客房管理[M].北京:中国旅游出版社,2016.
[6] 谢玉峰.旅游饭店前厅客房服务与管理[M].郑州:郑州大学出版社,2004.
[7] 王德静,姜倩.饭店服务专业习题集[M].北京:中国劳动社会保障出版社,2002.
[8] 陈静.前厅运行与管理[M].桂林:广西师范大学出版社,2015.
[9] 姜文宏,刘颖.前厅客房服务[M].2版.北京:高等教育出版社,2015.
[10] 余炳炎,朱承强.饭店前厅与客房管理[M].天津:南开大学出版社,2001.
[11] 李任芷.旅游饭店经营管理服务案例[M].北京:中华工商联合出版社,2000.
[12] 李旭芳,梁宗晖.酒店基础知识[M].广州:广东旅游出版社,2013.
[13] 吴旭云.客房部的运行与管理[M].北京:中国旅游出版社,2012.
[14] 朱承强.饭店客房管理[M].北京:旅游教育出版社,2004.
[15] 刘文涛.酒店服务标准和表格精选[M].广州:广东经济出版社,2006.
[16] 刘伟.前厅与客房管理[M].3版.北京:高等教育出版社,2012.
[17] 张青云.前厅管理[M].郑州:郑州大学出版社,2009.
[18] 徐文苑,贺湘辉.酒店前厅管理实务[M].广州:广东经济出版社,2005.
[19] 孟庆杰,唐飞.前厅客房服务与管理[M].6版.大连:东北财经大学出版社,2017.
[20] 郑向敏.酒店安全控制与管理[M].重庆:重庆大学出版社,2010.
[21] 刘红专.客房服务与管理[M].桂林:广西师范大学山版社,2014.
[22] 陆净岚.谈饭店绿色客房的发展[J].能源工程,2002(2),51-53.
[23] 毛惠.循环经济观下的饭店成本控制研究[D].长沙:湖南大学,2007.
[24] 游上.论饭店绿色管理[D].福州:福建师范大学,2001.
[25] 林巧,张雪晶.现代酒店管理实用教程[M].北京:北京大学出版社,2015.
[26] 李志飞.旅游消费者行为[M].2版.武汉:华中科技大学出版社,2019.

教学支持说明

为了改善教学效果,提高教材的使用效率,满足高校授课教师的教学需求,本套教材备有与纸质教材配套的教学课件(PPT电子教案)和拓展资源(案例库、习题库视频等)。

为保证本教学课件及相关教学资料仅为教材使用者所得,我们将向使用本套教材的高校授课教师赠送教学课件或者相关教学资料,烦请授课教师通过电话、邮件或加入旅游专家俱乐部QQ群等方式与我们联系,获取"教学课件资源申请表"文档并认真准确填写后发给我们,我们的联系方式如下:

地址:湖北省武汉市东湖新技术开发区华工科技园华工园六路

邮编:430223

电话:027-81321911

传真:027-81321917

E-mail:lyzjjlb@163.com

酒店专家俱乐部QQ群号:710568959

酒店专家俱乐部QQ群二维码: